中国特色高水平高职学校和专业建设计划建设成果
浙江省高职院校重点暨优质校建设成果
浙江省高校"十三五"优势专业保险专业建设成果
浙江省普通高校"十三五"新形态教材项目

保险职业素养
INSURANCE PROFESSIONALISM

主　编　沈洁颖

ZHEJIANG UNIVERSITY PRESS
浙江大学出版社

内容简介

　　《保险职业素养》是为满足国内高校保险专业人才培养的普遍需要而编写的。通过本教程的学习，在校学生能更好地适应现代保险行业对人才的需求，踏入社会则能更好地适应保险岗位，并为自身可持续发展的职业生涯奠定基础。

　　本教程在内容上，以保险员工职业素养必修的三大模块即职业意识、职业礼仪、职业能力为主线，从职业素养养成的角度指导学生今后进入保险职场如何进行意识改变、行为修正与职业能力的提高。该教程也可供保险公司员工及保险兴趣爱好者阅读。

　　本教程在编写风格上以篇、章的形式，侧重于方法与技能的指导。有效利用本教程进行教学，可以全面提升保险专业学生的职业素养，使其具有良好的工作意愿、训练有素的职业风貌及有效的交流沟通技巧与人际交往能力等，从而明显改善其今后在保险公司的工作绩效，全面提升企业的整体效率，打造保险公司良好的企业形象。

前　言

保险职场究竟需要什么样的职业素养

保险职场究竟需要什么样的能力？这也许是众多即将进入保险职场或已初涉职场却屡受挫折的人共同面临的困惑。

按照传统的观念，一个人在接受过一定年限的保险专业教育之后，应该初步具备了保险从业的基本能力。然而，事实却告诉我们，保险职场与校园的差别如此之大，以致许多学业成绩优秀的保险求职者苦苦追求却得不到用人单位的录用，而很多职场新人虽然求职成功却无法适应工作岗位的需求，并由此产生自卑、抱怨、厌倦等情绪，甚至有人不得不从来之不易的工作岗位上"落荒而逃"。

这并不是职场新人的错，而是我们的教育存在着缺陷。多少年来，中国传统的重视成绩的成才观念根植于社会的各个层面，包括每一个家庭和用人单位，这种观念直接影响着企业的用工机制和人才选拔制度。教育不得不屈服于来自社会的压力，迎合应试的社会需求，于是学业成绩成了衡量一个学生是否合格的唯一标准。在这种观念作用下的学校教育，忽略了人的综合素质培养，单纯以"识"取人，不同程度地背离了教育和人才成长的规律。

时至今日，不少保险职业院校已经意识到了应试教育的这些缺陷或弊端，努力尝试在教学中还原保险职场，模拟工作过程，提炼和概括职场所需要的专业能力，并在这一理念的指导下训练学生。这种尝试无疑对学生的就业是有益的。可是，这种模拟过程往往还只是强调训练学生的保险专业能力。事实上，最先觉悟的是保险公司的人力资源管理者们。他们发现，很多拥有高分数的应聘者来到工作岗位后，面对工作常常显得困顿和无能为力，高分低能的现象十分突出。于是，越来越多的用人单位开始把选人和用人的目光从名牌学校和学业成绩转向综合素质和职业能力。如果说学业水平和专业能力可以使人胜任工作的话，那么学业和专业以外的能力则可以帮助他们获得更多的机会，为更好地从事专业工作创造条件、搭建平台，从而提升专业水准并从中获得更多的成功和职业幸福感，这种能力将使人终身受益。

什么才是"专业能力之外的能力"呢？我们将之称为保险职业素养，即保险职业内在的规范、要求及提升，是从业人员在保险从业过程中所表现出来的综合品质，包含职业意识、职业礼仪及职业能力等三大方面。它可以通过学习、培训、锻炼、自我修养等方式逐步积累和发展。

保险职业素养就像一座在水中漂浮的冰山。水上部分由职业风貌、行为习惯和专业知识技能构成，代表冰山的可见部分和一个人的显性职业素养；水下部分的动机、态度、成就欲、责任心、抗挫折力等，代表冰山的不可见部分和一个人的隐性职业素养。显性职业素养，可以通过学历证书、职业证书来证明，而隐藏在水下，代表职业意识、职业道德、职业能力等方面的素养是人们看不见的，这些隐性的职业素养具体表现为诚信品质、专业精神、敬业形象、团队精神、责任意识等。在保险从业活动中，隐性职业素养决定、支撑着显性职业素养。

大学作为学生走向社会的最后一站，让保险专业学生从学习生涯顺利过渡到保险职业生涯是其义不容辞的责任。保险专业毕业生必须具备优秀的职业素养。一个人职业素养的高低，直接关系到其一生的成就。良好的保险职业素养是一个人保险职业生涯成功的基础，是大学生进入职场的"金钥匙"。因此，在就业竞争激烈的今天，高等院校应该把培养保险专业学生的职业素养作为专业人才培养的重点。

阅读指导

如何使用本书

在正式阅读《保险职业素养》之前，我建议同学们首先树立两个新观念，这有助于你在阅读本书时收获更多。

首先，建议同学们不要对本书浅尝辄止，大略读过便束之高阁。希望同学们在自我成长的过程中，能时时与本书相伴。在内容编排上，本书在每一章的末尾部分都附上了"知行合一"环节，方便同学们更好地进行拓展学习与情景学习，及时反思和总结。

其次，建议同学们以老师的角色来阅读，除了吸收还要能复述。在阅读过程中，应做好准备，在48小时内与别人分享或讨论阅读心得。

举个例子，如果你知道将在48小时内向别人讲解本书中关于"保险职业意识"的内容，你的阅读效果会不会有所不同？读的时候要想象将你此刻记忆最深刻的内容讲给你的同学、好友或者事业伙伴听，注意此时你的精神和情绪上产生的变化。

采用这种方式阅读本书，你可以增强记忆、加深体会、扩大视野，而且你会有更强烈的动机去运用书中的原则。

同时，开诚布公地与人分享读书心得，你会惊讶地发现，人们以往对你的消极看法和贴在你身上的标签都会消失不见。听你分享心得的人会看到你的变化和成长。他们会更加乐意帮助和支持你在保险行业的工作，也许还能成为你的客户。

你将收获什么？

借用美国作家弗格森（Marilyn Ferguson）的一段话：

谁也无法说服他人改变，因为我们每个人都守着一扇只能从内开启的改变之门，不论动之以情还是晓之以理，我们都不会替别人开门。

倘若你已决定打开"改变之门"，接纳本书所阐述的观点，那么恭喜你，你将大大提升你的保险职业素养，你会拥有良好的工作意愿、专业干练的职业形象及较高的执行力。希望同学们在阅读本书后，能够真正从这些方法中获益，并充分将所学知识运用到工作中，成为一个乐观进取、勇于接受挑战的保险职业人。

我真心地希望你能打开自己的"改变之门"，在学习本书的过程中不断成长和进步。对自己的改变要有耐心，因为自我成长是神圣的，同时也是脆弱的，是人生中最大的投资。虽然这需要长时间下功夫，但是必定会有鼓舞人心的收获。

本书提高保险职业素养的学习目标如图0-1所示：

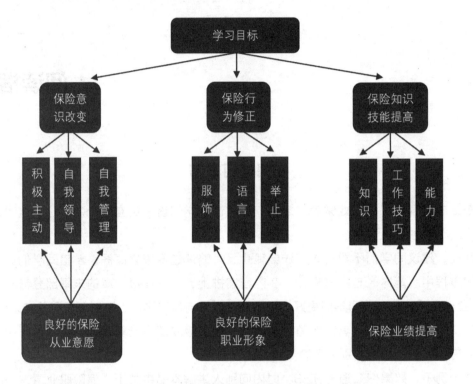

图 0-1　保险职业素养学习目标

Contents 目 录

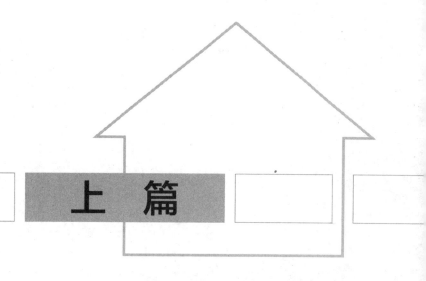

上 篇

保险职业意识

第一章
关于保险职业意识

人们经常在谈论有关意识的问题，那么究竟什么样的意识是好的意识？什么样的意识又是不好的意识呢？意识在不同的情况下有不同的表现，此处所要讲的是不同的职业意识。你是用怎样的职业意识来对待你的工作的呢？

一、四种保险职业意识

一般来说，保险职场中有以下四种不同的职业意识。

第一种类型：工作仅为了满足个人的需求

对于第一种类型的人而言，从事保险业就是获得收入、取得成就感、提高个人的社会地位。他在对待保险职场工作时更多考虑的是自己，没有与企业的需求相结合，这就表明了他从事保险工作的目的仅是满足个人的需求。

第二种类型：处于只满足于安全需求的层次

对于第二种类型的人而言，从事保险业就是出卖体力和时间，赚点钱来养家糊口，像这样的人他不会特别主动地工作，只满足于安全需求，他只要安全了，能生存下来就可以，至于其他任何东西他就不争了。

第三种类型：考虑的完全是企业的要求

对于第三种类型的人而言，从事保险业就是按照企业的期望来实现企业的目标，他考虑的完全是保险公司的要求，而不是自己的需求。他感觉自己像个奴隶，越干越被动，整天撅着嘴，因为他从来没有深切考虑过自己的需求。

第四种类型：把工作跟自己的保险事业紧密地结合起来

对于第四种类型的人而言，他从事保险工作有自己的职业理想，用非常积极的态度来对待他的工作。比如说保险业务员，他的工作任务就是把保险产品卖给消费者。在这个过程中，他积极地去学习保险销售技巧、团队管理技巧、消费者心理学及各行各业的知识，以使自己跟客户交流的时候有很多话题。另外他在推销保险产品的时候，会了解、分析保险客户的需求，站在客户需求的角度上，真心实意地把好的保险产品带给顾客，让顾客买到适合自己的保险产品。这样，业务员与顾客实现了双赢，顾客获得了良好的购买体验，也许还会帮助介绍别的客户给业务员。这类业务员用积极主动的心态对待工作，将保险业务员工作与自己的职业生涯紧密地结合了起来。

概括起来，这四种保险职业意识的不同之处在于：前三种人的职业意识是工作就是工作，虽然把自己的工作看得特别重要，但是却没有随时提醒自己在干着一项非常重要的保险工作，这项工作与自己的保险事业目标有着密切的关系。而第四类型的人的职业意识是把保险工作与个人的事业目标结合在一起的。

每个人不同的职业意识会导致各自不同的职场发展，也势必会产生不一样的结果。好的保险职业意识就是设立一个好的目标，用目标来指引工作，这对个人的发展有很大的帮助。保险职业价值观定位见图1-1。

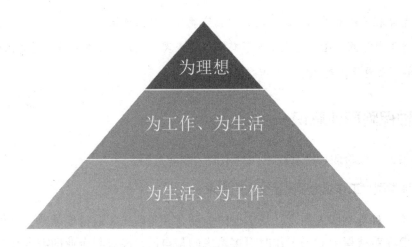

图 1-1 保险职业价值观定位图

二、正确的保险职业意识的力量

有关学者对国内外事业上有突出成就的人进行调查研究，了解影响他们成功的心理因素有哪些，结果发现，他们成就的取得大多不是由于智力的高低，而是由于意志、性格上的特点。一个在事业上立志进取的人，就有可能开拓工作的新局面；一个在学业上持之以恒、刻苦努力的人，总有希望达到科学的巅峰。即便习武练功，要想达到强身治病的目的，也离不开顽强的意志和不怕困难的精神。

保险推销之神原一平——自古雄才多磨难

也许你不知道原一平是谁，但在日本寿险业，他却是一个声名显赫的人物。日本有近百万的寿险从业人员，其中很多人不知道全日本20家寿险公司总经理的姓名，却没有一个人不认识原一平。他的一生充满传奇色彩，从被乡里公认为"无可救药的小太保"，到最后成为日本保险业连续15年全国业绩第一的"推销之神"。最穷的时候，他连坐公共汽车的钱都没有，可是最后，他终于凭借自己的毅力，成就了自己的事业。

图1-2　"推销之神"原一平　　　图1-3　《魔鬼成交之原一平的66条黄金法则》

23岁那年，原一平离开家乡，到东京闯天下。第一份工作就是做推销，但是不幸的是碰上了一个骗子，骗子卷走保证金和会费就跑了。为此，原一平陷入了困境之中。

1930年3月27日，对于还一事无成的原一平来说是个不平凡的日子。27岁的原一平揣着自己的简历，走入了明治保险公司的招聘现场。一位刚从美国研习推销术归来的资深专家担任主考官。他瞟了一眼面前这个身高只有145厘米、体重50千克的"家伙"，甩出一句硬邦邦的话："你不能胜任。"

原一平惊呆了，好半天才回过神来，结结巴巴地问："何……以见得？"

主考官轻蔑地说："老实对你说吧，推销保险非常困难，你根本不是干这个的料。"

原一平被激怒了，他头一抬："请问进入贵公司，究竟要达到什么样的标准？"

"每人每月推销10000日元。"

"每个人都能完成这个数字？"

"当然。"

原一平不服输的劲儿上来了，他一赌气："既然这样，我也能做到10000日元。"

主考官轻蔑地瞪了原一平一眼，发出一阵冷笑。

原一平"斗胆"许下了每月推销10000日元的诺言，但并未得到主考官的青睐，勉强当了一名"见习推销员"。没有办公桌，没有薪水，还常被老推销员当"听差"使唤。在最初成为推销员的7个月里，他连一分钱的保险也没拉到，当然也就拿不到分文的薪水。为了省钱，他只好上班不坐电车，中午不吃饭，晚上睡在公园的长凳上。

然而，这一切都没有使原一平退却。他把应聘那天的屈辱看作一条鞭子，不断"抽打"自己，整日奔波，拼命工作。为了不使自己有丝毫的松懈，他经常对着镜子，大声对自己喊："全世界独一无二的原一平，有超人的毅力和旺盛的斗志，所有的落魄都是暂时的，我一定要成功，我一定会成功。"他明白，此时的他已不再是单纯地推销保险，他是在推销自己。他要向世人证明："我是干推销的料。"

他依旧精神抖擞，每天清晨5点起床从"家"徒步上班。一路上，他不断微笑着和擦肩而过的行人打招呼。有一位绅士经常看到他这副快乐的样子，很受感染，便邀请他共进早餐。尽管他饿得要死，但还是委婉地拒绝了。当得知他是保险公司的推销员时，绅士便说："既然你不赏脸和我吃顿饭，我就投你的保险好啦！"他终于签下了生命中的第一张保单。更令他惊喜的是，那位绅士是一家大酒店的老板，帮他介绍了不少业务。

从那一天开始，否极泰来，原一平的工作业绩开始直线上升。到年底统计，他在9个月内共实现了16.8万日元的业绩，远远超过了当时的许诺。公司同仁顿时对他刮目相看，这时的成功让原一平泪流满面，他对自己说："原一平，你干得好，你这个不吃中午饭、不坐公共汽车、住公园的穷小子，干得好！"

——百度：https://baijiahao.baidu.com/s?id=1615399044714162362&wfr=spider&for=pc

在工作中，有很多影响个人发展的因素。职业技能是一方面，即以往的学习经历和工作背景会影响个人的发展；职业运气是另一方面，也就是你有没有好的运气进入一家好公司；最后一个非常关键的方面就是职业意识，一个人能否获得成功，60%取决于职业意识，30%取决于职业技能，而10%则靠运气。好的技能和运气固然重要，但是如果没有良好的职业意识作为支撑，那成功的机会势必会很少。

正确的保险职业意识可以产生以下三方面正面影响：

（1）改变工作原动力。正确的保险职业意识可以改变自身从事保险业的原动力，使人以更加积极主动、更努力的心态投入保险工作中去。

（2）提高保险业绩。当你更努力、更主动地去工作时，个人的业绩也会相应得到极大的提高。

（3）促进保险职业生涯的成功。研究表明，一个人职业生涯的成败60%取决于他的职业意识。成功的保险职场人士所具有的一个显著特点就是有相当积极的职业意识。

三、保险职业意识自检

目前我在保险职场中的工作意识及工作价值观：

_____

_____

_____

_____

我的人生目标：

_____

_____

_____

_____

为了达成我的人生目标，我希望改进如下保险职业意识：

_____

_____

_____

_____

四、如何建立正确的保险职业意识

如何建立正确的保险职业意识呢？你可以根据图1-4中的保险职业意识的各个方面逐一对照学习，逐步提高自己的保险职业素养。

1. 提高成就欲

2. 打造专业精神

3. 选择真正的责任感

4. 提高挫折承受力

5. 塑造诚信形象

6. 树立团队精神

图1-4　保险职业意识的六个方面

➤ **知行合一**

一、推荐书目

史蒂芬·柯维.高效能人士的七个习惯[M].北京：中国青年出版社，2015.

二、推荐电影

《心灵捕手》（Good Will Hunting，1997）

剧情简介：麻省理工学院的数学教授蓝波在系里的公告栏上写了一道数学难题，却被年轻的清洁工威尔解了出来。威尔是个问题少年，成天和好朋友查克等人四处闲逛、打架滋事。当蓝波找到这个天才的时候，他正因为打架袭警被法庭宣判送进看守所。蓝波向法官求情保释，才使他免于牢狱之灾。

蓝波为了让威尔找到自己的人生目标，不浪费他的数学天赋，请了很多心理专家为威尔做辅导，但是威尔十分抗拒，专家们都束手无策。无计可施之下，蓝波求助于他的大学好友——心理学教授尚恩，希望能够帮助威尔打开心房。

经过蓝波和尚恩的不懈努力，威尔渐渐敞开心胸。而好友查克的一席话，更是让他豁然开朗……

第二章
良性的自我暗示：提高成就欲

成就欲是指克服困难，追求卓越，有事业心，对工作积极主动。未来的保险事业属于相信梦想之美丽的人。

一、相信自己，人生有梦，逐梦踏实

正如哈佛大学的心理学家威廉·詹姆斯所说："很多时候，人们想象自己是什么样子，现实中就真是什么样子。"如何规划你的人生是完全由你自己决定的，就如同你如何看待半杯水，它是半满还是半空完全由你决定。正确的人生观虽然不一定能保证你的人生与事业一定成功，但是不正确的态度却肯定会导致失败或造成停滞不前、故步自封的后果。例如，如果你认为自己不会被录用或获得升迁，那么可能真的如此。就算真的获得工作或升迁，你也可能认为那只是运气好或是别人出了差错而从天上掉下的奇迹。结果你不但没有培养出迈向成功必备的自信，反而随时都提心吊胆，担心自己会穿帮出糗，这样下去可想而知你真的会搞砸。而积极的人生观、较高的成就欲却能达成良性的自我暗示，使你更加热爱工作，全力以赴并坚持不懈。

在如今激烈的竞争环境中，工作总是充满着挑战，让人饱含艰辛或充满喜悦，这些让多少有上进心的人交集在兴奋与疲惫之中。如果没有对工作的热爱，没有全力以赴并坚持不懈地投入工作并要在此领域取得成功的欲望，做好一项工作是很困难的。所以成功的职业人总是抱着乐观的人生态度，心怀强烈的成就欲，他们在工作时就会坚持得久一点、更刻苦一点。况且，一项事业的成功是无止境的，一项长远性的事业，如果拥有权宜、过渡的心理是不可能取得长久的成功的。我们都不想活在自己的局限里，我们的人生经历就是一次品牌营销，我们都想成为第一。

人类因有梦想而伟大，相信自己，人生有梦，逐梦踏实。

李凤秋：努力做一名不凡的保险经理人

李凤秋曾是一家企业的职工。1997年，跟朋友听了一次讲座后，她对保险产生了浓厚兴趣。"只要是好人，就能把保险做好！"老师的这句话，深深刻在她的脑海里。此后的6年时间里，她只是利用工作之余做业务，竟然取得不错的业绩。

2003 年，李凤秋毅然辞去原工作，成为中国人寿公司的保险业务员。家人的不理解和反对，更激发了她的坚持和斗志。没有客户只能靠陌生拜访，她每天要求自己获取 9 个有效客户，无论严寒酷暑她都得在外面跑一整天，经常晚上 10 点才到家。

一天晚上 9 点多，李凤秋没有完成当日的计划，她途经山东堡村，看到一户人家亮着灯，便鼓起勇气敲门说："您好，我是保险公司的。"听到屋内男子几声呵斥般的回应，她匆忙离开了。

"当时的保险环境不好，但非常锻炼人，很多时候就得忍，不是所有人都能坚持下来！"功夫不负有心人，李凤秋的业绩不断提升，超强的个人能力也得到领导认可，她从业务员慢慢成长为主管、讲师、经理等。

李凤秋给自己的定位是一名保险经理人，因为她热爱这份事业，更有能力为这个行业做出很多贡献。"作为保险经理人要具备很多特质：一是自信，要对行业、对自己绝对自信；二是有正确的价值观，做保险能让你赚到钱，不过当你成长到一定高度时，赚钱不是第一位的，客户的需求和保障是第一位的；三是有正确的态度，面对客户应该从专业出发，而不是利益；四是坚持，认可和相信这个事业，就要坚持做下去；此外还有专注，一心一意地去做好每件事情！"李凤秋说。

2017 年 11 月，李凤秋开始担任信泰人寿保险股份有限公司秦皇岛中心支公司的负责人。"积累到一定程度，我需要一个平台去更好地释放，为客户、行业和市场去服务，为更多的人带去保障！作为保险行业的职业经理人，没有公司大和小的概念，最看重的是对客户承诺的契约。"李凤秋说。

"保险可以让生活更美好，国家加大了对保险文化的宣传力度，同时，百姓的保险意识也在逐渐提高，这是近几年保险业爆发性增长的原因。"李凤秋讲。保险的春天来了，作为保险人更应该有清醒的头脑，让保险回归本质，更好地为社会和百姓服务。

——摘自搜狐网：https://www.sohu.com/a/215325330_183050

二、成就欲自测

你是否有强烈的成就欲？你可以做以下自测。将下列各句所述情况与自己的实际状况比较，符合程度越高，你的成就欲就越强烈，符合程度越低，则你的成就欲越弱。

符合程度

高 ←——→ 低

1. 我总是根据工作的要求来安排个人的生活。　□□□□□
2. 就我的潜能而言，我认为自己会比同能力的人取得的成就高。　□□□□□
3. 我一般每天工作 8 小时以上，并有过一天工作 10 小时的经历。　□□□□□
4. 我不认为高于平均水平就是成功，我的成功标准是追求卓越与杰出。　□□□□□
5. 我曾在某个群体中成为最优秀的几个人之一。　□□□□□
6. 当我完成一件工作后，我很希望上司知道，并给予表扬。　□□□□□
7. 当别人在业绩上超过我时，我会当面或在心里向他提出挑战。　□□□□□

8. 我经常感到很自信。　　　　　　　　　　　　　□□□□□

9. 当工作不如想象的那样顺利时，我感到很不满意。　□□□□□

10. 我很清楚自己以后人生的发展方向是什么。　　　□□□□□

11. 当我碰到一个我真正想要的机会时，我通常表现出强烈的兴趣。　□□□□□

12. 我不会担心如果我的能力太好了，上级就会加重我的工作负担。　□□□□□

13. 在多数情况下，当大家意见不一致时，我会有自己的主张。　□□□□□

三、成功者与失败者的成就欲特征

有人将人生的成功和失败归因于"运气好"或"运气不好"。虽然那些成大功、立大业的人，多半是走好运或时事所趋，但终究一句话，他们都是非常努力的人，他们彼此相通之点，就是表现在生活态度上的乐观性。

成功者的成就欲如表2-1所示。

表2-1　成功者的成就欲特征

高度敬业	1. 不满现状，追求卓越和自我完善。 2. 有很高倾向的事业心，比别人干得多并自得其乐。 3. 积极主动地接受挑战，在有困难、有压力的情况下也能尽职尽责。
具有强烈的竞争意识	1. 有完美的应对能力，感觉很好。 2. 体力充沛。 3. 自信心强。 4. 力争优胜、不甘人下。 5. 开拓进取、敢想敢干、勇往直前。 6. 彻底做好别人不做的事。
忘我地投入	1. 有忍耐力。 2. 持续不断地学习。 3. 严格地遵守基本规则。
对未来充满热情	1. 对人生抱着积极的态度。 2. 具备战略意识与强烈的目的意识。 3. 对于过去的成功具备超然感。 4. 积极性（打破安于现状的观念）。

失败者的成就欲特征见表2-2所示。

表2-2　失败者的成就欲特征

1. 安于现状。 2. 无事业心，对工作敷衍。 3. 工作欠积极主动，遇到困难就停滞不前。 4. 缺乏自信心，追求安逸，没上进心。 5. 畏怯退缩，凡事采取观望态度，不积极参与。 6. 凡事都抱"无所谓"态度。

在保险职场中至少存在两种成就动机，一种围绕着躲避失败，另一种围绕着达到成功。有意识地培养自己的成就目标，并使自己形成与之相适应的动机模式，在保险职业成长中显得尤为重要。

四、发现你的优势，挖掘你的潜能，进行科学的人生设计

何谓优势？就是你天生拥有的、在某一方面不用太费劲就比其他人做得好的能力。

迈克尔·柯达说："人们成功的概率和他们从工作中获得的乐趣成正比；如果你痛恨自己所从事的工作，那么最好认清事实，赶紧脱身。"

有句古老的谚语是这么说的："如果你骑的是头死马，那就赶紧下马吧！"不过，在脱身下马之前，你可以想一想，如果你无法从工作中获得启发、满足或是充沛的精力，是否有个简单的办法可以解决这个问题。也许，你不用急着"下马"，你可以这样想一想：如果进行一下思维转换，把你对人生的看法加以调整的话，会不会就重新点燃热情的火苗呢？

怎样发现你的优势呢？

途径：明确阶段性人生目标与计划，见表2-3。

表2-3　明确人生目标与计划

正确认识自己	目标	行动方案
● 明确阶段性人生目标与计划 　明确阶段性人生目标与计划必须是在充分且正确地认识自身的条件与相关环境的基础上进行。对自我环境的了解越透彻，人生目标就会越清晰。	● 做好自己的人生设计——确立好自己的奋斗目标 　有效的职业生涯设计需要切实可行的目标，以便排除不必要的犹豫和干扰，全心致力于目标的实现。如果没有切实可行的目标做驱动力的话，人们是很容易对现状妥协的。 　我想达成什么样的目标，什么信念支持我要达成上面的目标。	● 做好自己的职业生涯规划 　有效的职业生涯设计需要有确实能够执行的职业生涯策略。达成目标的计划项目及行动步骤，这些具体且可行性较强的行动方案会帮助你一步一步走向成功、实现目标。有效的职业生涯设计还要不断地反省修正职业生涯目标，反省策略方案是否恰当，以能适应环境的改变，同时可以作为下轮职业生涯设计的参考依据。

（一）自我评估：正确认识自己

我们大多数人都会认为对自己有足够的了解，但是许多错误的职业生涯选择就是因为对自己认识不清。自我评估的目的在于认识自己、了解自己。因为只有认识了自己，才能对自己的职业做出正确的选择，才能选定适合自己发展的职业生涯路线，职业生涯设计才能给你的人生之路点燃一盏明灯。自我评估的各要素都是与事业发展息息相关的，主要包括：

（1）个人品质类。主要有社会阶层的影响、教育、负担、自我观、地理因素、健康状况、性别、年龄、兴趣、性格、学识、价值、天赋、技能、智商、情商、思维方式、道德水准、生活状态、就业机会、职业选择、家庭及社会等方面的职业环境。

（2）动机类。动机来自自己本身，它是一种志向，是生活的目的（安全感、信心和希望）。比如：自己喜欢的工作到底是什么？现有工作对自己的重要性是什么？与工作有关的其他考虑是什么？

（3）特长类。全方位分析自身的优势、弱势、机会和威胁。对自己评价一番，了解

自己的力量。比如：自己的专长是什么？有哪些工作机会可供选择？什么要素束缚了自己？这些束缚怎么影响自己的职业生涯？哪个束缚对自己影响最大？自己曾否尝试把某一束缚转变成力量？

你可以用SWOT矩阵图将你的优势、弱势、机会、威胁进行归类，使思路更清晰，便于分析。如表2-4所示。

表2-4 SWOT矩阵

外部因素	内部能力	
	优势	弱势
机会		
威胁		

（二）做好自己的人生设计——确立好自己的奋斗目标

你在事业上能否获得成功，很大程度上取决于你选择的目标。如果你欠缺目标，那你的工作不是让你精疲力尽，就是让你觉得无聊透顶。志向是事业成功的基本前提，没有志向，事业的成功也无从谈起。

俗话说："志不立，天下无可成之事。"立志是人生的起跑点，反映着一个人的理想、胸怀、情趣和价值观，影响着一个人的奋斗目标及成就的大小。每个人都要认真做好自己的人生设计——确立好自己的奋斗目标。

确立目标时，你要注意，目标设定过高固然不切实际，但是目标千万别定得太低。在21世纪，竞争已经没有疆界，你应该放开思维，站在一个更高的起点，给自己设定一个更具挑战性的标准，这样才会有准确的努力方向和广阔的前景，切不可做"井底之蛙"。要知道，山外有山，人上有人，而且，不同地方的衡量标准又不一样。所以，在订立目标方面，千万不要有"宁为鸡首，不为牛后"的思想。一个一流的人与一个一般的人在一般问题上的表现可能一样，但是在一流问题上的表现则会有天壤之别。

美国著名作家威廉·福克纳说过："不要竭尽全力去和你的同僚竞争，你更应该在乎的是：你要比你的现在更强。"

你应该给自己设立一些很具有挑战性，但并非不可及的目标。在确立自己将来事业的目标时，不要忘了扪心自问："这是不是我最热爱的专业？我是否愿意全力投入？"你最好能够对自己选择并从事的工作充满激情和想象力，对前进途中可能出现的艰难险阻无所畏惧。

一般说来，奋斗目标大致可以分为以下三类：

1.终身目标

终身目标的选择是每个人都必须面对的问题。或许有人会说，这并不难，你学什么专业，就干什么工作吧。但是，事实上许多人并非如此，多数人都是所学非所干，他们甚至没有想过这一生要获得什么样的成就。尽管他们也十分努力，但最终还是碌碌无为、一事无成。所以，在人生的道路上，要想获得成功，首先要把自己的终身目标确定下来。

终身目标，应该慎重考虑，一旦最终确立，就应像大海中的航船一样，坚定地按罗盘指示的方向前进，否则，你永远无法取得成功。

2. 长期目标

长期目标是为达到终身奋斗目标而准备的，也可以说是终身目标的最重要组成部分，没有这类目标，终身目标也只能落空。有许多人虽然确立了终身奋斗目标，但最终并没有多大成就，原因就在于他没有对自己的终身目标进行分解，没有将终身目标具体到一个个阶段性的奋斗目标上，使终身目标成了纸上谈兵。

长期目标必须在预测的基础上，根据一定的环境和条件，对希望实现的目标的时间、地点、数量进行大体的确定。一般人的长期奋斗目标定位 10～15 年比较合适，在内容上也要尽可能明确一些，使这个目标不仅被写在纸上，而且被铭记于心，让自己时时不忘对它的追求。长期目标是阶段性的，一个目标完成后，不要满足于已有的成就，要及时地再实现另一个长期奋斗目标，这样才能够一步步接近自己的终身奋斗目标。

根据格林豪斯（J. G. Greenhaus）的职业发展理论，职业生涯各期的主要任务如下：

职业生涯初期的主要任务是学习职业技术，提高工作能力，学习组织规范，逐步适应职业与组织，期望未来职业成功。

职业生涯中期的主要任务是对早期职业生涯重新评估，强化或转变职业理想，对中年生活做适当选择，在工作中再接再厉。

职业生涯后期的主要任务是继续保持职业成就，维持自尊，准备光荣引退。

3. 短期目标

短期目标是对长期目标的分解。把长期目标分成许多阶段来实施是必要的，否则就会因目标遥不可及而令人焦灼和失望。分成短期目标之后，每完成一个目标你便会产生一种满足感。这种满足感可以刺激人更快地达到自己树立的长期目标。

没有短期目标的长期目标就是纸上谈兵，没有什么实际意义。相反，只有短期目标而没有长期目标，人的行动就缺乏强大而持久的动力。实践证明，具体、明确的短期目标是实现长期目标的可靠保证。

为达成目标而奋斗要做到的几点

确信自己的优点并确实发挥长处

成功的秘诀，在于不变的目的。勿迷惑于眼前的变化，应不断地积累达成职业生涯目标所必需的知识、技能和资历，使其成为社会竞争中自己的优势。

不随便地经常尝试新的东西

依循一个战略彻底行动，直到出现成果为止。

不要像降落伞一般随便着地

不要随便往完全没有经验的领域发展。

勿迷惑于眼前的利益

战略性地掌握职业发展概况，不要被微小的变化所左右，应先有长期的预测之后再付诸行动。

需具备以战略为基础的热情、精力、行动能力和个性

目光一定要炯炯有神，想到工作时，便要高兴得不得了。

对成功抱有强烈的信念

韧性要特强，为达成目标能咬紧牙关忍耐下去。在遭遇困窘时，仍泰然自若，不失去自我。也不会因生气而采取不合战略的行动，或者放弃战略。务必成功的信念是最重要的，但值得注意的一点是：接二连三遭遇失败时，坚持的信念便会跟着软弱下来。大人物与小人物的差别，就在于是否有下定决心、至死仍不停止的觉悟。

（三）做好与人生目标相协调的个人职业生涯规划

明确目标无疑是最关键的因素，但有了目标你还得有计划。如果你认为确实需要一个计划来引导你，如果你想人生有意义，你就必须制订某种程度的计划，让计划中确实的、明确的行动步骤指引你努力的方向。

成功的人生需要正确的人生规划，其中选择职业是人生大事，因为职业决定了一个人的未来。在选择和人生目标与计划相符的职业时可以借助于"职业生涯规划"这一工具。

五、职业生涯规划

职业生涯规划包括以下几个步骤：

1. 职业生涯机会的评估

职业生涯机会的评估，主要是评估各种环境因素对自己职业生涯发展的影响。每个人都处在一定的环境之中，离开了这个环境便无法生存与成长，所以在制定个人的职业生涯规划时，要分析环境的特点、环境的发展变化情况、自己与环境的关系、自己在这个环境中的地位、环境对自己提出的要求，以及环境对自己有利的条件与不利的条件等等。只有对这些环境因素充分了解，才能做到在复杂的环境中避害趋利，使你的职业生涯规划具有实际意义。

2. 职业生涯目标的设定

职业生涯目标的设定是职业生涯规划的核心。一个人事业的成败很大程度上取决于有无正确、适当的目标。没有目标就如同驶入大海的孤船，不知道自己驶向何方。只有树立了目标，才能明确奋斗方向，走向成功。

目标的设定是以自己的最佳才能、最优性格、最大兴趣、最有利的环境等信息为依据的。通常目标分短期目标、长期目标和人生目标。短期目标一般为 1～2 年。短期目标又分为日目标、周目标、月目标、年目标等。长期目标一般为 5～10 年。

3. 职业生涯路线的选择

在目标确定后，向哪一路线发展，此时要做出选择。由于发展路线不同，对职业发展的要求也不相同，在职业生涯规划中需做出抉择，以便使自己的学习、工作及各种行动措施沿着职业生涯路线或预定的方向前进。职业选择是人们实现职业期望的过程，职业期望与择业行为有一定的逻辑关系。究竟从事哪一种职业，并没有固定的模式，但对于"哪类人最有可能与哪种类型的职业相结合"，或"哪类人最适合从事哪类职业"的问题，还是有答案可循的。

通常职业生涯路线的选择，需考虑以下三个问题：

（1）我想往哪一路线发展？

（2）我能往哪一路线发展？

（3）我可以往哪一路线发展？

对以上三个问题进行综合分析，以此确定自己的最佳职业生涯路线。

职业选择还和人的兴趣有关。兴趣可以激发人的积极性和能动性，使人能够创造性地完成所感兴趣的工作。如果一个人所具有的兴趣和爱好同工作内容和活动相一致的话，那么他会在工作中表现出强烈的工作动机，从而在工作中获得成功的可能性将大大增强。因此，一个人能否在他从事的职业和工作上获得成功，与他对这种职业本身的兴趣大小有很大的关系。

4. 职业生涯选择的评估

职业选择正确与否，直接关系到人生事业的成功与失败。据统计，在选错职业的人当中，有80%的人在事业上是失败者。由此可见，职业选择对人生事业发展是何等重要。如何才能选择正确的职业呢？至少应考虑性格、兴趣、特长、内在环境与职业是否相适应等要素。表2-5是一个职业生涯规划表，它将有助于你理清思路，做好职业生涯规划。

表2-5　职业生涯规划表

1. 本人情况自我评估
个性：   　专长：   　兴趣、爱好：   　至今为止你的工作经验和知识、能力：   　你在工作中哪些方面有信心，哪些方面信心不足：   　你的健康状况：
2. 你的未来计划打算
你的计划和生活工作目标：   　为了实现目标，你特别应该注意做些什么工作：

3. 职业状况评估
现在的职务情况： 工作的适应性：（非常适应、一般适应、不太适应、很不适应） 工作量：（过重、稍重、正合适、较少、太少） 工作能力：（很不够、不太够、还可以、有些富余、很富余） 在职务变更方面的要求与希望，今后希望从事的领域与职务，理由： 综合本人的能力、适应性和未来发展前途等因素，今后 1～2 年内进行工作调动的意愿如何： （希望能调动、能调动也行、尽量予以调动、不希望调动）理由是什么？ 如果打算工作调动，希望什么领域？什么时间？什么职务？什么地域？调动的理由是什么？评估企业内、外可供选择的路径： 随着职业和生命阶段的变化而在目标方面的变化：
4. 今后职业生涯方面的综合规划
5. 关于能力开发
你掌握并擅长的专业、知识、技术、技巧是什么？ 在哪些方面有所研究？有些什么学习方面的兴趣？ 取得了哪些证书、资格，以及参加过哪些讲座、学习班？ 你认为本人有哪些方面值得开发？（知识、工作能力、性格、态度，以及各种职称、学历方面的资格） 具体有什么对策和打算？（包括今后打算取得什么证书、资格，以及参加什么讲座学习班）

若你能找出你的潜能，培养能发挥你潜能的专业素养，全心全力地迎接挑战，则必然能达到你希望的未来。

要记住："你的过去不等于你的未来。"

六、以榜样为参照进行自我激励

（一）以榜样为参照

榜样的力量是无穷的，成功人士的行为方式提供了一种成功的模式，形象地向你演示了什么是正确的，怎样做是最好的，在他们身上，你可以得到很多的启迪，并激发出和他们一样通过努力获取成功的激情。

比如：如果你希望成为一位成功的保险业务员，那么就尽情想象吧！尽管你不是公司中业绩最好的那一位（毕竟一家公司只能有一位），但是，你仍有可能跻身顶尖之列。所以，想象你自己已经是一位顶尖的保险业务员，然后问自己一个问题："那些顶尖业务员的穿着如何？他们在客户、同事及主管面前的行为举止又是如何？"很好！现在你可以开始身体力行，按照你原先所描绘的理想行为模式大胆实践。

（二）自我激励

1. 信念——我必定成功

把握你的事业，认识到只要付出足够的努力，就没有不能胜任的工作。也许需要进一步深造，多一点耐心，只要你具有锲而不舍的精神，就能达到期望的目标。

相信自己，你具有更高的自我价值。

2. 每天把你的梦想写在纸上，放在看得见的地方

（1）仔细地决定好你现在想要达成的事项，把它写下来。

（2）逐一列出你要进行的步骤。

（3）拖延是最大的敌人，立刻行动。

每天至少花 20 分钟做些实质性的努力。潜移默化之下，梦想便会转化为内心的动力，从而帮助你更快地达到目标。

3. 要激发自己追求梦想的强烈愿望，并注意捕捉那些具有特殊意义的"光辉时刻"或"转折点"

无论是作为一个普通人还是一位专业人士，你都是独一无二的。你有权得到一份有意义的工作和事业，成功和快乐都掌握在你自己的手中。留心一下，在成功路上，你取得了哪些初步的成果，是否通过自己的努力晋升到一个自己向往已久的职位。小小的成果和大的成功一样是值得细细品味的，在追求更长远的目标和梦想的道路上，它们都是不可缺少的里程碑，是努力前进的动力。

七、保持自信而健康的心态

（一）要有自信

一般说来，成功者满怀自信。有人认为，成功了当然就有信心，但在尚未成功之前，是否有信心倒是个疑问。不过总归一句话，信心是完成大事的最重要因素，想要成功便必须抱着充分的信心，同时也别忘了要谦虚地聆听他人的宝贵意见。

一个人的信心来源有以下几项：

1. 持有王牌绝招

要有到处都行得通、别人所不能的独门绝活。

2. 勇敢面对棘手的问题

越逃避问题，问题便越棘手，成功的希望也越加渺茫。

3. 不断地描绘成功的印象

从未体验成功滋味（全部失败）的人，一碰到紧急情况时就会不安："是不是又失败了。"如果选择逃避，则连原本会成功的，也成功不了。经常成功的人，他的脑海里会鲜明地印着成功时的印象，而这些印象能鼓舞他为下次的胜利而努力不懈。所以，最好在心理上回忆成功的经验而不是失败的经验，并不断从小事中获得成功的经验，并彻底活用它。

4. 艰苦卓绝，不到最后绝不罢手

安于现状不肯努力的人绝不会成功。

5. 从自卑感中解脱出来

必须了解到人各有所长，别人有他拿手的一面，自己应该也有某方面的专长才对。不要夸大地评价别人的能力，而心生恐惧裹足不前。要努力不输于人后，在自己拿手的领域内决胜负。

自信要点

1. 不养成逃避的习惯。

2. 多接触优秀的人，然后以他为目标来激励自己。

3. 在相同的领域内，发挥自己与众不同的能力。

4. 正面向棘手的问题发起挑战。

（二）保持心态健康

健康心态是成功的基石，健康的心态包括：

1. 快乐

（短期）给自己快乐——给别人快乐（助人梦想成真）。

（长期）快乐（自己）——快乐（别人）——健康——长寿。

2. 充实自己的内涵

吸纳新知，超越自我。

理论素质的提高：阅读相关书籍、参与内部会议研讨、总结研讨经验、向资深人员学习。

3. 凡事经我手，必使它更美好

一个没有成就欲的人不会热爱自己的本职工作，在现职位上拿工资、磨洋工，耗费的是自己的青春和时间，与其漫不经心，倒不如认认真真做出一番成绩。同时，只有把工作当作自己的事业来做，才能永远立于不败之地。换句话说，要对自己的职业保障负责，不断关注自己的哪些技能可以用到别处，努力使自己的技术永远保持最先进的水平。

➤ 　知行合一

一、根据职业生涯规划的四个步骤结合本书的示范表格，拟定一个自己的职业生涯规划。

_____

_____

_____

_____

_____

_____

_____

_____

_____

_____

_____

二、推荐电影

《永不言弃》（The Heart of the Game，2005）

剧情简介：本片真实地记录了一个高中女子篮球队6个赛季的奋斗历程。球队教练比尔·瑞斯勒是一个有3个女儿的华盛顿大学教授。他毅然放弃了原有的丰厚报酬，来到这所高中担任女子篮球队教练。虽然他执教经验几乎为零，但他有一个独特的哲学体系——严格的纪律训练和适度的进攻欲能够让一个中等的球队最终成为冠军。每一年，瑞斯勒都用自己的方法影响着球队的每一个人，他教育球员们在比赛中要像"一群嗜血的狮子""热带飓风"或者"一群饿狼"一样思考和行动。所有的这些训练都是为了让这支队伍具有冠军的霸气。他拒绝任何父母或其他权威人士介入训练过程，而是让姑娘们自己去处理所有的问题。一切在一个名叫达娜丽亚·鲁塞尔的非洲姑娘加入后发生了变化。在这个大部分是白人球员的女子篮球队里，达娜丽亚以其过人的天赋和潜力逐渐脱颖而出。作为全美最好的女子篮球选手之一，达娜丽亚极有可能在高中毕业后加入国家女子篮球联盟（WMBA）开始她的职业生涯。但随之而来的是各种挑战，达娜丽亚通过自己的努力得到了团队的认可，整个团队也自此一往无前。

第三章
积极主动：创造有利环境

美国文学家及哲学家亨利·戴维·梭罗（Henry David Thoreau）曾说过："最令人鼓舞的事实，莫过于人类确实能主动努力以提升生命价值。"

下面请试着跳出自我的框框，把意识转移到屋子的某个角落，然后用心客观地审视自己，你能站在旁观者的角度观察自己吗？

再想一想你现在的精神状态如何？你能认清心态吗？你准备怎样描述？

再花一分钟想想你的头脑是怎样工作的？它反应灵敏吗？是不是正在为这个心理实验的目的感到困惑而且想理清头绪？

以上都是人类特有的精神活动，而动物则缺乏这种自我意识（Self-awareness），即思考自己的思维过程的能力。正因为如此，人类才能成为万物之灵，一代又一代在不断演化中实现进步。

这也是为什么我们能从自己和他人的经验中吸取教训，培养和改善习性。正因为我们可以思考，我们才能有别于事物和动物。凭借自我意识，我们可以客观地检讨我们是如何"看待"自己的——也就是我们的"自我思维"（Self-paradigm）。所有正确、有益的观念都必须以这种"自我思维"为基础，它影响我们的行为态度及如何看待别人，可以说是一张属于个人的人性地图。

事实上，我们如果不能客观地考虑看待自己的方式，也就不能理解他人，感知他人和世界的方式。因此我们无意间就会把个人意愿强加在别人身上，内心却还觉得已经很客观了。

这将极大地限制个人的潜力和与别人的交往能力。幸好人类有自我意识，能够检讨自己的自我思维是基于现实和原则，还是受到社会的制约与环境的影响。

一、社会之镜

如果我们仅仅通过"社会之镜"（Social Mirror），即时下盛行的社会观点及周围人群的意见、看法和思维定式来进行自我认知，那无异于从哈哈镜里看自己。

"你从不守时。"

"你怎么总是把东西弄乱？"

"你肯定是个艺术家！"

"你真能吃！"

"我不相信你会取胜！"

"这么简单的事你都弄不懂吗？"

然而，这些零星的评语不一定代表真正的你，与其说是影像，不如说是投影，反映的是说话者自身的想法或性格弱点。

时下盛行的社会观点认为，环境与条件对我们起了决定性的作用。我们不否认条件作用的影响巨大，但这并不等于承认它凌驾于一切之上，甚至可以决定我们的命运。

实际上根据这种流行看法而绘制的社会地图一共可以分为三种，也可以说是已经被广泛接受的用来解释人性的三种"决定论"，有时单独使用，有时一起使用：

基因决定论（Genetic Determinism）：认为人的本性是祖先遗传下来的。比如一个人的脾气不好，那是因为他祖先的 DNA 中就有坏脾气的因素，又借着基因被继承下来。

心理决定论（Psychic Determinism）：强调一个人的本性是由父母的言行决定的。比如你总是不敢在人前面出头，每次犯错都内疚不已，那是与父母的教育方法和你的童年经历分不开的。因为你忘不了自己尚且稚嫩、柔弱和依赖他人时受到的心灵伤害，忘不了小时候因为表现欠佳而遭遇的惩罚、排斥和与人比较的感受。

环境决定论（Environmental Determinism）：认为环境决定人的本性。周遭的人与事，例如老板、配偶、叛逆期子女或者经济状况乃至国家政策，都可能是影响因素。

这三种社会地图都以"刺激—回应"理论为基础，很容易让人联想到巴甫洛夫（Pavlov，1849—1936，曾获 1904 年诺贝尔生理学医学奖）所做的关于狗的实验。其基本观点就是我们会受条件左右，以某一特定方式回应某一特定刺激（图 3–1）。

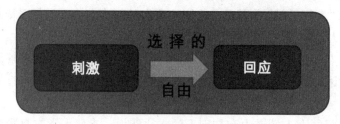

图 3–1　消极被动模式

那么这些"决定论"社会地图的准确性和作用如何？能否清晰反映人类真正的本性？能否自圆其说？是否以内心的原则为基础呢？

二、人类在刺激和回应之间选择的自由

维克多·弗兰克尔（Victor Frankl，1905—1997，出生于奥地利的美国神经与精神病学教授——编者注）的感人事迹可以帮助我们回答上述疑问。

弗兰克尔是一位深受弗洛伊德心理学影响的决定论者。弗洛伊德学派认为一个人的幼年经历会造就他的品德和性格，进而决定他的一生。

身为犹太人，弗兰克尔曾在第二次世界大战期间被关进纳粹德国的死亡集中营，其父母、妻子与兄弟都死于纳粹魔掌，只剩下一个妹妹。他本人也饱受凌辱，历尽酷刑，过着朝不保夕的生活。

有一天，他赤身独处于狭小的囚室，忽然有一种全新的感受，后来他称之为"人类终极的自由"。虽然纳粹能控制他的生存环境，摧残他的肉体，但他的自我意识却是独立的，能够超脱肉体的束缚，以旁观者的身份审视自己的遭遇。他可以决定外界刺激对自己的影响程度，或者说，在遭遇（刺激）与对遭遇的回应之间，他有选择回应方式的自由或能力。

这期间他设想了各式各样的状况，比如想象他从死亡集中营获释后，站在讲台上给学生讲授自己从这段痛苦遭遇中学得的宝贵教训，告诉他们如何用心灵的眼睛看待自己的经历。

凭着想象与记忆，他不断修炼心灵、头脑和道德的自律能力，将内心的自由种子培育得日益成熟，直到超脱纳粹的禁锢。对于物质环境，纳粹享有决定权和一定的自由，但是弗兰克尔享有更伟大的自由——他强大的内心力量可以帮助他实践自己的选择，超越纳粹的禁锢。这种力量感化了其他的囚犯，甚至狱卒，帮助狱友们在苦难中找到生命的意义，寻回自尊。

在最恶劣的环境中，弗兰克尔运用人类独有的自我意识，发掘了人性最根本的原则，即在刺激与回应之间，人有选择的自由。

选择的自由包括人类特有的四种天赋。除自我意识外（Self-awareness）外，我们还拥有"想象力（Imagination）"，即超越当前现实而在头脑中进行创造的能力；"良知（Conscience）"，即明辨是非，坚持行为原则，判断思想、言行正确与否的能力；"独立意志（Independent Will）"，即基于自我意识、不受外力影响而自行其是的能力。

但由于人类特殊的天赋，用计算机程序打个比方，人类可以自创程序，完全不受本能和平日训练的制约，动物的能力有限，人类却永无止境。但是如果人类也活得像动物一样，听命于本能和后天环境，凭借着集体意识行动，那最终也会受到限制。

环境决定论的主要来源是对动物的研究，比如老鼠、猴子、鸽子和狗，以及精神错乱的人类。这种实验因为可以掌控和预测，某种程度上满足了一些调查的标准。但是人类的历史和自我意识却告诉我们：这种人性地图根本就没有如实反映原貌！

人类独特的能力将我们与动物完全区分。对这些能力加以开发和锻炼将会在不同程度上实现我们独具的人类潜能。在刺激与回应之间自由选择就是我们最大的能力。

三、"积极主动"的定义

弗兰克尔在狱中发现了人性的这个基本原则，并用其汇成了一幅精准无误的地图，由此发展出高效能人士在任何环境中都应具备的、首要的，也是最基本的习惯——"积极主动（Be Proactive）"。

积极主动不仅指行事的态度积极，还意味着人一定要对自己的人生负责。个人行为取决于自身的抉择，而不是外在的环境，人类应该有营造有利的外在环境的积极性和责任感。

积极主动是人类的天性，即使生活受到了外界条件的制约，那也是因为我们有意或无意地选择了被外界条件控制，这种选择称为消极被动（Reactive）。这样的人很容易被天气状况所影响，比如风和日丽的时候就兴高采烈，阴云密布的时候就无精打采，而积极主动的人则心中自有一片天地，无论天气是阴雨绵绵还是晴空万里，都不会对他们产生影响，只有自己的价值观才是关键因素。如果认定了工作第一，那么即使天气再坏，敬业精神也依旧不改。

消极被动的人还会受到"社会天气"的影响。别人以礼相待，他们就笑脸相迎，反之则摆出一副自卫的姿态。心情好坏全都取决于他人的言行，任由别人的弱点控制自己。

积极主动的人，理智胜于冲动，他们能够慎重思考，选定价值观并将其作为自己行为的内在动力；而消极被动的人则截然相反，他们感情用事，易受环境或条件作用的驱使。

但这并不意味着积极主动的人对外界刺激毫无感应，只不过他们会有意无意地根据自己的价值观来选择对外界物质、心理与社会刺激的回应方式。

埃莉诺·罗斯福（Eleanor Roosevelt，美国小罗斯福总统的夫人）曾说："除非你愿意，否则没人能伤害你。"圣雄甘地（Gandhi）也曾经说过类似的话："除非拱手相让，否则没人能剥夺我们的自尊。"可见最刻骨铭心的伤害并非悲惨遭遇本身，而是我们放任这些伤害戳在我们心上。

我找一个年轻英俊的小伙子上台，然后对他说："我要对你说句话，你先别反应，我们先听听观众的第一反应好吗？"小伙子点了点头。

"我一看就知道你的英文不会太好。"我对着小伙子说完后，问观众："如果有人在公共场合挑选了你，然后对你说了这句话，你怎么想？"

（读者朋友，你现在想想如果我选了你而不是那个小伙子，你会怎么反应？）

没过一会儿，有些人举起手来，大部分人说：

"我会觉得说这话的人很讨厌！"

"说这话的人看我好欺负！"

"我会非常憎恨这个让我当众难堪的人！"

看到一个有点羞怯的人，我就问她会怎么想，她声音很小："我会想你怎么知道我英文不好呢。我英文确实不好，可我没贴标签啊。"

这时一个看起来有一定阅历的人开了腔："你根本就不了解我，怎么会知道我的英文水平？挑我说这样的话一定是看我经得起这样的挑战。所以，小伙子，在画云博士眼里你一定是个自信的人！"

我带头鼓起掌来："这位先生说得太好了。我一进屋就注意到这小伙子眉宇间透出的自信，我根本不知道他的英文水平，那样和他讲话的确是相信他经得起这样的挑战！"

其实不同人的回答都从一个侧面反映着一个人的自我形象定义！不自信的人要么愤怒，要么自卑。一个把自己定义为自信、有能力的人是不会在乎陌生人的一个"胡猜"或者"胡说"的，有了不在乎，就没有了被中伤！

我告诉我的听众："生活中，不可能所有的人都喜欢我们，对我们恶语相向的人一定是存在的。只有不自信的人，别人说他笨时才会有被揭疤受伤害的感觉；不认为自己笨的人，不管别人怎么嘲笑都不会受太大的影响。我们一定要有健康的自我形象，这样才不为别人的赞美而沾沾自喜，也不轻易为别人的恶语中伤难过。不经过你的同意，没人能够伤到你。"

——画云博士《我把美国教育方法带回国》

因此，伤害我们的并非悲惨遭遇本身，而是我们对于悲惨遭遇的回应。尽管这些事的确会让人身心受创或者经济受损，但是品德和本性完全可以不受影响。事实上越痛苦的经历，越能磨炼意志，开发潜能，提升自如应对困境的能力，甚至还可能感召他人争取同样的自由。

四、采取主动

（一）"积极主动"找到好工作

人的本质是主动的。人类不仅能针对特定环境选择回应方式，更能主动创造有利环境。但这不等于胆大妄为、惹是生非或滋事挑衅，而是要让人们充分认识到自己有责任创造条件。

如有意跳槽的人应采取更多主动，不妨做几个关于兴趣和能力的测验，研究自己心仪行业的状况，甚至思考自己的求职单位正面临何种难题，然后以有效的表达方式，向对方证明自己能够协助他们解决问题。这就是"解决方案式的推销（自己）"（Solution Selling），是事业成功的重要诀窍之一。

绝大多数人都不否认这种做法的确有助于求职或晋升，但是又常常以各种借口拒绝采取必要步骤来实践这种主动。

"我不知道该到哪去做关于兴趣和能力的测验。"

"如何知道某行业或者某公司面临的难题呢？谁能帮我？"

"我不知道该如何有效表达自己的想法。"

太多人只是坐等命运的安排或贵人的相助，事实上，好工作都是靠自己争取来的。找到好工作的人往往积极主动解决问题，而不是坐享其成。他们只要有必要就会立即行动，并且一以贯之地遵照正确的原则，确保顺利完成工作。

（二）营造"积极主动"的企业文化氛围

积极主动与消极被动有天壤之别，尤其再加上聪明才智，差距就更大了。积极主动与消极被动之间的差别可不仅仅是提高 20%～50% 的效率，如果积极主动的人在智力、意识和敏感度方面技高一筹，那么差别就更大了。

我曾经与一群家装行业的人共事。来自不同厂商的 20 多位代表聚在一起，他们可以尽情共享季度报表，讨论面临的问题。

当时正值经济衰退，这个行业所受的打击更甚。因此会议一开始，各厂商代表的士气都很低落。

第一天的主题是该行业的现状。"到底发生了什么？引发问题的缘由是什么？"发生了太多事情，外部压力越来越大，失业率不断升高。大家表示不得不裁掉熟悉的员工以维持企业的生存。结果会后，每个人比之前更加灰心。

第二天讨论该行业的未来。"今后将会如何？"大家一起按照一种消极的假设，研究了行业发展趋势和左右其发展的因素。结束时，气氛更加沮丧，人人都认为事情会更加恶化。

到了第三天，大家决定换个角度，着重于积极主动的做法："我们将如何应对？有何策略与计划？如何主动出击？"于是早上商讨加强管理与降低成本，下午则筹划如何开拓市场。以脑力激荡方式，找出若干切实可行的途径，再认真讨论。结果为期三天的会议结束时，人人都士气高昂，信心十足。

这次会议的结论是：

一、本行业现状并不好，可以预测短期内还会更加恶化。

二、我们可以采取正确的对策，改进管理，降低成本，提高市场占有率。

三、这个行业的状况会比过去都好。

——史蒂芬·柯维《高效能人士的七个习惯》

要是换作消极思维会是怎样呢？"得了吧，面对现实吧。你的乐观想法和自我安慰也就能撑到现在，你迟早得面对现实。"

我们不但需要面对现实，还要面对未来。但真正的现实是，我们有能力应对现状和未来，逃避这一现实，就只能被动地让环境和条件决定一切。

包括企业、家庭和各级社会团体在内的任何组织都可以采取积极的态度，将其与创造力结合起来，在内部营造积极主动的企业文化氛围，不必坐等上苍的恩赐，而是通过集思广益，主动培育团体的共同价值观和目标。

五、自我检视

（一）聆听自己的语言

思维意识会决定行为和态度，如果有意识仔细检查，我们会发现这些都会在我们的人格地图上体现出来。比如我们的语言，就是我们是否积极处世的真实写照。

消极被动的人，言语中往往会暴露出推卸责任的意图。例如：

"我就是这样做事的。"（我天生这样，这辈子改不了了。）

"他把我气疯了！"（责任不在我，是外界因素控制了我的情绪。）

"我根本没时间做。"（又是外界因素——时间控制了我。）

"我只能这样做。"（受迫于环境或他人。）

具体见表3-1。

表3-1　消极被动的语言 vs 积极主动的语言

消极被动的语言	积极主动的语言
我已无能为力。	试试看有没有其他可能性。
我就是这样。	我可以选择不同的作风。
他把我气疯了！	我可以控制自己的情绪。
我只能这样做。	我能选择恰当的回应。
我不能……	我选择……
我不得不……	我更愿意……
他们不会答应的。	我可以想出有效的表达方式。
要是……就好了。	我打算……

左边一栏的语言源于决定论的思维定式，其本质就是推卸责任。"我负不了责任，我无法自由选择回应的方式。"推卸责任的言语往往会强化宿命论。说者一遍遍被自己洗脑，变得更加自怨自艾，怪罪别人和环境，甚至把星座也扯了进去。

我曾碰到这么一位男士，他说："你讲得很有道理，可是每个人的状况不同。我的婚姻真是让我忧心忡忡，我和太太已经失去了往日的感觉，我猜我们都已经不再爱对方了。该怎么办呢？"

"爱她。"我回答。

"我告诉过你，我已经没有那种感觉了。"

"那就去爱她。"

"你还没理解，我是说我已经没有了爱的感觉。"

"就是因为你已经没有了爱的感觉，所以才要去爱她。"

"可是没有爱，你让我怎么去爱呢？"

"老兄，爱是一个动词，爱的感觉是爱的行动所带来的成果，所以请你爱她，为她服务，为她牺牲，聆听她心里的话，设身处地地为她着想，欣赏她，肯定她。你愿意吗？"

——史蒂芬·柯维《高效能人士的七个习惯》

在所有进步的社会中，爱都是代表动作，但消极被动的人却把爱当作一种感觉。好莱坞式的电影就常灌输这种不必为爱负责的观念——因为爱只是感觉，没有感觉，便没有爱。事实上，任由感觉左右行为是不负责任的做法。积极主动的人则以实际行动来表现爱。就像母亲忍受痛苦，把新生命带至人世，爱是牺牲奉献，不求回报。又好像父母爱护子女，无微不至，爱必须通过行动来实现，爱的感觉由此而生。

（二）关注圈与影响圈

看一个人的时间和精力集中于哪些事物，也能大致判断他是否积极主动。每个人都有格外关注的问题，比如健康、子女、事业、工作、战争等等，这些都可以被归入"关注圈"（Circle of Concern），以区别于自己没有兴趣或不愿理会的事物（见图3-2）。

关注圈内的事物，有些可以被掌控，有些则超出个人能力范围，前者可以被圈成一个较小的"影响圈"（Circle of Influence，见图3-3）。观察一个人的时间和精力集中于哪个圈，就可以判断他是否积极主动。

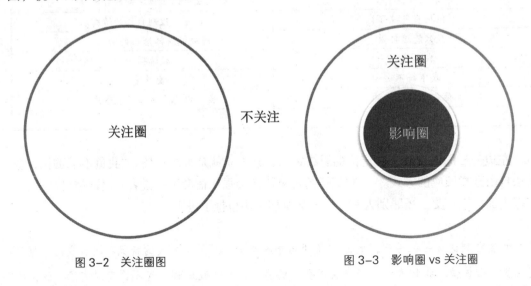

图3-2 关注圈图　　　　　图3-3 影响圈 vs 关注圈

积极主动的人专注于"影响圈"，他们专心做自己力所能及的事，他们的能量是积极的，能够使影响圈不断扩大（见图3-4）。

反之，消极被动的人则全神贯注于"关注圈"，紧盯他人弱点、环境问题及超出个人能力范围的事不放，结果越来越怨天尤人，一味把自己当作受害者，并不断为自己的消极行为寻找借口。错误的焦点产生了消极能量，再加上对力所能及之事的忽略就造成了影响圈日益缩小（见图3-5）。

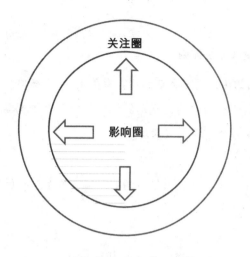

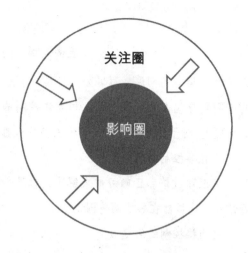

图3-4　积极主动者的焦点　　　　　　图3-5　消极被动者的焦点
（积极能量扩大了影响圈）　　　　　　（消极能量缩小了影响圈）

　　只要我们的焦点在关注圈，就等于是允许自己受制于外界条件，自然就不会采取必要措施来推动积极变化。只有当我们在影响圈上下功夫，关注自己的思维模式时，我们才能获得改变自己的正能量，并最终也影响他人。努力改变自己，而不是一味地担忧，我们就能改变现状。

　　人与人的地位、财富、角色和人际关系不尽相同，因此在某些情况下，一个人的关注圈可能会小于影响圈（见图3-6）。这说明此人由于自身的缘故，在情感方面缺乏远见和判断力，消极而又自私，全部精力都放在关注圈内。

　　积极主动的人虽然更看重自己的影响力，但他们的关注圈往往不小于影响圈，这样才能有效发挥影响力。

图3-6　关注圈小于影响圈

直接控制、间接控制和无法控制

我们面对的问题，可以分为三类：可直接控制的（问题与自身的行为有关）、可间接控制的（问题与他人的行为有关）和无法控制的（我们无能为力的问题，例如我们的过去或现实的环境）。对于这三类问题，积极主动的人都是由影响圈着手加以解决。

可直接控制的问题

可以通过培养正确习惯来解决，如培养积极主动的习惯、以终为始的习惯、要事第一的习惯等。这显然在影响圈范围内。

可间接控制的问题

可以通过改进施加影响的方法来解决。例如采取移情方式，而不是针锋相对；以身作则而不是口头游说。

无法控制的问题

我们要做的就是改变面部曲线，以微笑、真诚与平和来接受现实。纵使有再多不满，也要学着泰然处之，这样才不至于被问题左右。匿名戒酒组织鼓励成员的祷词是这样的：

上帝啊，请赐我平静的心去接受我无法改变的，请赐我勇敢的心去改变我能够改变的，请赐我智慧的心去辨别它们。

不论是能直接控制的、间接控制的还是无法控制的问题，解决的第一步，都掌握在我们自己手里。我们可以改变习惯、手段和看法，而这些都属于影响圈范围。

（三）扩大影响圈

令人鼓舞的是，在面对环境选择回应方式的同时，我们对环境的影响力也得到增强。这就像一个化学方程式，改变其中的某一部分，其结果就会跟着改变。

几年前我曾为一家公司提供服务，其总裁被公认为精力旺盛、目光敏锐，能洞悉行业发展趋势，而且才华横溢、精明干练。但是他在管理方面却独断专行，对下属总是颐指气使，就好像他们毫无判断能力一样。

这几乎让整个公司人心涣散，一有机会主管便聚在走廊上大发牢骚。乍听之下他们的抱怨不但言之有理，而且用心良苦，仿佛确实在为公司着想。但实际上，他们没完没了的抱怨，无非是在以上司的缺点作为推卸责任的借口。

有一位主管说："那天我把所有事情都安排好了，他却突然跑来下了一通完全不同的指示，几句话就把我这几个月的所有努力一笔勾销。我真不知道该如何做下去，他还有多久才退休啊？"

有人答道："他才59岁，你想你还能再熬6年吗？"

"不知道，不过他这种人大概是不会主动退休的。"

但是有一位主管却十分积极主动，他是依据客观价值行事，而并非主观感受。经过预估、重点划分、形势判断后，他就会采取行动。他并非不了解顶头上司的缺点，但他的回应不是批评，而是设法弥补这些缺点。上司颐指气使，他就加以缓冲，减轻属下的压力，又设法配合上司的远见、才能、创造力。

这位主管的工作重点是影响圈。他的职务可能就是办事员，但他却能够做得更多，因为他会站在上司角度考虑需求，以及带着同理心理解上司潜在的忧虑，所以他不只是汇报工作，还会分析并且提出建议。

有一天我以顾问的身份与这位总裁交谈，他大为夸赞这位主管。"史蒂芬，这个主管的工作能力太出色了。他不仅能完成交代的工作，还能提供额外的信息，而且正是我们所需要的。他甚至能针对我最棘手的问题进行分析，列出一张意见清单。"

"那些建议是他用数据分析后得出的结果，精彩绝伦！但凡他经手的工作都不需要操心，这帮我减轻了负担。"

以后再开会时，其他主管依然依命令行事，唯有那位积极主动的主管会被征询："你的意见如何？"——他的影响圈扩大了。

这在办公室造成不小的震动，那些只知抱怨的人又找到了新的攻击目标。对他们而言，唯有推卸责任才能立于不败之地，因为肯负责，就得不怕失败，为了免于为自己的错误负责，有人干脆把责任推得一干二净。这种人以尽量挑起别人的错误为能事，借此证明"错不在我"。

幸好这位主管对同事的批评不以为意，仍以平常心待之。久而久之，他对同事的影响力也增加了。后来，公司里任何重大决策必经他的参与及认可，总裁也对他极为倚重。但总裁并未因他的出色表现而觉得受到威胁，因为他们两人正可取长补短，相辅相成，产生互补的效果。

这位主管并非依靠客观的条件而成功，是正确的抉择造就了他。有许多人与他处境相同，但未必人人都会注重扩大个人的影响圈。

——史蒂芬·柯维《高效能人士的七个习惯》

有人误以为"积极主动"就是胆大妄为、滋事挑衅或目中无人。其实不然，积极处事者只是更为机敏，更重视价值观，能够切合实际，并掌握问题的症结所在。

圣雄甘地就曾受到印度议员的抨击，因为他不肯随身附和，和他们一起谴责大英帝国对印度人民的奴役，而是亲自下乡，在田间与农民同甘共苦，从点滴做起，一步步扩大了在劳苦大众中的影响力，最后终于赢得全国人民的支持和信任。他一介布衣，却凭着热诚和勇气，通过绝食抗议和道德说服的途径使英国人屈服，让3亿人民摆脱了殖民统治，由此充分显现了他将影响圈扩大到极致的力量。

（四）"如果"和"我可以"

一个人的关注圈与影响圈可以从他的言谈中看出端倪，与关注圈相关的语句多半带有假设性质：

“要是我的房屋贷款还清了，我就没这么烦心了。”

“如果我的老板不这么独断专行……”

“如果孩子肯听话……”

“如果我学历更高……”

“如果我有更多属于自己的时间……”

而与影响圈相关的语句，则多半体现了这个人的品德修养，例如"我可以更耐心、更明智、更体贴……"

把外在环境视作问题症结的想法本身就有问题，应该说是我们给了外部环境控制自己的权利，这种"由外而内"求变的思维定式就是以外在环境改变作为个人改变的先决条件。

积极的做法应该是"由内而外"地改变，即先改变个人行为，让自己变得更充实，更具创造力，然后再去施加影响，改变环境。

约瑟的故事

《旧约》里有段约瑟（Joseph）的故事。约瑟 17 岁就被兄弟卖到埃及，成为埃及法老的护卫长波提乏（Potiphar）的奴隶。面对这样的遭遇，任何人都难免自怨自艾，并对出卖和奴役自己的人满腔怨愤，但是约瑟却能够积极处事，专心磨炼自己，不久便倍受信任，帮助主人打理家事，掌管财产。

后来他遭人诬陷，身陷囹圄达 13 年之久，皆因他坚持不肯出卖自己的良心。即便身处这样的困境，他积极的态度依然不改。他从自身做起，时刻想着"我可以"，而不是"如果"，化悲愤为动力，没多久就掌管了整座监狱，后来又掌管了整个埃及，成为一人（法老）之下万人之上的大人物。

这种激烈的思维转换并非人人能及，比让他人或外界条件做替罪羊要难得多，但是人人都应该对自己的人生负责，应该为自己营造有利的环境，而不是坐等好运或噩运的降临。

我们不妨去做个好学生或好职员。如果遇上实在无能为力的情况，保持乐观进取的心态仍是上上策，不管快乐或不快乐，同样积极主动。有些事物不是人力所能控制的，比方说天气，但我们仍可以保持内心的愉悦或外在环境的愉悦气氛，对力所不能及之事泰然处之，对能够改变的则全力以赴。

六、应对错误的选择

我们在享有选择的自由的同时，也必须承担随之而来的后果，就好像"拾起手杖的一头，也就拾起了手杖的另一头"。人的一生中，做出错误的选择在所难免，其后果让人悔不当初却也无能为力。

对于已经无法挽回的错误，积极主动的人不是悔恨不已，而是承认往日错误，已属过去的事实，那是人类无法企及的范畴，既不能从头来过，也不能改变必然后果。

对待错误的积极态度应是马上承认，改正并从中吸取教训，这样才能真正反败为胜。正如俗话说"失败是成功之母"。如果犯了错却不肯承认和改正，也不从中吸取教训，那等于错上加错，自欺欺人。文过饰非、强词夺理无异于一错再错，结果是越描越黑，给自己带来更深的伤害。

实际上伤我们最深的，既不是别人的所作所为，也不是自己所犯的错误，而是我们对错误的回应。就仿佛被毒蛇咬后，若一心只忙着抓蛇只会让毒性发作更快，倒不如尽快设法排出毒液。

我们对任何错误的回应都会影响到人生的下一刻，所以一定要立刻承认错误并加以改正，避免殃及未来，这样我们也会重获力量。

七、做出承诺、信守诺言

积极主动的本质和最清晰的表现就是对自己或别人有所承诺，然后从不食言。

承诺也是成长的精髓，自我意识与良知的天赋让我们能够自我检讨，发现有待改进的地方、有待发挥的潜能及有待克服的缺点，然后想象力与独立意志的天赋会配合自我意识，帮我们做出承诺，确立目标，矢志达成。

由此就找到了两种能够直接掌控人生的途径：一是做出承诺，并信守诺言；二是确立目标，并付诸实践。即便只是承诺一件小事，只要有勇气迈出第一步，也有助于培育内心的诚信，这表示我们有足够的自制能力、勇气和实力承担更多的责任。一次次做出承诺、一次次信守诺言，终有一天我们会摆脱情绪的掣肘，获得人生的尊严。

做出承诺与信守诺言正是培养高效能习惯的根本力量。

八、为期 30 天的实验

我们不一定非要像弗兰克尔那样，在经历了死亡集中营的遭遇以后才开始认识并培养积极主动的精神。保险职场中的日常工作及生活琐事，同样可以训练我们养成积极主动的习惯，以应付人生的巨大压力。具体表现在我们如何做出和信守承诺、如何面对交通堵塞、如何应对顾客的无理要求和上司的颐指气使、如何看待自己的问题、把精力集中在哪些事情上及使用什么样的语言……

各位不妨用 30 天的时间亲身实践积极主动的原则，看看成效如何。这期间从各种小事开始，许下承诺并予以兑现。学会做照亮他人的蜡烛，而不是评判对错的法官；以身作则，而不是吹毛求疵；解决问题，而不是制造事端。

不要总是怨天尤人或文过饰非，犯了错误就要诚心悔悟并从中吸取教训，致力于影响圈内的事情，从自我做起。

对于别人的缺点，不要一味指责。别人是否履行职责并不重要，重要的是自己的态度。如果你一直认为问题"存在于外部"，那么请马上打住，因为这种想法本身就有问题。

如果能对选择的自由加以善用，那么假以时日，自由的范围会越来越大，反之就会越来越小，直到只能够"被动生存"，即按照他人——父母、同事和社会——的意志生活。

塞缪尔·约翰逊（Samuel Johnson，英国辞典编纂家兼作家）曾说："满意源自内心，那些对人性一无所知的人总是妄图通过改变外在而不是内在性情来追求幸福，结果必是徒劳无功，而本来想摆脱的痛苦却会与日俱增。"

知道自己应该具备责任感并且负起责任，对于高效能的保险职场工作至关重要，这也是我们接下来探讨其他的职业意识的基础。

➤ 知行合一

一、培养积极主动性

积极的人使用积极的语言："我能""我要""我宁愿"等等。消极的人使用消极的语言："但愿""我办不到""我不得不""要是"等。

想象过去几周内自己以消极方式做出回应的两三件事，描述一下自己是怎么说的。

1. _____

2. _____

3. _____

现在，想想在同样情况下自己可以采取的几种积极的回应方式，请写在下面。

1. _____

2. _____

3. _____

请记住，在下周仔细倾听自己使用的语言——你的语言是更积极了，还是更消极了？

二、采取主动

找出一个在工作中令你倍感挫折的问题，找出解决问题的第一步，写在下面，并付诸行动。

_____

_____

试行"积极主动"原则30天，写下自己有何变化。

_____

_____

第四章
以终为始：树立你的职业愿景

太多人成功之后，反而感到空虚；得到名利之后，却发现牺牲了更可贵的东西。因此，我们务必盯紧真正重要的愿景，然后勇往直前坚持到底，使生活充满意义。

阅读下面的内容时，请找个僻静的角落，抛开一切杂念，敞开心扉，跟着我走过这段心灵之旅。

假设你正在前往殡仪馆的路上，去参加一位至亲的葬礼。想象你开着车抵达教堂，找到车位后走下车。走进教堂，花香伴随着风琴音乐，一路上你见到好多亲友。看着他们的面孔，你能体会失去至亲的痛苦，感受这种心情，你能分享他们曾经的欢乐。

到达前厅，看到棺木时，你赫然发现亲朋好友齐聚一堂，是为了向你告别。你在参加自己的葬礼。也许这是三五年，甚至许久之后的事，但是姑且假定这些人是亲族代表、友人、同事和社团伙伴，他们即将上台追述你的生平。

你找到一个座位，阅读手上的葬礼程序说明，等待仪式开始。一共有四位发言嘉宾：第一位是你的亲戚，可能是你的子女、兄弟姐妹、祖父母这样的近亲，也有可能是表侄、表姐妹、叔叔婶婶等远道而来的亲戚；第二位是你的挚友，这个朋友总会使你了解自己；第三位是你的同事；第四位是牧师或者来自你曾经参加的社团组织。

——史蒂芬·柯维《高效能人士的七个习惯》

现在请认真想一想，你希望人们对你及你的生活有什么样的评价？你是个称职的丈夫（妻子）、父（母）、子女或亲友吗？你是个令人怀念的同事或伙伴吗？你希望他们怎样评价你的人格？你希望他们回忆起你的哪些成就和贡献？你希望对周围的人的生活产生过什么样的影响？

在继续阅读之前，请大致记下你的回答和感受。

一、什么是"以终为始"？

如果你认真走过了上述心灵之旅，那你已经短暂触及了内心深处的某些基本价值观。

从现在开始，以你的人生目标作为衡量一切的标准。你的一言一行、一举一动，无论发生在何时，都必须遵循这一原则——由个人最重视的期许和价值观来决定一切。牢记自己的目标或者使命，就能确信日常的所作所为并非与之南辕北辙，并且每天都向着这个目标努力，不敢懈怠。

"以终为始"说明在做任何事情之前，都要先认清方向。这样不但可以对目前处境了如指掌，而且不至于在追求目标的过程中误入歧途，白费功夫。毕竟人生旅途的岔路很多，一不小心就会走冤枉路。许多人拼命埋头苦干，到头来却发现追求成功的梯子搭错了墙，但是为时已晚，所以说忙碌的人未必出成果。

当我们了解生命中最重要的事情时，生活将会不同。头脑中要时刻牢记：每天希望自己成为什么样的人，当务之急是什么。如果通往成功的梯子一直搭错墙，那每一次行动无疑加快了失败的步伐。我们也许会很忙，也会很有效率，但是唯有心中牢记"以终为始"，才会成为高效能人士。

你希望在盖棺定论时获得的评价，才是你心目中真正渴望的成功。

二、"以终为始"的两个原则基础

（一）任何事物都是两次创造而成

"以终为始"的一个原则基础是"任何事物都是两次创造而成"。我们做任何事都是先在头脑中构思，即智力上的或第一次的创造（Mental/First Creation），然后付诸实践，即体力上的或第二次的创造（Physical/Second Creation）。

以建筑为例，在拿取工具建造之前，必须先有详尽的设计图纸；而绘出设计图纸之前，需先在脑海中构思每一细节。有了设计图纸，然后有施工计划，这样按部就班才能完成建筑。假使设计稍有缺失，弥补起来，可能就会事倍功半。设计蓝图代表愿景，整个建筑过程均以它为准绳，因此宁可事先追求尽善尽美，也不要亡羊补牢。

创办企业也是如此，要想成功，必须先明确目标，根据目标来确定企业的产品或服务，然后整合资金、研发、生产、营销、人事、厂房、设备等各方面的资源，朝既定目标奋力前行。"以终为始"往往是企业成功的关键，许多企业都败在第一次创造上——事先缺乏明确的目标，以致资金不足、规划不周或对市场的解读有误。

马斯克的成功法则：多关注目标，少纠结条件

2020 年 5 月 31 日，发生了一件值得被历史铭记的大事：疯狂的马斯克，把两名宇航员送上了太空。

图 4-1　马斯克

在他之前，人类也曾多次干过这事。只不过，当我们翻开历史时，只会看到：美国把宇航员送上太空、俄罗斯（苏联）把宇航员送上太空、中国把宇航员送上太空……

在人们的认知中，载人航天飞行，是一个实力强大的国家才有能力做的事情。

而马斯克，是人类历史上第一个完成这一壮举的民营企业家。

但这并不是马斯克第一次震惊世界，也不会是最后一次。

在此之前，他曾经用 PayPal 重新定义了支付方式；用特斯拉重新定义了电动车，甚至重新定义了汽车；用自己控制的民营火箭公司，向太空发射了猎鹰重型火箭。

而在此之后，他还想修建时速 1000 千米的超级高铁，想用 4.2 万颗低空卫星组成"星链"让 wifi 信号覆盖全球，他甚至还想在火星上建立一个拥有百万居民的人类城市……

也许，很多人会对这些宏伟的计划将信将疑。但是，看惯了马斯克创造的奇迹，我却倾向于相信，也许他真的能成功。

马斯克的成功源于他拥有伟大的梦想，并且找到了一群志同道合的天才，把他们招进公司，不断激发他们，让他们把能力发挥到极限，去完成看似不可能完成的任务。

马斯克小时候看了阿西莫夫的《基地》系列作品。

书上讲，在银河帝国时期，心理史学家兼数学家哈里·谢顿精确计算出，人类将进入一个长达三万年的黑暗时代。为了应对黑暗时代的到来，谢顿聚集了人类最优秀的科学家，建立了一个"基地"，希望建成挽救人类文明的灯塔。

马斯克看了这部书之后，心潮澎湃。觉得自己要向谢顿学习。他认为，假如人类未来面临危机，那么拯救人类文明，将是自己义不容辞的责任。

上大学时，马斯克思考了人类的现状和未来，认为有几个行业将决定人类的命运：互联

网、可再生能源、太空探索。于是就决定以后从事这些方面的工作。

毕业后，他先是做了互联网公司 Zip2（后改名为 PayPal）、太空探索公司 SpaceX、太阳能公司 Solar City、电动汽车公司特斯拉、隧道挖掘公司 The Boring Company、超级高铁项目 Hyperloop 等。

需要说明的是，他做了这么多公司，都是旗帜鲜明地提出：我是为人类未来（而不是商业利益）而做。例如做 SpaceX，他从来不会说他想要赚多少钱，而是谈他要用尽可能低的成本，把 100 万人送到火星去生活；做特斯拉，他也不会说他要成为世界首富，只是说他要改变能源消费格局，让人类减少对石油的依赖。

这对于那些抱有同样理想的天才人物，具有无与伦比的吸引力。

对于斯坦福大学航天专业的学生来说，世界上还有什么比在 SpaceX 工作更酷的事情吗？

在 SpaceX 成立早期，马斯克会搜罗美国最好的大学航天专业优秀学生的名单，然后一个一个给对方打电话、发邮件，讲述自己的梦想，邀请对方加盟。只要是他看中的学生，就没有一个不愿意来的。

对于那些已经功成名就的火箭专家而言，到 SpaceX 工作也是梦寐以求的。因为，越是牛的人，到了一定的层次后，最在乎的就越不是钱，而是自我理想的实现。与 NASA、国防部、K 街、华尔街或洛克希德公司相比，在 SpaceX 工作，无疑更有助于实现自己的梦想。

在企业中，金钱的激励固然也很重要，但如果想要招揽最牛的人才，那么梦想的激励就是最重要的。

——何加盐《马斯克的成功法则：多关注目标，少纠结条件》

"以终为始"的原则，适用范围极广。比如，教育子女也要先定目标，这样才可能培养出既自律又有责任感的子女，在日常相处中牢记这个目标，不做出任何有损他们自律或自尊的举动。再比如旅行前你会先想好目的地，然后规划最佳路线；建造花园之前，你会在脑海中或纸上勾勒蓝图；演讲前先写下演讲词；整理院子前先计划；裁剪衣服前先设计；等等。

当我们理解两次创造的原则，并肩负起践行它的责任，影响圈就会日益扩大。如果我们不按照原则行事，对精神创造不闻不问，影响圈则会缩小。

主动设计还是被动接受

"任何事物都是两次创造而成"是个客观原则，但"第一次的创造"未必都经过有意识的设计。有些人自我意识薄弱，不愿主动设计自己的生活，结果就让影响圈外的人或事控制了自己，其生活轨迹屈从于家庭、同事、朋友或环境的压力。如果说人生是一出戏，那么这些人的人生剧本就源于早年的经历、所接受的教育或外界条件的制约。

这类剧本大多源自个人喜好，不符合客观原则，之所以会被接受，是因为某些人内心脆弱，依赖心理过重，渴望被接纳和获得归属感，向往他人的关怀和爱护，而且一定要让别人来肯定自己的价值和重要性。

　　无论你是否意识到，是否能够控制，生活的各个层面都存在第一次的创造。每个人的人生都是第二次的创造，或者是自己主动设计的，或者是外部环境、他人安排、旧有习惯限定的。自我意识、良知和想象力，这些人类的独特天赋让我们能够审视各种第一次的创造，并掌控自己的那一部分，即自己撰写自己的剧本。换句话说，"积极主动"谈的是你是创造者，而"以终为始"谈的是第一次创造。

——史蒂芬·柯维《高效能人士的七个习惯》

（二）自我领导

　　"以终为始"的另一个原则基础是"自我领导"，但领导（Leadership）不同于管理（Managerment）。领导是第一次的创造，必须先于管理；管理是第二次的创造，在第十二章"提高时间的使用质量"中我们会具体谈到。

　　领导与管理就好比思想与行为。管理关注基层，思考的是"怎样才能有效地把事情做好"；领导关注高层，思考的是"我想成就的是什么事业"。用彼得·德鲁克（Peter Drucker）和华伦·本尼斯（Warren Bennis）的话来说就是："管理是正确地做事，领导则是做正确的事。"管理是有效地顺着成功的梯子往上爬，领导则是判断这个梯子是否搭在了正确的墙上。

　　要理解两者之间的这一区别并不难。想象一下：

　　一群工人在丛林里清除矮灌木。他们是生产者，解决的是实际问题。管理者在他们后面拟定政策，引进技术，确定工作进度和补贴计划。领导者则爬上最高那棵树，巡视全貌，然后大声嚷道："不是这块丛林！"

　　而忙碌的生产者和管理者会怎么回答呢？"别嚷了，我们正干得起劲呢。"

　　很多个人的团队和企业都是这样埋头猛砍，却意识不到他们要砍的并非这片丛林。当今世界日新月异，更突出了有效领导的重要性，与路线图相比，我们更加迫切需要的是一个愿景或目的地，以及指路的罗盘（一套原则或指导方针）。世事难料，没人可以预见未来，一切都要靠自己的判断，而内心的罗盘则能够使你判断正确。

　　成功，甚至求生的关键并不在于你流了多少血汗，而在于你努力的方向是否正确，因此无论在哪个行业，领导都重于管理。

　　对企业来说市场瞬息万变，几年前符合消费者需求和品位的产品可能瞬间就会过时，积极的领导者必须紧盯商业环境的变化，特别是消费者购买习惯和购买心理及员工队伍的变化，以便整合企业资源，拨正企业的发展方向。如果企业不理会外部环境、工作队伍及领导方向，再成功的管理也无法避免企业的失败。

　　如果缺乏有效的领导，即使是高效率的管理，也不过就像在"泰坦尼克号沉没之前拉开躺椅"一样徒劳无功。领导难就难在常常陷于管理的思维定式难以自拔。

"领导与管理"的区别

记得我曾在西雅图负责一个为期一年的主管进修课程，在最后一堂课上，一家石油公司的总裁跟我谈到他个人的学习心得：

"史蒂芬，你在第二个月指出领导与管理的差异之后，我就立即检讨了自己的角色，结果发现我根本不曾领导，而是每天都忙着管理，搞得焦头烂额，于是我决定把管理工作交给别人，自己则退出来专心把握公司方向。"

"这实在不容易！放下那些迫在眉睫的公务让我十分痛苦，因为解决紧急事务更能给我一种成就感。相比之下，苦思如何领导公司，如何建立企业文化，如何把握先机及深入分析问题，真是让我头疼。我手下的管理人员也很不习惯，他们无法再把难题推给我，所以日子更难过了。不过我决心坚持到底，因为我认定了自己必须做个领导者。现在我做到了，这个公司也脱胎换骨，我们更能适应环境变化，公司的营业额翻了一番，利润则增长了四倍，我真正发挥了领导的力量。"

——史蒂芬·柯维《高效能人士的七个习惯》

很多人在个人生活中的领导意识非常匮乏，比如连自己的价值观都没搞清楚，就忙于提高效率、制定目标或完成任务。

三、改写人生剧本：成为自己人生的创作者

正如前面所说，人类的自我意识天赋是积极处事的基础，另两项天赋——想象力和良知则使我们能在生活中发扬积极精神，施行自我领导。

想象力能让我们在心里演练那些尚未释放的潜能；良知能让我们遵循自然法则或原则，发挥自己的独特才智，选择合适的贡献方式，确定自己的指导方针，以便将上述能力付诸实践；而想象力、良知、自我意识的结合，则能让我们编写自己的人生剧本。

每个人在成长过程中都承袭了许多来自他人的"人生剧本"，因此更确切一点说，我们是改写，而不是编写人生剧本——对已有思维的转换。当我们认识到人生剧本的低劣及思维定式的低效，我们就会积极地加以改写。

埃及总统萨达特的故事

已故埃及总统萨达特（Anwar Sadat）的自传，讲述了一个最令人振奋的改写人生剧本的故事。萨达特是在仇恨以色列的环境中长大成人的，一度以仇恨以色列来调动民众的意志。这个剧本有很强的独立性和浓重的民族主义，但它也是愚蠢的，忽视了当今世界相互依存的事实。萨达特也知道这一点。

于是，萨达特决定改写自己的人生剧本。因为参与推翻法鲁克国王，年轻的萨达特被关入开罗中央监狱的一间单人牢房。在那里，他学会了理清思绪，并且判断他之前写下的剧本

不明智、恰当。他学会了从旁观者的角度观察自己，自创冥想体系，用圣经和祷告重写剧本。

萨达特说他甚至都不愿意离开监狱，因为他在那里学会了真正的成功是战胜自我。成功不是获取财富，不是掌握权力，而是赢得与自己的较量。

埃及总统纳赛尔执政时，萨达特重新受到任命。这出乎人们的意料，因为大家猜想他早被打垮了。人们任意地想象着萨达特的生活，却不知道他争取到了属于自己的时间。

萨达特利用他的独立意识、想象力和良知进行自我领导，改写了自己的"人生剧本"，影响了数百万人的生活。

——史蒂芬·柯维《高效能人士的七个习惯》

当我们因袭的"人生剧本"有违我们的生活目标时，如果我们能够利用想象力和创造力写新的剧本，那它将更符合我们内在的价值观。

假设我是一位严厉的母亲，每当子女做出令我反感的行为时，我立刻会火冒三丈，把教训子女的真正目的抛诸脑后，拿出做母亲的权威，迫使子女屈服。在眼前的冲突中，我固然得胜，亲子关系却出现裂痕。孩子表面顺从，但口服心不服，受到压抑的情绪的影响，日后会以更糟的形式表现出来。

让我们再回到本章一开始提到的实验。在我的葬礼上，子女齐聚一堂，表达孝思。我希望他们个个都很有教养，满怀对母亲的爱，而不是与母亲起冲突的创痛。但愿他们心中充盈的是往日美好的回忆，记得妈妈曾与他们同甘共苦过。我之所以有这些期望，是因为我重视子女、爱护子女，以做他们的母亲为傲。

但在实际生活中，我却不一定能牢记这些，我完全被一些鸡毛蒜皮的琐事困住了。真正要紧的事情被紧迫的难题、当务之急和举止问题层层覆盖。我每天和孩子们相处的方式没有表现出我内心对他们真正的感情。

幸好自我意识、想象力和良知，帮助我审视价值观。我的生活和价值取向并不一致，因为我并没有按照自己主动的方式生活，而是努力适应环境和别人的想法。我能够改变，不是靠记忆而是按照理想而生活，我把自己的无限潜力和有限的过去分开，我要成为自己的第一创造者。

"以终为始"意味着要带着清晰的方向和价值观来扮演自己的职场角色或其他角色，要为自己人生的第一次创造负责，为改写自己的人生剧本负责，从而使决定行为和态度的思维定式真正符合自己的价值观和正确原则。

它还意味着我们每天都要牢记这些价值观，因为这会让我们保持积极主动的态度，以价值观为行动准则，一旦生活有变，就可以根据个人价值观决定应对之道，无须受制于情绪或外界环境。

四、"个人使命宣言"范本

"以终为始"，最有效的方法就是撰写一份个人使命宣言，即人生哲学或基本信念宣言。宣言主要说明自己想成为怎样的人（品德），成就什么样的事业（贡献和成就）及为此奠基的价值观和原则。宣言的内容与形式可以因人而异。

范本一

- 家庭第一

- 关心家人、尽最大努力让家人过得幸福

- 认真对待每一项工作

- 认真对待周围的朋友

- 积极主动、端正态度

- 少说话、多做事

- 一定要诚信、坚持自己的原则

- 保持对工作和生活的热情

- 对工作和生活有计划

- 保持善良纯正的内心

- 保持上进心、积极提升自己

- 保持幽默感

- 每个月至少读两本书

- 多请教、多学习、多分享、多交流

- 乐于帮助他人

- 爱惜身体、经常锻炼

- 坚持写博客

- 定期留点时间给自己、静下心来思考

- 勇敢说"不"

- 对人对事多点耐心

- 保持感恩的心

我将像遵守宪法一样遵守此个人宣言。

——"飞鸿无痕"的博客

范本二

另一位兼顾事业、家庭与健康的男士的个人使命宣言则有所不同：

愿景：以永不休止的改善精神，不断成长，影响周围的人，对社会有所贡献，成为一个被社会所认可的人；身体是革命的本钱，根据健康理念生活，精力充沛，充满活力；兼顾事业与家庭，全情投入事业的同时，孝敬父母，敬重妻子，悌敬友人。

为实现以上愿景，我要求自己做事时遵守以下原则：

"谦"：虚怀若谷，不目中无人，不得意忘形，不骄傲自大，不好高骛远，不一意孤行，不逃避；勇于承认、承担自己的错误，并正确审视自己的薄弱环节，拿出改进方案，要知错能改，请教不择人，经常虚心请教别人，征求他人意见。

　　"淡"：对势力纷华，看淡一些，看开一些，不奢求，不自私，不嫉妒，非淡泊无以明志，非宁静无以致远，君子之交淡如水，小人之交甘若醴。

　　"俭"：俭以养德，时刻保持俭朴节约，不穷大方，不吝啬，量入为出，合理投资；保持清醒的头脑，不因生活、待遇改善而沾沾自喜、腐败堕落。

　　"礼"：注意言行、形象，做一个有礼之人，以礼待人。

　　"自"：自信、自立、自强，富贵不能淫，贫贱不能移，威武不能屈。

　　"正"：做一个正直的人，坚定自己信念，明是非，辨善恶，知荣辱；知彼解己，人人平等；己所不欲，勿施于人；先理解别人，再争取别人理解自己。

　　"双赢思维"：在工作和生活中奉行双赢思维，把工作、生活看作一个合作的舞台，而不是一个角斗场；世界之大，人人都有足够的立足空间，他人之得不必视为自己之失。

　　"统合综效"：关注重要事务，注意产出和产能的平衡性。

　　"信"：绝不恶意欺骗他人，坚守承诺，但不轻易承诺。

　　"志"：有志向，有目标，有偶像；预则立，不预则废。

　　"时"：惜时、守时，合理用时。

　　"勤"：天道酬勤，多一些努力，多一份成功。

　　"专"：专一，决心一辈子做好一件事，练就独门绝技，让劣势变优势。

　　"慎"：凡事三思而后行，用好影响与回应之间存在的那一段距离。

　　开拓创新，锐意进取，学会变通，群处守嘴，独处守心。

——百度文库

　　对于个人来说，基于正确原则的个人使命宣言也同样是评价一切的标准，是我们以不变应万变的力量源泉。它既是做出任何关键抉择的基础，也是在千变万化的环境和情绪下做出日常决策的基础。

　　只要心中秉持着恒久不变的真理，就能屹立于动荡的环境中。因为一个人的应变能力取决于他对自己的本性、人生目标及价值观的不变信念。

　　确立了个人使命宣言之后，我们就能随机应变，不必带着成见或偏见来对事态妄加推断，也不必因循守旧地给各种事物定性分类，这样自然能保持一份安全感。

　　我们的个人环境也在以前所未有的速度发生变化，快得让许多人都难以适应，只好选择退缩或放弃，坐等好运降临。其实大可不必如此。弗兰克尔在纳粹死亡集中营中，不仅领悟到积极主动的原则，还体会到了目标和生命意义的重要性。后来他倡导了一种"标记疗法"（Logotherapy），基本原理就是：许多心智或情感疾病都是由于失落感或空虚感作祟，而"标记疗法"可以帮助病人找回生命的意义与使命感，以祛除这些感觉。

　　有了使命感，你就抓住了积极主动的实质，有了用于指导生活的愿景和价值观，并在这些根本指引的基础上设立长期和短期目标。使命感还有助于你制定基于正确原则的个人书面宪法，能够让你据此高效能地利用时间、精力和才能。

五、撰写使命宣言并付诸实践

（一）核心区

制定个人使命宣言必须从影响圈的核心开始，基本的思维定式就在这里，即它是我们用来观察世界的"透镜"。

我们要在此处确立自己的愿景和价值观；利用自我意识检查我们的地图或思维定式是否符合实际，是否基于正确的原则；利用良知作为罗盘，来审视我们独特的聪明才智和贡献手段；利用想象力制定我们所渴求的人生目标，确定奋斗的方向和目的，搜罗使命宣言的素材。

当我们专注于这个核心并取得丰硕成果的时候，影响圈就会被扩大，这是最高水平的产能，会有力提高我们在生活各领域的效能。

这个核心还是安全感、人生方向、智慧与力量的源泉（见图 4-2）。

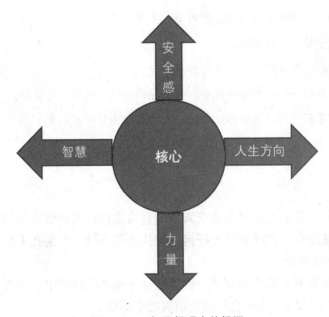

图 4-2　一切思想观念的根源

"安全感"（Security）代表价值观、认同、情感的归属、自尊自重与拥有个人的基本能力。

"人生方向"（Guidance）是"地图"和内心的准绳，人类以此为解释外界事物的理据及决策与行为的原则和内在标准。

"智慧"（Wisdom）是人类对生命的认知、对平衡的感知和对事物间联系的理解，包括判断力、洞察力和理解力，智慧是这些能力的统一体。

"力量"（Power）则指采取行动、达成目标的能力，它是做出抉择的关键性力量，也包括培育更有效的习惯及替代顽固旧习的能力。

它们相辅相成——"安全感"与明确的"人生方向"可以带来真正的"智慧","智慧"则能激发"力量"。若四者全面均衡，且协调发展，便能培养高尚的人格、平和的性格与完美的个体。

一个人的"安全感"一定介于极度不安全和极度安全之间。前者说明你的生活总是被变化莫测的外力所干扰和左右，后者说明你对于自己的真正价值有着清晰而深刻的认识。人生方向也有两个极端，一个是以"社会之境"及其他不确定的变化性因素为基础，一个是以坚实的内在方向为基础。"智慧"则一端是完全扭曲事实的错误地图，一端是所有事物和原则都适度关联的正确地图。就"力量"来说，最低层次是成为别人手中的"提线木偶"，事事由人，最高层次就是完全依照自己的价值观行事，不受外人和外界的干扰。

这四者的成熟程度，它们之间平衡、协调和整合的情况，它们对生活各方面是否有积极影响都取决于你的基本思维定式。

（二）识别自己的生活中心

不论你是否意识得到，人人都有生活中心，它们对生活各方面的强烈影响毋庸置疑。下面几种生活中心的介绍可以帮助我们理解它们是如何影响上述四个因素（安全感、人生方向、智慧和力量）和我们的生活的。

了解各种生活中心

1. 以配偶为中心

婚姻关系，可以说是最亲密持久、最美好可贵的人际关系，因此以丈夫或妻子为生活中心，再自然不过了。

但是，根据我多年来担任婚姻顾问的经验，事情却向着另一个方向发展。很多以配偶为中心却即将破碎的婚姻都源于一条导火索——那就是情感过度依赖。

如果我们获取情感价值的主要来源是婚姻，那这段关系会成为我们的支柱。太重视婚姻，会使人的情感异常脆弱。配偶的态度举止、新生儿降生或经济窘迫、工作晋升等变化都会成为沉重的打击。

婚姻，会带来更多的责任与压力，一般人通常根据以往所受的教育来应对。然而，两个背景不同的人，思想必定有差异，于是理财、教养子女、婆家或岳家的问题都会引发争执。若再加上其中一方情感难以独立，那这桩婚姻便岌岌可危。

如果我们一方面在情感上依赖对方，一方面又与对方有争执，就极易陷入爱恨交织、进退无常的矛盾中。出现争执时，为了能向伴侣表明自己的立场或是证实自己的观点，就更加容易借助以往的经历，这无疑会加剧矛盾。

为了保护自己，便更加退缩及排斥对方。于是，冷嘲热讽代替了真实的感受。一方总是在等待对方采取主动，如果自己没有等到预期的结果，则会确信之前的指责是合理的。

这种关系似乎保住了安全感，实则不然。感情用事的结果是失去了方向、智慧与力量。

2. 以家庭为中心

以家庭为中心的现象也十分普遍，而且似乎理所当然。家的确带来爱与被爱、同甘共苦及归属的感觉，但过分重视家庭，反而有害家庭生活。

以家庭为中心的人通常会把家族传统和荣誉作为安全感和价值感的来源。因此，一旦出现可能影响这些家族传统与声誉的改变，他们就变得脆弱不堪。

这样的父母在养育子女时，缺乏以子女最终幸福为目标的情感自由和力量。假设他们的安全感来自家庭，那么他们希望得到子女尊重的渴望就会超过对孩子的成长投资。或者，他们只会关注子女一时的举止是否符合礼仪，但凡子女出现不当的行为，他们马上会感到不安。紧接着，他们完全受到当下情绪的左右，完全不考虑对子女成长带来的影响，下意识地大喊或是训斥，还可能反应过度进而粗暴惩罚。他们的爱往往是有条件的，结果若非导致子女变得更为依赖，就是导致子女变得叛逆。

3. 以金钱为中心

谁也无法否认钱的重要性，经济上的安全感也是人类最基本的需求之一。人类的需求等级中，生存基本需要和经济安全感排在第一，如果得不到满足，那么人类的其他需要便难以实现。

大多数人有经济负担，外界环境的种种因素会导致经济状况恶化，带来的后果就是我们潜意识里会觉得忧虑和担心。

有时赚钱被冠以一个冠冕堂皇的理由，比如养家糊口。其中的重要性不可否认，但是假如以金钱为中心，劣势也会浮现。

从安全感（Security）、人生方向（Guidance）、智慧（Wisdom）和力量（Power）这四个支撑人生的要素考虑，假设我们主要从酬劳和薪水中获得安全感，那势必寝食难安，因为影响财富的变数太多，任何一个闪失都难以承受。如果我凭借工资的多少衡量我的人生价值，那一旦工资出现变化，我将不能认可自己。工作和薪水本身，只能提供有限的力量和安全感，却无法带来方向和智慧。这些要说明的是，以金钱为中心会给我和我的爱人带来危机。

有人为了逐利，不惜将家庭及其他重要事务摆在一边，而且以为别人都认同这种做法。我认识一位可敬的父亲，在准备带子女出游时，他忽然接到公司要求加班的电话，但是他回绝了，因为"工作还会再来，童年却只有一次"。这一幕深深印在子女脑海里，一生难忘。

4. 以工作为中心

只知埋头苦干的"工作狂"，即使牺牲健康、婚姻、家庭与人际关系也在所不惜。他的生命价值只在于他的职业或工作——医生、作家或演员……

正因为他们的自我认同和自我价值都以工作为基础，所以一旦无法工作，他们便失去了生活的意义。任何妨碍工作的因素都很容易影响到他们的安全感；他们的人生方向取决于工作的需要；而智慧和力量也只限于工作领域，无益于其他生活领域。

5. 以名利为中心

许多人深受占有欲驱使，不仅想把汽车、豪宅、游艇、珠宝、华服等这些有形的物质据为己有，对于那些无形的名誉、荣耀与社会地位也不肯放过。很多人都从亲身经历中知道名利并不可靠，很可能会瞬间落空，同时受诸多因素影响。

必须靠名利与物质来肯定自我的那些人，必定终日忧心忡忡，患得患失。面对名气、地位或者条件好过自己的人就觉得相形见绌，面对稍逊自己的人又趾高气扬。自我评价和自我认识如此飘忽不定、起落频繁，却还要固执地守住自己的资产、所有物、有价证券、地位和名誉不放，难怪有人会在股票大跌或政坛失意后一死了之。

6. 以享乐为中心

与名利紧密相关的享乐也可能成为生活的中心，这在享乐之风盛行的速成主义世界里不足为奇。电视与电影向人们展示了另外一些人的财富和安逸生活，从而激发了人们的渴望。

然而银幕上的浮华生活对于人格、效能和人际关系的影响却远不如表面看起来那么美好。

适度娱乐可使人身心舒畅，有利于家庭关系及其他人际关系的改善，但是短暂的娱乐和刺激并不能给人持久的快乐与满足。贪图享乐的人很快就会厌烦已有的刺激，渴望追求更高层次的刺激和"快感"。长期沉溺于此，他就会以是否能够享乐来评价一切。

休太长的假，看太多的电影或电视，打太多的电子游戏，长期无所事事，都等于浪费生命，无益于增长智慧，激发潜能，增进安全感或指引人生，只不过制造更多的空虚而已。

马尔科姆·马格里奇（Malcolm Muggeridge）在《20世纪见证》（A Twentieth Century, Testimony)中写道：

回忆往昔，对我触动最大的是，当时看上去至关重要、妙趣横生的事，现在看来竟是微不足道，甚至有些荒谬。比如看似耀眼的成就、名望和赞扬，得到金钱或女人后的快乐，像撒旦一样游走于世界各地，经历"名利场"里的一切。

现在回想起来，所有这些自我满足都不过是海市蜃楼、黄粱一梦。

7. 以朋友或敌人为中心

青少年尤其容易以朋友为重，为了被同龄人的团体所接纳，他们愿付出一切代价，对于这个团体内流行的价值观也照单全收。他们对团体极度依赖，易受他人的感觉、态度、行为或情绪的影响。

以朋友为中心和以配偶为中心类似，都是感情上过分依赖某个人，因此也容易出现问题——冲突的恶性循环和不良后果。

以敌人为中心的情况似乎闻所未闻，实则相当普遍，只是本人不易觉察罢了。当一个人觉得遭到某个在社会或情感层面十分重要的人物（如主管）的不公平待遇后，很容易对其耿耿于怀，并处处与其作对，这就是以敌人为生活中心。

我有一位朋友在大学教书，与行政主管关系恶劣，整天都把对方看作假想敌，几乎走火入魔，家庭生活与工作也都大受影响，最后不得不选择离开，另谋职业。

于是我问他："如果不是那个家伙，你还是愿意留下来的，是吗？"

他回答："是的，可是只要他在一天，我就不得安宁，只好跳槽。"

"你为什么让他成了你生活的中心？"

朋友被问住了，矢口否认这个事实。但是我指出他就是在听任别人控制自己的生活，削弱自己的信心并危害到自己重要的人际关系。

最后朋友承认行政主管的确对他影响很大，但否认是他咎由自取，将责任全部推给了那位行政主管，认为错在对方而自己是无辜的。

深谈之后，他终于认识到了自己的部分责任，正因为没有正确对待自己的责任，才成了一个不负责任的人。

有些离婚的人，也对与前任配偶的过节念念不忘，心里放不下对对方的怨愤，需要不断谴责对方的缺点来证明自己的无辜。有些子女成年后，仍为父母当年的忽视、偏心或辱骂而在公开场合或私下里愤愤不平，消极地抱怨自己不幸的人生剧本。这些也都是以敌人为中心的表现。

以朋友或敌人为中心的人，没有内在的安全感，自我价值变化无常，受制于他人的情绪和行为；人生方向也取决于他人的回应，时时揣摩如何反击；他们的智慧受限于以敌人为中心的偏执心理，毫无力量可言，总是被别人牵着鼻子走。

8. 以宗教为中心

我相信任何有宗教信仰的人都知道，经常去教堂的人不一定有崇高的精神世界。有些人热衷于宗教活动，却无视周围人的紧急求助，违反了自己标榜的信仰；而另一些不那么热衷于宗教活动，甚至没有宗教信仰的人，言行却更合乎宗教劝人向善的宗旨。

以宗教为中心的人，往往关注个人形象或出席活动，带着伪善的面具，其安全感和内在价值也因此受到影响。他们的人生方向并非来自良知，而是随波逐流。他们喜欢给别人贴标签，比如说这些人是"积极的"，是"自由派"，那些人是"消极的"，是保守派。

由于宗教是有自己的政策、计划、活动和成员的正式组织，本身并无法赋予任何人以持久的安全感或内在价值，只有遵循教堂所倡导的原则，才能赋予一个人以安全感。

宗教也不能长期为人指引人生方向。以宗教为中心的人，在礼拜日和工作日的思考或行为方式完全不同，这种不完整的人格会威胁到他们的安全感，使他们需要进一步给别人贴标签和给自己辩护。

把宗教当作目标而不是实现目标的手段会削弱智慧和平衡感。虽然宗教宣称能通过教导赐人力量，但其也只是传递上帝神圣力量的媒介，并未断言自己就是力量本身。

9. 以自我为中心

时下最常见的恐怕就是以自我为中心的人了。他们最明显的特征就是自私自利，与多数人的价值观背道而驰。然而市面上盛行的个人成功术无一不是以个人为中心，鼓吹只索取、不付出，却不知狭隘的自我中心观念会使人缺乏安全感和人生方向，也不会有智慧及行动力量。这就像是以色列的死海，只有流入，没有流出，于是变得死水一潭。唯有以造福人群、无私奉献为目的，追求自我成长，他们才能在安全感、人生方向、智慧和力量这四个方面不断长进。

以上只是比较常见的生活中心。和当局者迷的道理一样，看清他人的生活中心会相对容易。你会察觉有人挣钱第一，有人在一段无望的关系里垂死挣扎，只要仔细观察，你就能透过行为的表象看清中心所在。

——史蒂芬·柯维《高效能人士的七个习惯》

你现在的状况如何？什么是你的生活中心？有时并不容易回答。也许最好的办法就是详细考察支撑自己的人生的因素。如果你能在表4-1中认出一种或几种行为，你就能追踪到导致这些行为的生活中心——一个限制效能的生活中心。

表4-1　各种生活中心的特征

中心类别	安全感	人生方向	智慧	力量
以配偶为中心	●感情和安全感建立在配偶对你的态度上。 ●极易受配偶情绪的影响。 ●与配偶意见不合或对方不能满足你的期望时你会极度失望，以致心灰意冷或发生冲突。 ●凡是不利于婚姻关系的，均被视为威胁。	●根据个人与配偶的需求决定人生方向。 ●取舍一切事物的标准在于是否对婚姻或配偶有利，或以配偶的偏好与意见为主。	●对周围事物的看法依其对配偶或婚姻关系的有利（不利）影响而定。	●行动力量由于个人或配偶的弱点而受到制约。
以家庭为中心	●安全感建立在家人的接纳与实现家庭的期望上。 ●个人安全感随家庭起伏。 ●家庭声望决定自我价值。	●对行为与态度的是非观念来自家庭灌输。 ●决策的基础是家族利益或家人需要。	●完全以家庭的角度看待一切，以致眼界过窄，过分依恋家庭。	●行动受限于家族模式与家族传统。
以金钱为中心	●个人价值由手中财富决定。 ●对任何可能危及经济安全的事都充满戒心。	●"利"是决定一切的准则。	●"以赚钱为人生目标"，自然难有正确判断。	●力量被财富能发挥作用的范围所局限，目光狭隘。
以工作为中心	●根据职业角色来认定自我价值。 ●只有工作时才觉自在。	●以工作需要与工作成就衡量一切。	●只扮演与工作有关的角色。 ●把工作视如生命。	●行动受限于工作模式、行业机遇、组织约束、老板的想法及在某时对某事的能力欠缺。
以名利为中心	●安全感来自个人名誉、社会地位或个人财产。 ●好与他人攀比。	●以是否能保障、增加或彰显自己的财产来衡量一切。	●通过比较经济实力与社会关系来看待世界。	●行动受限于个人购买能力或势力范围。
以享乐为中心	●唯有"乐"到极致才能产生安全感。 ●安全感为环境所左右，稍纵即逝，如同麻醉一般。	●任何决定都以能否带来极致享乐为依据。	●只关注世界能带给自己多少享乐。	●几乎毫无力量。

续表

中心类别	安全感	人生方向	智慧	力量
以朋友为中心	●安全感来自"社会之镜"。 ●极其仰赖他人意见。	●决策的依据是"别人怎么想"。 ●容易感到难堪。	●以社会流行的观点看世界。	●行动局限在让你感到自在的社交圈内。 ●你的行为和你的观点一样无常。
以敌人为中心	●安全感起伏不定，依敌人行动而变化。 ●时刻警惕敌人的行动。 ●寻求"志同道合"者的认同。	●受敌人行动影响，缺乏自主性。 ●任何决策都是为了与敌人作对。	●见解偏颇，判断有误。 ●保护自己，反应过度，常陷入偏执状态。	●力量有限，且只来自愤怒、妒忌、厌恶与报复心理——只有破坏，没有建设。
以宗教为中心	●安全感来自教会活动及教会领袖的评价。 ●自我肯定和安全感来自所属教派与其他教派的比较。	●以他人根据教会的教导和期望对自己做出的评价为行动指导。	●认为世人只有信徒与非信徒之分。	●行动力量取决于自己在教会的地位或角色。
以自我为中心	●安全感变化不定。	●以个人需求、欲望、感觉与利益决定一切。	●只重视外在时间、环境或决策对自己的影响。	●只能单枪匹马施展力量，无法与他人合作。

一般来说，我们的生活中心是以上某几种中心的混合体，因环境不同而有所变化。大多数人的生活受到多种因素的影响，可能今天以朋友为中心，明天又变成以配偶为中心。

生活中心如此摇摆不定，情绪上难免起起落落：一会儿意气风发，一会儿颓废沮丧；一会儿斗志昂扬，一会儿又落魄消沉。缺乏固定的人生方向，没有持久的智慧，也没有稳定的力量或自我评价。

所以，最理想的状况还是建立清晰明确的生活中心，由此才能产生高度的安全感、人生方向、智慧和力量，使人生更积极、更和谐。

（三）树立以正确原则为生活中心的理念

以正确原则为生活中心可以为发展上述四个支撑人生的因素（安全感、人生方向、智慧、力量）奠定坚实的基础。

认识到这一点，我们就有安全感。原则是恒久不变、历久弥新的，不像其他中心那样多变，所以值得信赖，可以给我们高度的安全感；原则是理性而非感性的，因此它能让我们充满信心，配偶和密友都可能离我们而去，但原则不会；原则不会怂恿你投机取巧，不劳而获，其有效性不取决于环境、他人行为或流行风尚；原则是永生的，不会毁于火灾、地震或偷盗，也不会今天在这儿，明天又到了那儿。

原则是深刻的、实在的、经典的真理，是人类共有的财富。它们准确无误、始终如一、完美无瑕、强而有力地贯穿于工作生活的方方面面。

即使某时某地某人无视原则的存在，我们也无需忧心，因为原则可以超越时空的限制。几千年的历史一次又一次地见证了原则的胜利，而更重要的是，我们能在自己的生活和经验中证实这些原则。

当然，我们也并非无所不知。我们对正确原则的认识和理解受限于我们对自己和世界本质的了解，也受到时下流行的与原则相背离的哲学和理论的影响。但是这些哲学和理论跟它们的"前辈"一样，虽然都有风光的时候，却难逃被抛弃的命运，不能持久，原因就是它们的基础是虚幻的。

我们的局限性是可以逐步改善的。理解成长的原则可以让我们在寻找正确原则的时候充满自信，相信学得越多，就越能以正确的视角更清楚地观察世界。原则不会改变，但我们对原则的理解可以改变。

如果以原则为生活中心，智慧和人生方向的来源就是正确的地图，反映事物的真实历史和现状。正确的地图让我们能够清晰了解自己的目标及实现途径，能够基于正确的资料做出更有意义、更易执行的决策（见表4-2）。

而力量来自自我意识、知识和积极的心态，因而能够摆脱环境及他人态度和行为的制约。

表4-2　以原则为中心的特征

中心类别	安全感	人生方向	智慧	力量
以原则为中心	●安全感基于原则，不会随环境而变化。 ●原则可以在生活经历中得到验证。 ●原则是准确、一贯、完美和有力的，是自我改善的有力工具。 ●正确原则帮你理解自己的成长，让你更加自信，相信通过学习能增加对客观世界的理解和认识。 ●这样的安全感来源为你提供了一个稳定不变的核心，使你能够认清形势变化并抓住机遇做出贡献。	●有内心罗盘的指引，能看清自己的目标和实现方法。 ●能基于正确的资料做出更有意义、更易执行的决策。 ●能超脱情绪和环境的影响，冷静观察客观现实，任何抉择都将短期目标、长期目标及其他因素考虑在内。 ●在各种境遇下，你都能按照被原则指引的良知行动，主动、自觉地选择最佳方案。	●你的判断既考虑了长期后果，又照顾到了各方面的平衡，你拥有了平和的自信。 ●与处世消极的人相比，你的见解不同凡响，思想与行为也独具一格。 ●你的基本思维定式是卓有成效的。 ●你的处世态度是造福人群、贡献社会。 ●你积极处世、提供服务、成就他人。 ●你向生活学习，把生活看作学习和奉献的课堂。	●你的局限性仅仅在于对自然法则和正确原则的理解，力量的唯一制约是原则本身的必然后果。 ●你的力量来自自我意识、知识和积极的心态，因而能够摆脱环境及他人态度和行为的制约。 ●你的行动能力超越了自己所掌握的资源，能帮助你达到高度互赖的阶段。 ●你的抉择和行动不受当前经济状况或其他条件的影响，有互赖的自由。

唯一能制约力量的是原则本身的后果。我们可以自由地选择行动，但无法选择行动的后果——"拾起手杖的一头，也就拾起了手杖的另一头"。

任何原则都有必然的后果。遵从原则，后果就是积极的；忽视原则，后果就是消极的。原则具有广泛适用性，无论是否为人所知，这种制约都是普遍存在的。越了解正确的原则，明智行动的自由度就越大。

以永恒不变的原则作为生活中心，就能建立高效能的思维定式，也就能正确审视所有其他的生活中心。

一个人的思维定式能决定他的态度和行为，就好像"透镜"能影响一个人对世界的观察一样。生活中心不同，产生的观念也就各异。下面通过一个实例来看看不同的思维定式（生活中心）会让人有怎样不同的回应。

现在假定你已经买好票，准备晚上与配偶一起去听音乐会，对方兴奋不已，满怀期待。

可是下午 4:00，老板突然来电话要你晚上加班，理由是第二天上午 9:00 有一个重要会议。

以家庭或配偶为中心的人，当然是优先考虑配偶的感受，为了不让他（她）失望，他（她）很可能会委婉地拒绝老板。即使为了保住工作而勉强留下来加班，心里也一定十分不情愿，担心着配偶的反应，想着用什么合适的理由来安抚他（她）的失望与不满。

以金钱为中心的人，则看重加班费或加班对于老板调薪决定的影响，于是理直气壮地告诉配偶自己要加班，并理所当然地认为对方应该谅解，毕竟经济利益高于一切。

以工作为中心的人，会觉得正中下怀，因为加班既可以让自己增加经验，又是一个很好的表现机会，有利晋升，所以不论是否需要，都会自动延长加班时间，并想当然地以为配偶会以此为荣，不会为爽约一事小题大做。

以名利为中心的人，会算计一下加班费能买到什么，或者考虑一下加班对个人形象有何助益，比如赢得一个为工作而牺牲自己的美誉。

以享乐为中心的人，即使配偶并不介意，也还是会撇下工作赴约，因为实在需要犒劳自己一下。

以朋友为中心的人，则根据是否有朋友同行，或其他工作伙伴是否也加班来做决定。

以敌人为中心的人，会乐于留下，因为这可能是一个打击对手的良机——在对手悠哉游哉的时候拼命工作，连他的任务也一并完成，牺牲自己的一时快乐来证明自己对公司的贡献比对手更大。

以宗教为中心的人，则会考虑其他教友的计划，考虑办公室是否有其他教友或者音乐会是否与宗教相关——宗教音乐就比摇滚乐吸引力要大，由此决定取舍。此外，你认为优秀教友会怎么做、加班的目的是奉献还是追求物质利益等也会影响你的决定。

以自我为中心的人，只关心哪样对个人的好处更大：是听音乐会好，还是让老板增加好感更有利？两种选择给自己带来的后果有何不同会是考虑的主要因素。

我们共同面对同一件事情时，各自会有完全不同的看法，是不是很奇怪呢？你能看出来这是看问题的中心不同造成的吗？中心会直接决定动机、日常决策、行为（多数情况还包括回应）及对事物的理解。我们不难想象为何掌握中心如此重要了。如果目前你的中心不足以让你变得积极主动，那么当务之急是转换思维并找到一个类似的中心。

以原则为中心的人会保持冷静和客观，不受情绪或其他因素的干扰，纵观全局——工作需要、家庭需要、其他相关因素及不同决定的可能后果，深思熟虑后才做出正确的选择。

拥有其他生活中心的人可能和以原则为中心的人做出的选择一样，都是赴约或者都是加班，但是后者的选择会有以下几项特征：

（1）这是主动的选择，没有受到环境或他人的影响，是通盘考虑后选择的最佳方案，是有意识的明智选择。

（2）这是最有效的选择，因为它基于原则，其长期后果可以预料。

（3）这是根据原则所做出的选择，能提高自身的价值。为了报复他人而决定加班或者为了公司利益而加班的结果虽然相同，但意义却大相径庭。践行这个决定的过程有助于从整体上提高你的生活质量和意义。

（4）若平时已与配偶和老板建立了良好的相互依赖关系，此时就不难向他们解释如此决定的理由，而且也会得到谅解。因为已经实现了独立，所以可以选择有效的相互依赖，可以授权他人完成部分任务，剩下的等自己第二天一早来完成。

（5）对自己的选择胸有成竹，无论结果怎样，都能专注于此，并且心安理得，内心没有羁绊。

以原则为中心的人总是见解不凡，思想与行为也独具一格，而坚实、稳定的内在核心赐予他们的高度安全感、人生方向、智慧与力量会让他们度过积极而充实的一生。

（四）善用整个大脑

自我意识让我们能审视自己的思想，就特别有助于撰写个人使命宣言。撰写过程中需要发挥作用的两项人类天赋——想象力和良知——是右脑的主要职能。知道怎样开发右脑功能能够大大增强设计人生的能力。

研究结果显示，人的大脑可分为左右两部分，左脑主司逻辑思考与语言能力，右脑执掌创造力与直觉。左脑处理文字，右脑擅长图像；左脑重局部与分析，右脑重整体与整合。

最理想的状况是左右脑均衡发展，并能随时切换，这样遇到问题时就可以先判断需要哪个半脑出面应对，然后加以调用即可。但实际上，每个人或多或少都是某半边大脑比较发达，面对问题时也倾向于用较发达的一边做出应对。

正如亚伯拉罕·马斯洛（Abraham Maslow，美国心理学家）所说："擅用榔头的人往往认为所有东西都是钉子。"善用右脑和善用左脑的人看事物往往是不同的。

当今世界基本上是崇尚左脑的，语言文字、逻辑推理能力等被奉为重要才能，而感官直觉、艺术创造能力总是居于从属地位，难怪很少有人习惯于发挥右脑功能。

理解了左右脑的这种分工，就不难明白善于创造的右脑对于第一次创造的成功来说影响巨大。我们越是开发右脑的功能，就越能通过心灵演练和综合能力，跨越时空障碍，对人生目标做全盘考量与规划。拓宽思路和心灵演练与确认就是开发右脑的两个途径。

1. 拓宽思路

有时，人会因为意外打击而在瞬间从左脑思维变成右脑思维。如在亲人离世、罹患重病、经济危机或陷入困境的时候，我们会扪心自问："到底什么才是真正重要的？我究竟在追求什么？"

积极主动者不需要这种刺激就能拓宽思路，自觉转换思维定式。

方法有很多，比如本章开篇处，想象参加自己的葬礼就是其中之一。现在请试着写下给自己的悼词，越具体越好。

你也不妨在脑海里描绘银婚或金婚纪念日的情景，邀请配偶或恋人与你一起来畅想两人共同的理想婚姻关系应当怎样，怎样通过日常活动来付诸实施。

你也可以想象退休后的情形，希望那时候自己有怎样的贡献和成就，退休后又有什么计划，是否想二次创业。

开动脑筋，想象每一个细节，尽量投入自己的热情与情感。

我曾在大学课堂上做过类似实验，我对学生说："假设你只剩下一个学期的生命了，那么该如何把握这最后的学习机会呢？请你想象自己将怎样度过这个学期。"突然换了一种思路后，学生们发现了很多新的价值观。我要求他们用一周的时间，以这个思路来检讨自己，并每天记下心得。

结果，有人开始给父母写信，表达对父母的爱和赞美，有人则与感情不和的手足或朋友重归于好，所有这一切都发人深省。

学生们行动的中心和主导的原则都是爱心。一旦想到自己的生命只有短暂的几个月，吵架、仇恨、羞辱和责骂就都变得微不足道了，而原则和价值观却变得无比清晰。

——史蒂芬·柯维《高效能人士的七个习惯》

人人都能运用想象力来挖掘内心深处真正的价值观，虽然技巧各异，但效果相同。只要肯用心探究、探求人生目标，就能以一颗虔诚的心对待生命，把思路拓宽，把目光放远。

2. 心灵演练与确认

个人领导能力不仅仅是一种经验。它不是随着个人使命宣言的编写而开始和结束，而是这样一个过程——持续不断地把握愿景和价值观，将人生对准那些最重要的焦点。经此努力，强大的右脑功能可极大地帮你日益进步，将个人使命宣言融入生命中。右脑会在这个过程中帮助你进行"心灵演练"（Visualization）并对正确行为加以"确认"（Affirmation）。这会让你的工作与生活更符合使命宣言，这也是"以终为始"的另一种应用。

"确认"应该包括五个基本要素：个人、积极、果断、可视、情感。例如，发现保险客户在发生保险事故、遭受重大损失时，我（个人）能急客户之所急、想客户之所想，积极主动（积极）地去联系保险客户，帮助他尽早拿到保险理赔款，做到雪中送炭（果断）。当客户拿到理赔款的那一刻，他对我的服务由衷地表示感谢，我也觉得自己的工作很有价值（情感）。

这个过程是可视的，可以进行心灵演练。我每天都可以抽出几分钟，在身心完全放松的情况下，想象我的客户遭受保险事故时的那种无助及我自己的反应。我尽量设想每一个细节。想象的细节越生动、脑海中的影像越清晰，就越能深刻体会到那种感觉，仿佛身临其境。

如能每天如此，我的行为就会在潜移默化中逐渐转变，直到能完全控制情绪，冷静应变。从此我的人生剧本将以我的价值观而不是外界环境为依据。

我的儿子肖恩是高中橄榄球校队的四分位，我曾帮助并鼓励他广泛应用"确认"的方法，直到他学会独立运用。

我教他如何通过深呼吸和肌肉松弛技巧来放松自己，达到完全平和的心态。然后帮他在心里演练自己如何应对最艰苦的比赛。

有一次，他抱怨在球赛时常常会莫名地紧张。细谈之后，我发现那是因为他脑海中总是浮现出千钧一发的时刻。于是我教他在压力最大时，通过心灵演练来放松自己，保持心平气和。我发现心灵演练内容的正确与否非常重要，如果演练的是错误的事情，那么收获的也是错误的。

——史蒂芬·柯维《高效能人士的七个习惯》

查尔斯·加菲尔德(Charles Garfield)博士研究过很多竞技运动和企业界的佼佼者，还研究过宇航员上天之前在地面进行的模拟演练。尽管他已经是数学博士，为了更好地研究竞技运动者的心理状态，他仍然决定攻读心理学博士。

结果他发现他们中的很多人（包括一流运动员）都擅长这种心灵演练。在保险职场的各领域都可以用这方法。如在上台表演、保险营销推介、保险商务谈判或面对日常目标挑战之前，可以进行清晰、生动、持续反复的演练。创造内心"舒适区"，然后当你身处实境时，就不会陌生了，也不会害怕。

具有创造力和视觉化思维的右脑是最重要的资源，有利于制定个人使命宣言并将它整合到生命中。

有大量的文献、音视频资料涉及了心灵演练与确认的过程。该领域的一些最新进展有潜意识规划、神经语言学规划、放松新方式、自我对话法。这些内容包括对第一次创造基本原则的解释运用和分类。

事实上，有效的个人领导、心灵演练和确认方法都源于对人生目标和原则的深思熟虑，并在改写人生剧本、深入理解人生目标和基本原则方面有无穷力量。

尽管"心灵演练"威力无穷，但也必须以品德和原则，而不是以性格和魅力为基础才行，否则就会被误用或滥用，尤其容易被用来谋取个人名利。

心灵演练和确认也是设计人生的手段，但必须注意不要违反自己的生活中心，更不能因为金钱、自我或其他远离正确原则的生活中心。

想象力可以帮人达到追逐名利的目的，但却不能长久。我相信脚踏实地的想象力若能与良知共同发挥作用，将有助于超越自我，并实现基于独特目标和原则的高效能生活。

（五）确定角色和目标

撰写使命宣言的时候，分管逻辑和语言的左脑就会从语言神经中枢联合右脑描绘图像和感受。正如吐纳练习会连接身体和思想，写作也是神经肌肉练习，能够让意识和潜意识融合。写作会让想法凝练、清晰，还能化整体为部分。

人生在世，扮演着各色各样的角色——父母、妻子、丈夫、主管、职员、亲友，同时也担负着不同的责任。因此，在追求完美人生的过程中，如何兼顾全局，就成了最大的考验。顾此失彼，在所难免；因小失大，更是司空见惯。

考虑到这一点，在撰写使命宣言时，不妨分开不同的角色领域，一一订立目标。在事业上，你可能扮演保险业务员、管理人员、产品开发人员的角色；在生活中，你或许是妻子、丈夫、母亲、父亲、邻居、朋友。其有关政治、信仰方面的种种角色，也都各有各自不同的期待与价值标准。

当人们想提高工作效率时，常会遇到的问题之一是思路不够宽广，他们失去了高效生活必需的、区分轻重缓急的能力，平衡及自然生态。埋头工作忽略健康，或者事业成功但是忽略宝贵的人际关系。

如果你按照生活中扮演的不同角色及目标对使命宣言重新划分，你会发现它更平衡也更好执行。首先考虑职业，你可能是保险业务员、经理、产品开发员，你工作时该考虑什么？应该被什么价值取向引导？其次考虑生活角色，丈夫、妻子、父亲、母亲、邻居还是朋友？你充当不同角色时该考虑什么？什么比较重要？最后考虑社会角色，政治领域、公共服务、志愿者活动等中的角色。

下面这位企业主管就将角色和目标这两个理念引入了他的使命宣言：

我的使命是堂堂正正地生活，并且对他人有所影响，对社会有所贡献。

为完成这一使命，我会要求自己：

有慈悲心——亲近人群，不分贵贱，热爱每一个人。

甘愿牺牲——为人生使命奉献时间、才智和金钱。

激励他人——以身作则，证明人为万物之长，可以克服一切困难。

施加影响——用实际行动改善他人的生活。

为了完成人生使命，我将优先考虑以下角色：

丈夫——妻子是我这一生中最重要的人，我们同甘共苦，携手前行。

父亲——我要帮助子女体验乐趣无穷的人生。

儿子/兄弟——我不忘父子、手足的亲情，随时对他们施以援手。

共产党员——我信守共产党宣言，努力为人民服务，为实现共产主义而奋斗。

邻居——"远亲不如近邻"，我要学习善待邻居，邻里之间和睦相处。

变革者——我能激发和催化团队成员的优异表现。

学者——我每天都学习很多重要的新知识。

按照重要的角色写就的使命宣言会维持生活的平衡、和谐，而且会让每个角色清晰地摆在面前。这样你在检查宣言时，便会确保你不是只重视一个角色却完全忽略了其他同样重要的角色。

一旦确定主要的人生角色，你就能清楚地掌握全局。接着，还要制定每个角色的长期目标，这些目标必须反映你真正的价值观、独特的才干与使命感。

认清方向是以结果为重，而非日常活动。因此你就能辨别目的地，还能明确身处何方。这样能够为你抵达终点提供信息、时间。你所有的能量和努力汇聚于此，你能从中发现日常活动的意义和目的，因此会变得积极主动。掌控人生，实现每日目标，随之践行使命宣言。

角色与目标能赋予人生完整的架构与方向。假定你还缺少这么一份个人使命宣言，那现在正是开始撰写的最佳时机。

（六）实践你的个人使命宣言

随着对自身了解的不断加深，思维与正确原则会逐渐融为一体，与此同时，一个高效强大的生活中心一并产生。透过这个中心审视世界，思路将会变得更清晰，这样做也会让每一个人关注自己在世上的独特作用。

弗兰克尔说："我们是发现而不是发明自己的人生使命。"这么说的确再恰当不过了。凡是人都具备良知与理智，足以发现个人的特长与使命。

每个人都有特殊的职责或使命，他人无法越俎代庖。生命只有一次，所以实现人生目标的机会也仅止于一次……追根究底，其实不是你询问生命的意义何在，而是生命正在提出质疑，要求你回答存在的意义为何。换言之，人必须对自己的生命负责。

——维克多·弗兰克尔（Victor Frankl，1905～1997）

个人责任感和主动性对于精神创造来说至关重要。再以计算机做比喻。在前面一章中我们曾提到：你是自己的人生程序设计员。在本章，则要求你写出属于个人的程序——个人使命宣言。只有你真正意识到自己肩上的责任，并且认可自己的身份，你才会动手撰写这个程序。

一个积极主动的人，能说出想成为什么人，想做什么，能够写出使命宣言。

这件工作并非一蹴而就，而是必须经过深思熟虑、几经删改才可以定案。其间可能耗费数周，甚至数月的时间，而且即使定案，也仍需不时修正。因为随着物换星移，人的想法也会改变。

无论如何，使命宣言是个人的根本大法、基本人生观，也是衡量一切利弊得失的基准。撰写使命宣言的过程的重要性不亚于最后的结论。为了形诸文字，你势必要彻底检讨自己真正的理想——最珍贵的人生目标。随着思想脉络日益清晰，相随心转，你会有耳目一新的感觉。

我们要常常回顾自己的人生宣言，这是日常生活的一部分。坐在沙滩上，或是一次骑车远足的末尾，我都会拿出记事本修修改改一番。有时会耗费几个小时，但之后我会觉得神清气爽，生活变得有条理、目标清晰，一种释然和自由的感觉油然而生。

——史蒂芬·柯维《高效能人士的七个习惯》

这个过程和制造产品一样重要，制定并回顾使命宣言至关重要，因为在这当中你会认真仔细检查要事，让行为符合信念。你的做法会让周围的人感到，你不是被动地受外界影响行事，而是对自己要做和感兴趣的事情充满使命感。

六、组织的使命宣言

对于成功企业来说，使命宣言同样至关重要。企业的长期目标必须由所有成员共同拟定，不能由少数高层决策者包办。这里再次强调，参与过程与书面成果同样重要，而且还是付诸实践的关键。

每次到国际商用机器公司（IBM）参与员工培训，我都感触良多。IBM主管时时不忘向员工强调该公司的三大原则：个人尊严、卓越与服务。

他们代表了IBM的信仰，因此不论世事如何变化，IBM从上到下的每一个人都始终信守这三大原则，无一例外。

记得有一次在纽约训练一批IBM员工，班上人不多，约20人。不幸有位来自加州的学员生病，需要特殊治疗。IBM作为训练主办方，原想安排他就近住院治疗，但为体谅他妻子心情，便决定送他回家由家庭医生诊治。为了争取时间，无法等待普通班机，公司居然租直升机送他到机场，还包专机，千里迢迢送他回加州。

虽然确切花费不详，但我相信这笔开销不下数千美元。为了秉持个人尊严的原则，IBM宁愿付出这些代价。这对于在场的每个人都是最好的教育机会，也给我留下了深刻的印象。

另一家连锁旅馆的服务态度，同样令我难以忘怀，那绝不是表面功夫，而是全体员工自动自发的表现。

当时，我因为主持一项研讨会而住进这家旅馆，由于到得太迟，已无餐点可用。前台人员却主动表示，可以到厨房跑一趟，还殷勤地询问："您要不要先看看会议厅？有没有需要我效劳的地方？您还需要其他东西吗？"当时并没有主管在旁边监督。

第二天研讨会开始，我发现所带的彩色记号笔不够，便趁空抓住一名服务员，说明困难。他瞥了一眼我的名片，然后说："柯维先生，我会解决这个问题的。"

他并没有推脱叫我到哪儿去找或者说"请你问前台"。他一口揽下来，而且表现出为我服务深感荣幸的样子。

事后我又观察到不少员工热心服务的实例，这引起了我的好奇心。为什么这个机构能够彻底奉行"顾客至上"的原则？我访问了各阶层的员工，发现个个士气高昂，态度积极。于是我请教经理秘诀何在。

他取出整个连锁网的共同使命宣言给我看。

我看过之后说："这的确不同凡响，但很多公司都定有崇高的目标，却不见得能够实践。"这位经理接着又取出专属于这家旅馆的经营目标，是另一份组织宣言："这是根据总公司的大原则，并针对我们的特殊需要而拟定的。"

"是谁订立的呢？"

"全体员工。"

"清洁工、女服务员、文员都包括在内？"

"是的。"

这两份宣言代表整个旅馆的中心思想，无怪乎营运成绩斐然。它既有助于员工与顾客、员工与员工之间的关系，也左右了主管的领导方式，甚至影响到人员的招募、训练与薪资福利。

后来，我住过同一连锁网的另一家旅馆，那里的服务水准也毫不逊色。当我问服务员饮水机在哪里时，他亲自领我到饮水机前。

更令人印象深刻的是，那里的职员居然向主管主动承认错误。当我住进旅馆的第2天，客房部经理打来电话为服务不周表示道歉，并招待我们用早餐，只为了一位服务员送饮料到我们的房间时，迟了15分钟，尽管我并未在意。

——史蒂芬·柯维《高效能人士的七个习惯》

这说明了什么样的企业文化呢？如果这名服务员不主动报告，没人会知道这件事，但是他承认了，只是为了让顾客得到更好的服务。

正如我对第一家旅馆的经理所说的，很多公司都有令人印象深刻的崇高目标，但同样是使命宣言，由所有成员共同拟定的和由少数高层决策者包办的真是有天壤之别。

七、唯有参与，才有认同

许多组织，包括家庭，都有一个最根本的问题，那就是成员并不认同集体目标。我经常看到员工个人目标与企业目标背道而驰的现象，还有很多企业的薪酬制度与其所标榜的理想不相契合。

所以在审视企业的使命宣言时，我一定会问员工："这儿有多少人知道你们有使命宣言？有多少人知道其中的内容？有多少人参与了使命宣言的拟定？又有多少人真正认同并在决策中贯彻执行？"

唯有参与，才有认同。这个原则值得强调再强调。

小孩子或新进人员很容易接受父母或企业加诸其上的观念，但长大成人或熟悉环境后，就会产生独立意志，要求参与。假使没有全体成员参与，则实在难以激发向心力与团队热忱。这便是为什么我要一再强调，组织应开诚布公，不厌其烦地广泛征求意见，订立全体共有的使命宣言。

一个真正反映每个成员的共同愿景和价值观的使命宣言，能调动他们的创造力和奉献精神，使他们不再需要旁人的指挥、监督和批评，因为他们已经接受了不变的核心原则，接受了企业为之奋斗的共同目标。

> **知行合一**
>
> 一、把你做本章开篇的参加葬礼心灵演练时的感受整理下来。

_____

_____

_____

_____

二、制定一份个人使命宣言

为了帮你制定自己的使命宣言，下面列出制定过程的6个步骤。

步骤1：开动脑筋畅想

将你对下面三个问题的回答一口气写下来，不要停顿，这是自由发挥。如果你想到了一个观点，别太在意用词和语法，只管不停地写下去。记住，你只是在畅想，不是定稿，目的是把自己的想法写在纸上，在每个问题上花2~3分钟。

（1）写下一个对你有影响的人。

确定一个对你的生活有积极影响的人。你最赞赏这个人的什么品质？你从这个人身上学到了什么品质？

_____

_____

（2）详细说明你想成为怎样的人。

设想现在已是20年后，你已经达成了自己所希望的所有成就。你的成就清单是什么？你想拥有什么？你想成为怎样的人？你想成就怎样的事业？

_____

_____

（3）请确定，目前对你最重要的是什么。

_____

_____

步骤2：放松一下

现在深呼吸一下，然后放松下来。把你写的放在一边，走开几分钟。

步骤3：整理你的思绪

回顾你所写的，圈出你想列入自己使命宣言的关键想法、句子和词语。

步骤4：写出初稿

现在是写出你初稿的时候了。前文已经列举了几个使命宣言中的范本，以助于你思考。一周内随身带着这个初稿，每天写下备注或根据需要加以增删。也许每天或每两天你都想重写一份初稿。这是一个不断进行的过程。你的使命宣言将随着时间推移而不断修改。现在，花一点时间写出你的使命宣言初稿。

使命宣言初稿

_____

_____

步骤 5：完成你的使命宣言

周末写出你的使命宣言的定稿，放在一个便于随时翻阅的地方。

我的使命宣言

_____

_____

步骤 6：定期检查并加以评估

每个月问自己下列问题：

我是否觉得这个使命宣言代表了最佳的自我？

当我回顾这个使命宣言的时候是否感到有了方向、目标、挑战和动力？我的生活是否遵从了这个使命宣言中的理想和价值观？

三、你的角色

既然你已有了不断修正、日臻完善的个人使命宣言初稿，那么现在重要的是考虑你在生活中的角色和目标，以及它们与你的使命宣言有着怎样的关系。

_____

_____

在下面的表格中写下你的各个角色，不一定非要一次把它们写正确。只要写下你觉得正确的就行。尝试把列出的角色限制在 7 个以内。如果超过了 7 个，可以把若干角色归并为一个。在写下的角色旁边描述一下，你认为自己可能在该角色领域做出的最理想的业绩。

例如：

保险业务员   艺术家   护理者   同伴   指导者   激励者   朋友   祖父母

发明家   调节者   儿子   教师训练员   经理   志愿者   作家

角色	在角色领域做出的最理想的业绩
例子：保险业务员	例子：参加百万圆桌会议

四、你的生活中心

详细阅读本章"表 4-1 各种生活中心的特征",你的行为符合其中哪个类型?它们是否让你的日常行为有了一定依据?你是否满意?

_____

_____

五、告诉自己怎么做

设想近期内可能会从事的某个项目,用智力创造的原则,写下你希望获得的结果与应采取的步骤。

_____

_____

向家人或同事讲述本章的精华,并建议大家共同拟定家庭或者团队的使命宣言。

第五章
情感账户：领悟人际关系的真谛

一、独立与互赖

个人独立不代表真正的成功，圆满人生还需追求公众领域的成功。不过群体的互赖关系要以个人真正的独立为先决条件，想要抄近路是办不到的。

美国著名的福特汽车公司新泽西的一家分工厂，过去曾因管理混乱而差点倒闭。后来总公司派去了一位很能干的人物，在他到任后的第3天，就发现了问题的症结：偌大的厂房里，一道道流水线如同一道道屏障隔断了工人们之间的直接交流；机器的轰鸣声、试车线上滚动轴发出的噪音更使人们关于工作的信息交流越发难以实现。

由于工厂濒临倒闭，过去的领导一个劲地要生产任务，而将大家一同聚餐、厂外共同娱乐时间压缩到了极致。所有这些，使得员工们彼此谈心、交往的机会微乎其微，工厂的凄凉景象很快使他们工作的热情大减，人际关系的冷漠也使员工本来很坏的心情雪上加霜。组织内出现了混乱，人们口角不断，不必要的争议也开始增多，有的人还干脆就破罐破摔，工厂的情势每况愈下，这才到总部去搬救兵。

这位新任的管理者在敏锐地觉察到这一问题的根本之后，果断地决定以后员工的午餐费由厂里负担，希望所有的人都能留下来用餐，共渡难关。

在员工看来，工厂可能到了最后关头，需要大干一番了，所以心甘情愿地努力工作，其实这位经理的真实意图就在于给员工们一个互相沟通了解的机会，以建立信任空间，使组织的人际关系有所改观。在每天中午大家就餐时，经理还亲自在食堂的一角架起了烤肉架，免费为每位员工烤肉。一番辛苦没有白费，在那段日子，员工们餐桌上谈论的话题都是有关组织未来的走向的问题，大家纷纷献计献策，并就工作中的问题主动拿出来讨论，寻求最佳的解决途径。

这位经理的决定是有相当风险的。他冒着成本增加的危险拯救了企业不良的人际关系，使所有的成员又都回到了一个和谐的氛围中去了。尽管机器的噪音还是不止，但已经挡不住人们内心深处的交流了。

2个月后，企业业绩回转，5个月后，企业奇迹般地开始盈利了。

这个企业至今还保持着这一传统，中午的午餐大家欢聚一堂，由经理亲自派送烤肉。

——百度知道

有人说"成功＝30%知识＋70%人脉"，更有人说"人际关系与人力技能才是真正的第一生产力"。因为人的生命永远不孤立，我们和所有的东西都会发生关系，而生命中最主要的，也就是这种人际关系。由此看来，经理人要想成功，首先应该知道并灵活地处理好人际关系。那么如何才能拥有良好的人际关系呢？

这里有一个很重要的观点——良好人际关系的基础是自制与自知之明。有人说，爱人之前必须先爱自己。此言果然不假，但是我更强调人贵知己。了解自我才懂得分寸，也才能真正爱护自己。

所以说，独立是互赖的基础。缺乏独立人格，却一味玩弄人际关系的技巧，纵使得逞一时，也不过是运气罢了。处顺境之中，还可任你为所欲为；但天有不测风云，一旦面临逆境，技巧便不可靠了。

维系人与人之间的情谊，最要紧的不在于言语或行为，而在于本性。言不由衷，虚伪造作的表面功夫很快就会被识破，何以建立圆满的互赖关系？

由此可见，修身是公众领域成功的基础。完成修身的功夫后，再向前看，面前又是一片崭新的领域。良好的互赖关系可以使人享有深厚丰富的情感交流、不断跃进的成长及为社会服务奉献的机会。

不过，这也是最容易带来痛苦与挫折的领域，横亘在眼前的障碍纷至沓来，令人疲于应付。个人生活有缺失，比如浑浑噩噩、漫无目标，只会在偶尔受到刺激时，你于心难安，想要有所振作，但很快就习以为常、视若无睹了。

人际关系的挫折就不那么单纯了。它所带来的痛苦往往十分剧烈，令人无所遁形。难怪各种标榜速效的人际关系成功术盛行一时，只可惜强调表面功夫的权术只能治标，不能治本。人际关系的得失其实取决于更深一层的因素，舍本逐末将适得其反。

这里，我借用鹅生金蛋的比喻来说明。鹅——良好的互赖关系，会生出完美的金蛋——团队合作、开诚布公、积极互动及高效能。为使鹅能够不断生出金蛋，就得悉心呵护。下面我们以"情感账户"作比，解析人际关系中产出与才能平衡的原理。

二、什么是"情感账户"

我们都知道，银行账户就是把钱存进去，作为储蓄，以备不时之需。所谓"情感账户"，储蓄的是增进人际关系中不可或缺的"信赖"，也就是他人与你相处时的那份"安全感"。能够增加"情感账户"存款的，是礼貌、诚实、仁慈与信用。这使别人对你更加信赖，必要时能发挥相当的作用，甚至犯了错也可以用这笔储蓄来弥补。有了信赖，即使拙于言辞，也不至开罪于人，因为对方不会误解你的用意。所以信赖可带来轻松、坦诚且有效的沟通。

反之，粗鲁、轻蔑、威逼与失信等等，会减少情感账户的余额，到最后甚至透支，这时人际关系就得拉警报了。

这就不得不如履薄冰，谨言慎行，察言观色。到处都弥漫着紧张的空气，得步步为营，处处设防。事实上，很多团体、家庭和婚姻中都充斥着这种气氛。

如果没有追加的储蓄来维持较高的信用度，婚姻关系就会恶化。好一点的同床异梦，勉强生活在同一屋檐下，各自为政；恶劣一点的则恶言相向、大打出手，甚至劳燕分飞。

越是持久的关系，越需要不断地储蓄。由于彼此都有所期待，原有的信赖很容易枯竭。你是否有过这种经验，偶尔与老同学相遇，即使多年未见，仍可立刻重拾往日友谊，毫无生疏之感，那是因为过去积累的情感仍在。但经常接触的人就必须时时投资，否则突然间发生透支，会令人措手不及。

这种情形在青春期子女身上尤其明显。如果亲子交谈的内容不外乎"该打扫房间啦""扣好衬衫的扣子""用功读书""把收音机音量开小一点""别忘了倒垃圾"等等，情感账户很快就会透支。

于是，当你的孩子面临人生重大抉择的时候，他不会敞开心扉接受你的建议，因为你在他那里的信用度太低，你们之间的交流是封闭的、机械式的。尽管你睿智而又博学，可以助他一臂之力，但是就因为你的信用额度已经透支，他不会为了你短期性的感情投资而影响自己的决定，结果可能是长期的负面影响。

设想一下，如果你早一点开始存钱到情感账户里，结果会怎样？对他好一点的机会其实很多，比如看到他对滑板运动感兴趣，就买一本相关的杂志带回家给他，或者在他做事的时候，走过去问问他是否需要帮助，还可以带他出去看电影或吃冰淇淋。又或许最重要、最有效的投入只是听他说说话，不要插入你的判断，不要老把自己的过去搬出来，只是单纯聆听，试着理解他，让他知道你在乎他，并且尊重他。

他未必会马上做出回应，还可能满腹疑问，"爸爸又想干什么？""这一次妈妈又想用什么新招儿在我身上？"但只要坚持下去，存款总会增加，赤字会越来越小。

牢记一点：速战速决是不切实际的，建立和维护关系都需要时间。如果因为他反应冷淡或者不以为然就不耐烦起来，那就会前功尽弃。千万不要这样去指责他，"我们为你做了那么多，牺牲了那么多，你怎么这么没良心？""我们想要做得好一点，你这是什么态度？真是太不像话了！"

当然，保持耐心很难，不但需要积极的态度，还要对影响圈有所关注，要循序渐进，切忌不切实际。

事实上速战速决的方法根本就不存在，建立并维持人际关系是一种长期的投资行为。

名人名言

正如身体经常需要食物以保持健康一样，人际关系也同样经常需要营养。

——史蒂芬·柯维

没有信任就谈不上友谊，没有诚实也就谈不上信任。

——塞缪尔·约翰逊

三、七种"情感账户"的主要投资方式

这里推荐"情感账户"七种主要的投资方式。

（一）理解他人

理解他人是一切感情的基础。人如其面，各有所好。同一种行为，在甲身上或许能增进感情，换成了乙，效果便可能完全相反。因此只有了解并真心接纳对方，才可以增进彼此的关系。比如6岁的孩子在你正忙的时候，为一件小事来烦你，在你看来此事或许微不足道，但在他稚嫩的心灵中，却是天下第一要事。此时就得认同旁人的观念与价值观，以对方的需要为优先考虑而加以配合。

高山流水觅知音

江湖上的人都知道钟子期和俞伯牙的故事：钟子期听俞伯牙鼓琴，志在泰山，子期曰："善哉乎鼓琴，巍巍乎若泰山！"少间，志在流水，子期曰："善哉乎鼓琴，汤汤乎若流水！"

从此伯牙视子期为知音。二人谈诗吟对，举杯邀月，对影奏琴，《高山流水》曲罢，弹者动情，听者沉醉，好不惬意。

人有悲欢离合，月有阴晴圆缺。十分不幸的是，某一天钟子期仙逝了，俞伯牙自是伤心不已。人死不能复活。俞伯牙将子期葬于村西的泾河旁，那里风景宜人，白色的水鸟栖息在河边，高大的垂柳扬枝吐绿，红色的玫瑰开向天边，子期的墓掩映其间。 伯牙长叹："天下再无知音！"

从此每天操琴于子期墓前，但奏《高山流水》，不再过问世间事。这自然引起俞伯牙老婆的强烈不满，她整天抱怨他不懂赚钱，只会消费。俞伯牙心想妇人之见，实在俗不可耐，同床共枕几十载，却还不及楚人钟子期理解他，一个能达到心灵共鸣的知音岂是易得？

某日，伯牙和往常一样到子期墓前，忽然看到老婆追将过来，不禁摇头喟叹："天下之大，知音却难觅啊！"老婆这次却未数落他，只走到伯牙面前，取过他手中的琴，端坐下来。伯牙疑惑地看着她，结婚这么多年，他从未见过妻子奏琴，也未听她谈琴，不知这回葫芦里卖什么药。却见她已经开始弹奏，正是《高山流水》，他无数次弹给子期听的曲子！他不曾知道妻子的琴艺竟是如此之高，远在自己之上！时而玉拨金鸣，如大江东去，万马奔腾；时而灵动婉约，如小桥流水，燕过柳梢。一曲奏罢，万籁俱寂。

良久，夫人开口："天下不只一个钟子期，也不只一个俞伯牙。所谓知音难觅，是自己的心难觅。"

伯牙颓然坐下：常慨叹别人不理解自己，自己又何曾尝试过去理解别人？所谓知音，存乎一心之间也。

——"课后学习网"

很多人都倾向于主观臆断他人的想法和需要，觉得在自己身上适用的感情投资，一定也适用他人。一旦发现结果并不如自己所期望的那样，就会觉得自己一片好意成了空，变得心灰意冷起来。

黄金定律说：想要别人怎样待你，就要怎样待人。字面意思是你对待他人的方式最终会被返还给自己，但我认为其内涵是，如果你希望别人了解你的实际需要，首先要了解他们每一个人的实际需要，然后据此给予帮助和支持。正如一个成功养育了几个孩子的家长所言："区别对待他们，才是平等的爱。"

（二）注意小节

一些看似无关紧要的小节，如忽视礼貌、不经意的失言，最能消耗情感账户的存款。在人际关系中，最重要的正是这些小事。

我记得几年前的一个傍晚，正是我同两个儿子一起外出活动的时间，一般就是做运动、看摔跤比赛、吃热狗、喝果汁和看电影。

电影看到一半，4岁的儿子肖恩在座位上睡着了，6岁的史蒂芬还醒着，我们两个人一起看完了那部电影。电影结束后，我抱起肖恩，走到我们的车前，打开车门，把他放在后座上。那天晚上很冷，于是我脱下外套，轻轻地盖在他的身上。

回到家，把肖恩抱上床，我又照顾6岁的史蒂芬准备睡觉。他上床以后，我躺在他身边，父子俩聊着当晚的趣事。

平常他总是兴高采烈地忙着发表意见，那天却累得异常安静，没什么反应。我很失望，也觉得有点不对劲。突然史蒂芬偏过头去，对着墙。我翻身一看，才发现他眼中噙着泪水，我问："怎么啦，孩子？有什么不对吗？"他转过头来，有点不好意思地问："爸，如果我也觉得冷，你会不会也脱下外套披在我身上？"

那天晚上我们一起做了那么多事，可是在他看来，最重要的却是我不经意间对他弟弟流露出的父爱。

这件事无论在当时还是现在，对我来说都是深刻的教训。人的内心都是极其柔弱和敏感的，不分年龄和资历。哪怕是在最坚强和冷漠的外表下，也往往隐藏着一颗脆弱的心。

——史蒂芬·柯维《高效能人士的七个习惯》

（三）信守承诺

守信是一大笔储蓄，背信则是庞大支出，代价往往超过其他任何过失，一次严重的失信会使人信誉扫地，再难建立起良好的互赖关系。

作为一个家长，我始终坚持这样一个原则，那就是不轻易许诺，许过就一定要兑现。所以我对孩子们许诺前总是再三思量，小心谨慎，把所有的可能性都考虑到，以免因为一些突发状况而让我无法兑现诺言。

尽管如此，意外还是会偶尔发生，这时候信守承诺实非明智之举，甚至没有可能做到。我对诺言再三权衡后，决定要么坚持履行，要么向当事人解释无法兑现的原因，直到对方允许我从诺言中脱身。

我相信一旦你养成了信守诺言的习惯，就等于在和孩子的代沟上搭建了一座桥梁。当他想做某件你并不赞同（因为阅历丰富的你可以看到孩子无法预知的后果）的事情时，你可以对他说："孩子如果你这样做，我保证结果会是这样的……"如果他习惯于相信你的话和承诺，就会听从劝告。

小男孩和绅士的故事

18世纪英国有一位有钱的绅士，一天深夜他走在回家的路上，被个蓬头垢面、衣衫褴褛的小男孩儿拦住了。

"先生，请您买一包火柴吧！"小男孩儿说道。

"我不买！"绅士回答说。说着绅士躲开男孩儿继续走。

"先生，请您买一包吧，我今天还什么东西也没有吃呢！"小男孩儿追上来说。

绅士看躲不开男孩儿，便说："可是我没有零钱呀！"

"先生，你先拿上火柴，我去给您换零钱。"

说完，男孩儿拿着绅士给的一英镑快步跑走了。绅士等了很久，男孩儿仍然没有回来，绅士无奈地回家了。

第二天，绅士正在自己的办公室工作。仆人说来了一个男孩儿要求面见绅士。于是，男孩儿被叫了进来，这个男孩儿比卖火柴的男孩儿矮了一些，穿得更破烂。

"先生，对不起了，我哥哥让我给您把零钱送来了。"

"你的哥哥呢？"绅士问道。

"我的哥哥在换完零钱回来找你的路上，被马车撞成重伤了，在家躺着呢。"

绅士深深地被小男孩儿的诚信所感动。

"走！我们去看你的哥哥！"

去了男孩儿的家一看，家里只有两个男孩的继母在照顾受重伤的男孩儿。一见到绅士，男孩连忙说："对不起，我没有给您按时把零钱送回去，失信了！"

绅士却被男孩的诚信深深打动了。当他了解到两个男孩儿的生活窘境时，毅然决定把他们生活所需要的一切都承担起来。

——"百度知道"

（四）明确期望

设想一种困境，即你和老板在由谁来界定你的工作职责这个问题上僵持不下。

你问："我什么时候能拿到我的职责描述？"

他说:"我正在等你拿给我,然后我们好探讨一下。"

"我认为我的工作职责应该由你来定。"

"绝对不是,你忘了从一开始我就说,怎么工作完全由你自己决定。"

"我以为你指的是我的工作质量由我自己决定,可我连这个工作是什么都不知道。"

目标期望不明确也会损害交流与信任。

"我严格遵照你的吩咐做的,这是报告。"

"我不要这个,我想要你解决问题,而不是分析问题然后把它写成报告。"

"我觉得应该首先弄清问题,然后委托其他人去解决它。"

你经历过多少次类似的谈话呢?

"你说过……"

"不,你弄错了。我说的是……"

"不是!你从没说过让我这样做……"

"我肯定说过,而且说得很清楚……"

"你连提都没提过……"

"可我们明明说好了的……"

几乎所有的人际关系障碍都源于对角色和目标的期望不明或者意见不一致。我们需要明确应该由谁来完成什么样的工作。比如当你想让女儿收拾自己的房间的时候,你会怎么说?你想让谁去喂鱼和扔垃圾?希望不明确会导致误会、失望和信用度的降低。

很多希望都是含蓄的,从来没有明白地说出来过,但是人们却想当然地认为这些事是心照不宣的。实际情况并非如此,如果没有明确的希望,人们就会变得感情用事,原本简单的小误会也会变得很复杂,原本很小的事情也会导致严重的冲突和人身攻击,最终不欢而散。

正确的做法是一开始就提出明确的期望,让相关的每一个人都了解。要做到这一点需要投入很多的时间和精力,不过事实会向你证明,这样做会省去你将来更多的麻烦和周折。

(五)正直诚信

正直诚信能够产生信任,也是其他感情投资的基础。诚信,即诚实守信,既要有一说一,又要信守承诺、履行约定。

1. 诚信意味着不在背后攻击、诋毁他人

体现诚信这种品格的最好方法,就是避免在背后攻击他人。如果能对不在场的人保持尊重,在场的人也会尊重你。当你维护不在场的人的时候,在场的人也会对你报以信任。

缺乏诚信会让所有的感情投资都大打折扣，如果一个人当面一套，背后一套，那么就算他能够理解他人，注意细节，信守诺言，明确并满足他人期望，也仍然无法积累信誉。

假设你我曾经在背后攻击上司，那么一旦彼此关系恶化，你肯定认为我会在背后诋毁你，就像当初议论上司一样。你知道我当面甜言蜜语，背后恶言恶语。这样表里不一，我怎能赢得你对我的信任呢？

如果你刚想批评上司，我就表示同意，同时建议我们直接去找他，一起商量怎么改善，你就会明白，如果有人在我面前批评你，我也会这样处理。

2. 诚信意味着不将他人的秘密到处散播

再举例来说，假如我为了取得你的信任，就以其他人的隐私讨好你："其实我不应该告诉你，但谁让咱俩是朋友呢……"我对另外一个人的背叛能够换取你的信任吗？我想你多半会在心里盘算，这家伙大概也会把我说过的什么话这样告诉别人吧。

可见，这恰恰告诉了对方你是一个两面三刀的人。在背后诋毁他人或将他人的秘密到处散播，也许会让你获得一时的快感，就像得到一个金蛋一样，可实际上你已经杀死了会下金蛋的那只鹅，友谊不再像从前那样愉快而长久，而是慢慢恶化。

3. 诚信意味着平等对待所有人

在相互依赖的环境中，诚信就是平等对待所有人。这样人们就会慢慢信任你，纵使起初并非人人都能接受这种作风，因为在人后闲言闲语是人的通病，不同流合污，反而显得格格不入，但好在路遥知马力，日久见人心，诚恳坦荡终会赢得信任。

作为一名教师和一个母亲，我发现在征服99个人之前必须先征服一个人，特别是那个最能考验你的耐心和好脾气的人。那99个人会通过你对待这个人的方式来设想你会如何对待他们，因为每个人都会是这个人。

4. 诚信意味着不欺骗、不使诈和不冒犯

诚信还意味着不欺骗、不使诈和不冒犯。"谎言"的定义是"存心欺骗别人的话"。所以要保持诚信，无论语言还是行动都不能心存欺骗。

（六）勇于致歉

当我们从情感账户上提款时，要向对方诚心致歉，那会帮助我们增加存款：

"我错了。"

"那不是我的本意。"

"我害你在朋友面前下不来台，虽然是无心之过，但是实在不该，我向你道歉。"

这种勇气并非人人具备，只有坚定自持、深具安全感的人能够做到。缺乏自信的人唯恐道歉会显得软弱，让自己受伤害，使别人得寸进尺。因此，还不如把过错归咎于人，反而更容易一些。

西方有句名言："还清最后一文钱。"要想使道歉成为感情投资，就必须诚心诚意，而且要让对方感受到这一点。

里奥·罗斯金（Leo Roskin）说过："弱者才会残忍，只有强者懂得温柔。"

一天下午，我在家里写关于耐心问题的文章。孩子们在门厅里跑来跑去，我感觉自己的耐心正在消失。

突然，儿子戴维一边敲浴室的门，一边扯着嗓子大喊："让我进去！让我进去！"

我冲出书房，厉声说："戴维，你知不知道这多妨碍我？你知不知道集中精力写东西有多难？快回你房间去，等规矩一些的时候再出来。"他只好垂头丧气地进了房间，关上房门。

当我转过身来时，我意识到了另一个问题。这些男孩原来是在门厅里玩橄榄球。有一个孩子的嘴撞在了别人的胳膊肘上，他躺在地上，满嘴是血。我才知道戴维到浴室是为了给他取条湿毛巾，但他姐姐玛利亚正在洗澡，不能让他进去。我知道自己反应过了头，立即到戴维的房间里向他道歉。

我推开门，他劈头就对我说："我绝不原谅你。"

"为什么不，宝贝？说真的，我不知道你是在设法帮你的兄弟。你为什么不原谅我？"

"因为你上星期也做了同样的事情。"他回答说。换句话，他是在说："爸爸，你已经透支了，你那样说是不能弥补你行为的后果的。"

——史蒂芬·柯维《高效能人士的七个习惯》

真诚的道歉是一种情感投资，但是一再道歉就显得不真诚，会消耗你的情感账户，最终后果会通过人际关系的质量反映出来。一般来说，人们可以容忍错误，因为错误通常是无心之过。但动机不良，或企图文过饰非，就不会获得宽恕。

（七）无条件的爱

无条件地爱可以给人安全感与自信心，鼓励个人肯定自我，追求成长。由于不附带任何条件，没有任何牵绊，被爱者得以用自己的方式，检验人生种种美好的境界。不过，无条件的付出并不代表软弱。我们依然有原则、有限度、有是非观念，只是无损于爱心。

有条件的爱，往往会引起被爱者的反抗心理，为证明自己的独立，他不惜为条件反对而反对。有条件的爱反映出爱人者不成熟的心理，表示其仍受制于对方。

我曾经有位朋友是一所名校的校长，他为了使儿子也能挤进这所学校，费了九牛二虎之力。没想到儿子居然拒绝，真令他的父亲伤心不已。

就读名校对儿子前途大有助益，更何况那已成为家庭传统，朋友的家人连续三代都是该校校友。可想而知，这位父亲必定想尽力转变儿子的心意。

可是孩子却反驳，他不愿为父亲读书。在父亲心目中，进入名校比儿子更重要，这种爱是有条件的。为了维护自主权，儿子必须反抗这种安排。

幸好，朋友最后想通了。明知孩子可能违背他的意愿，仍与妻子约定无条件放手，不论儿子做何抉择，都支持到底。即使多年心血可能白费，却也割舍得下，的确相当伟大。他们向孩子说明，一切由他决定，父母绝不干预，而且绝非故作开明。

没想到，摆脱了父母的压力，孩子反而切实反省，发现自己其实也希望好好求学，于是决定申请朋友主持的这所学校。听到这个消息，朋友自然十分欣喜，但这个时候倒不是因为儿子最后的决定与他不谋而合，而是身为父母，当然会为子女肯上进感到欣慰，这才是无条件的爱。

——史蒂芬·柯维《高效能人士的七个习惯》

四、改善一对一的人际关系

联合国前秘书长哈马舍尔德（Dag Hammarskjold）曾说过一句发人深省的名言："为一个人完全奉献自己，胜过为拯救全世界而拼命。"

我认为此话的含义是，一个人即使在外面很了不起，却也不见得能与妻儿或同事相处融洽。相比为群体服务，建立私人关系需要更多人格修养。

最高领导阶层不和的现象在各种组织中都十分常见：合伙人明争暗斗，董事长与总经理互相拆台……纵使事业做得再大，却解决不了切身问题。可见人际关系越亲密，越是不易维护。

想当年首次看到哈马舍尔德这句话时，我与最得力的助手之间，正为彼此心意不明而困扰，可就是提不起勇气与他讨论双方在角色、目标、价值，尤其是管理方式方面的分歧。我委曲求全，不敢触及核心问题，唯恐引起更激烈的冲突，但两人心结日深。

后来看到这句名言，它鼓舞我设法改善与这位助手的关系。我竭力坚定意念，因为这是一件极为艰难的事。还记得刚迈出办公室，要找他详谈时，我紧张得全身发抖。他似乎是个强悍固执的人，我正需要借助这种才干与毅力，可是又怕激怒了他，因此而失去一位好帮手。

在内心演练多次以后，我终于掌握住几个原则，顿时勇气大增。在我俩正式交谈之下，我发现他居然也经历了同样的挣扎，也渴望与我恳谈，而且表现出谦恭的态度。

我俩截然不同的管理风格，令全公司无所适从，但我们终于承认了问题的存在。经过了数次沟通，把问题摊在桌面上讨论，并一一加以解决。事后我们反而成了知己，合作无间。

——史蒂芬·柯维《高效能人士的七个习惯》

由此可见，一对一的关系是人生最基本的要素，有赖高尚的人格来维系，只有管理众人的技巧是不够的。

五、问题恰恰是解决问题的契机

这次经验也让我学得另一个重要观念，即面对问题的态度。为了逃避问题，避免冲突，蹉跎了不下数月。事实却证明，问题反而是促进和谐的契机。

因此，我认为在互赖关系中，问题就代表机会——增加情感账户存款的机会。

如果父母能把孩子身上出现的问题看作联络感情的机会，而不是麻烦和负担，那么两代人之间的关系就会大大改善，父母会更愿意，甚至是迫切地理解并帮助孩子。当孩子带着问题来求助时，父母不会大呼："天哪，又怎么了！"而是想："瞧，我又有机会帮助孩子了，我们的关系会更进一步。"于是交流成了促进感情的工具，而不是简单的敷衍，当孩子感受到受到重视的时候，亲子之间就建立起了一座爱与信任的坚实桥梁。

同样的模式在商业领域也有重要作用，有一个连锁百货商店就是这样树立信誉的。只要顾客为了问题而来，不论多小，商店员工都视之为与客户建立关系的良机，会积极而热情地寻求解决途径，直到顾客满意。他们礼貌而周到的服务，让顾客认定了这家商店，不再作他想。

在相互依赖的环境里，如果认识到产出／产能平衡是效能的要素，我们就可以把问题看作提高产能的机会。

六、养成相互依赖的习惯

牢记情感账户这个概念，我们就可以开始探讨如何获得公众领域的成功（我们将会在"保险职业能力"重点展开探讨），即与他人合作顺利所必需的习惯。我们会看到这些习惯，怎样让相互依赖变得有效，而其他想法和行为对我们又会有怎样的影响。

此外我们还将深入了解，为什么只有真正独立的人才能够做到有效的相互依赖。

➤ **知行合一**

一、情感账户的评估

通过评估你与某人之间的情感账户的存款和提款情况，来审视你与他之间的关系如何。存款用（＋），提款用（－）。对于每次提款，记下你以后可以做些什么改进以增加存款、修补信任。

人名：＿＿＿＿＿＿＿＿＿＿＿＿＿＿＿＿

存款或提款	（＋、－）	我能做什么改进来修补信任
态度和蔼，有礼貌		
信守我的诺言		
尊重或实现对方的期望		
当他／她不在场时忠于他／她		
若有必要就道歉		

人名：_____

存款或提款	（＋、－）	我能做什么改进来修补信任
态度和蔼，有礼貌		
信守我的诺言		
尊重或实现对方的期望		
当他／她不在场时忠于他／她		
若有必要就道歉		

二、你的情感账户是否透支了

现在是评估你的情感账户的时候了。选择你想改进关系的某个人，利用上述工具来确定你与他的信任度结余是正还是负。

利用下面的情感账户日志来记录你在下周与这个人交往时的行为和语言。

记住：这不是得分表，只不过是一个工具，能帮助你自觉意识到自己的情感账户里的存款或提款。

情感账户日志		
人名：		日期：
行动	存款（＋）	提款（－）

在从 －10 到 ＋10 的刻度中，表明你与他的情感账户结余所处的位置。

```
|————————————————————|————————————————————|
-10                   0                   +10
```

写出 3 件你觉得对方会认可为存款的事情，确定你怎样去完成这些存款。

可能的存款（将来要做的）	日期

写出 3 件你认为对方会觉得是提款的事情。

可能的提款（将来要做的）	日期

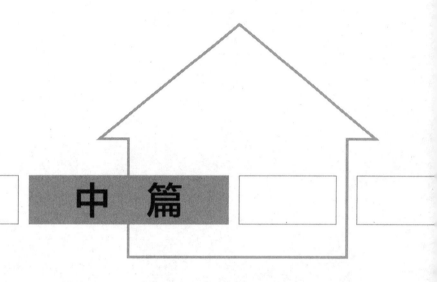

中　篇

保险职业礼仪

第六章
打造良好的保险职业形象

和他人交往接触，第一眼给人留下的印象来自你的外表和举止，也就是你的仪容、仪表和仪态。一个人的仪容仪表不但可以体现个人的文化修养，还可以反映出审美趣味。穿着得体，不仅能赢得他人的信赖，给人留下良好的印象，而且能够提高与人交往的能力。我们首先应该牢记的是，不要仅仅为了某一天而刻意修饰自己，而是平时就要注意收拾自己的头发、面容、形体等等。因为好的仪容仪表是一种习惯，一种贯穿在点滴行为中的修养。

商务礼仪的内涵

一、保险商务男士仪容礼仪

《礼记》里面讲到礼仪的个人修养时，具体的要求有三句话：正仪容，齐颜色，修辞令。正仪容、齐颜色这两句话其实讲的就是一个人的仪容仪表。

保险商务礼仪的具体场合

员工个人的形象代表企业的形象，员工个人的素养体现了一个企业规范化的程度。有鉴于此，在商务交往过程中，商务人员个人的仪容仪表是否得体而规范，既是其个人教养问题，也是企业的形象问题，是非常重要的。

保险职场商务身份解析

站在女性的角度来讲，你觉得什么形象的男人最不能接受？不干净的男人！一个男人不一定要长得有多么好看，多么帅，但是，他一定要干净整洁。男人在常规情况下一定要干净。

一般而言，在讲到保险商务男士仪容问题时，首先要强调一些具体可操作的细节。保险商务男士仪容的重点实际上指两个部位：第一，头发；第二，面部。看一个人，主要是看下面这些地方。

解码保险职场7秒第一印象

（一）发型

就轮廓来看，首先是一个人的发型。其实，我们看一个人的形象如何，主要是看其发型。

1. 长度

头发最重要的一点，就是其长度。男女有别，其中的一个区别，就是头发的长度了。

保险商务男士头发的长度讲究前发不覆额、侧发不掩耳、后发不及领。大体上来讲，男士的头发不宜长于7厘米。必须强调的是，作为公司的白领，保险商务男士的头发不能太长，除非是广告创意人员、搞艺术的，否则一个男士留一披肩长发，不分男女，这不合适。当然，某些歌星、影星、球星等也有留长发的，但是他们不是一般人，公众能够接受他们的这种形象。

2. 干净

保险商务男士有条件的话最好每天洗头，至少两天洗一次。这样就不容易产生头皮屑和异味。保险商务男士在公务场合穿着深色西服的时候，如果有头皮屑掉落到肩上，会有损其职业形象。

3. 发型

保险商务男士在做发型的时候，要考虑自身行业的特征，即庄重保守。发型、发色不能太过于前卫、花哨。

（二）面容

保持面部的清洁是保险商务男士日常最重要的工作。对于"面子"也需要随时呵护，尤其是秋冬季节比较干燥，可使用护肤品保持面部滋润。

面部的清洁还包括牙齿的清洁和口腔的清新。如果要出席比较重要的场合，之前不能食用蒜、葱、韭菜、腐乳等有强烈气味的食品。餐后应清洁口腔，如果有口气，可以使用漱口水或者口香糖等去除气味，保持口腔的整体清洁。但在他人面前嚼口香糖是不礼貌的，特别是与人交谈时，更不应嚼口香糖。

保险商务男士要定期刮胡须、剪鼻毛，保证面部干净、整洁。

（三）手部

从某种意义上来说，手是人的第二张脸，也是我们社交场合中动作比较多的部位，所以手部的整洁很重要。

勤洗双手，保持手部的洁净是最基本的礼貌。

手部要注意保护，不能有红肿粗糙、长疮、生癣、皲裂的现象。

不留长指甲，指甲的长度不应超过手指指尖。定期清理修剪指甲，修指甲时，指甲沟附近的"暴皮"要同时剪去，不能用牙齿啃指甲。

如果手部有过于另类的文刺图案，在正式的社交场合会降低你在别人心目中的印象分值。

（四）表情

在人际交往中，表情占有相当大的比重。它是心理状态的外在表现，有时能起到言语所起到的作用。

1. 微笑

微笑是人际交往中比较重要的一个礼仪环节。

微笑是一种面露喜色而又不发出明显笑声的面容表情。真诚自然的微笑，应该是五官不发生显著的颤动和位移，额部肌肉收缩，使眉位提高，眉毛展开略成弯月形，面部笑肌有意识地收缩，双唇的开合不宜过大，牙齿以不露出为佳，嘴角稍微用力向两侧拉直使嘴角呈船形。

最具感染力的微笑

2. 眼神

眼睛是心灵的窗户，视线的角度、注视范围、注视时间，都能表现出你的礼仪分值。一般情况下，视线的落点应该在对方的发际以下、下颌之上。注视其他区域会让对方不舒服，是不礼貌的注视方法。

在问候、致意、告别、表示同意、强调自己见解的时候，一定要看着对方的眼睛。在与别人正面交谈时，视线停留在对方面部的时间不少于总时间的1/3，以表示尊重对方。切忌目光东移西转，这样会让对方感到你心不在焉。但如果长时间地盯着对方，也是失礼的行为，可以有意识地将视线不时转换一下，让对方可以放松。

视线的角度也很重要。正视表示平等、友好、尊重；仰视表示尊重、友好、盼望、思考；俯视表示爱护、教训、尊严和先发制人；斜视表示轻蔑。在交谈过程中，如果想向对方询问什么，可以用目光自下而上注视对方；如果是表示专注倾听别人说话，可以头部微微倾斜，目光自上而下注视对方。

眉毛应该怎么"表情"

眉毛应该与眼睑一道保持自然、舒展的状态，不要轻易牵动眉毛。在正式的社交场合与异性接触时，尤其要避免眉毛乱动，以免引起不必要的误会，让人感觉过于轻浮。

（五）体味

在正式的保险商务社交场合，身体的气味也是仪容礼仪中的一个重要环节，保证身体气味的清爽是前提条件，如果带有汗味或者其他异味会被视为失礼。在这个基础上，可以适当使用香水。

喷洒香水，最简单的礼仪就是不要使用过量。在一米左右所散发的香味是最能使人接受的香味，也是最能使人产生好感的标准，如果在一米外就能闻到你身上的香水味，那么更靠近时就容易让人觉得刺鼻，相当于侵占了公共的空气。

去医院探病或就诊、参加严肃会议、在相对封闭的工作间、出席宴会时，切勿使用浓烈的香水。同时，出席宴会时将香水涂抹在腰部以下，以适当地控制香水的气味，这也是基本的礼貌。

香水要喷于不容易出汗、脉搏跳动明显的部位，男士使用香水的部位是颈部、耳后、胸膛半部。一次喷洒不宜过多，少量而多处喷洒效果比较好；不要把香水喷于浅色衣物上，以免留下污迹；避免将香水喷于腋下，以免香气混合体味产生异味。

晚餐时怎样正确使用香水？

许多正式的社交活动都会安排在晚餐时进行，在用餐时身上散发出浓郁的香水味，会干扰食物的香味，也会破坏共餐同伴的享受，因此如果准备赴宴聚餐，建议先使用比较淡的香水，等到进餐完毕再补充香味较浓的香精，这样不会让香水与食物的香味混淆，同时补上的香精味，会让香味更加明显深刻。

二、保险商务男士仪表礼仪

俗话说：人靠衣装。保险商务男士出席正式商务场合的正装就是西装。接下来我们一起来学习如何选购西装、西装的穿着及搭配礼仪。

（一）西装的选购

1. 西装面料的选购

正装西装的面料一般要选择纯羊毛的。夏天天热的话可以穿混纺的，但它也是高比例含毛。当然还有比纯羊毛西装更高档的，即纯羊绒面料的西装。

用纯羊绒、纯羊毛面料制作的西装挺括、悬垂感好、有线条。而休闲西装在面料上则有多种选择，皮西装、麻西装、条绒西装、真丝西装往往随处可见。

2. 西装颜色与条纹的选购

（1）西装颜色

"男士公务西装有哪三种颜色呢？"

关于这个问题，我在课堂上问过很多遍，同学们给我的答案普遍都是"黑、灰、蓝"。在许多中国人的思想中，男人的西装首选的颜色就是"黑色"，他们认为黑色庄重、严肃，适合正式的场合。但是，我总是不停地提醒大家，千万别忘记了，黑色除了庄重、肃穆之外，还有更明显的特点就是神秘与诡异感，一个大面积穿着黑色的男人，如

商务男士西服颜色的选择

果再加上黑色墨镜、黑色领带、黑色手套的点缀，这样的人出现在你面前，我相信你的内心会产生紧张、不安和惧怕的情绪。

从《黑客帝国》中一身黑衣的基努·里维斯扮演的拯救世界的英雄，到《五号特工组》中5个黑西装、黑风衣、黑墨镜的特工，再到周星驰《功夫》里拿着斧头的黑帮，黑压压一片；甚至走出影视剧回到现实中，你会发现，凡是以黑西装、黑领带、黑墨镜打扮的男士，从事的职业不是特工、保镖就是黑社会打手。而职场上真正专业的商务男士，应该是拥有高贵气质，体现尊贵、优雅，值得信赖的精英人士，远离神秘与诡异感是商务男士的明智之选。

所以，要走出公务西装的"黑色陷阱"。黑色西装其实只有两个作用，第一是搭配黑色领带出席葬礼（但是你这一辈子应该不会每天都有出席不完的葬礼吧），我不建议因为葬礼去买一套黑色西装备着，如果需要出席这样的场合，深蓝色西装就够用了；第二是搭

配黑色领结，充当小礼服出席小型社交晚宴。我再次提醒，如果经济实力允许的话，要体现品位还是应该为自己置办一件黑色、缎带领的西式小礼服，不要用黑色西装来冒充。

商务男士初选公务西装时应该首选藏蓝色，因为藏蓝色西装体现了强烈的权威感。商务男士在需要体现权威感的商务研讨会与商务谈判的场合应身着藏蓝色西装一套、冰白色衬衫一件、深蓝色领带一条。

职场男士的第二套西装颜色应选深灰色。深灰色少了点权威感，但是它多了优雅、高贵感，其实中国男士最适合穿深灰色西装，因为中国男士大部分是儒雅气质，和深灰色西装的优雅、高贵感相得益彰。

随职业生涯的发展，商务男士的职位也许会越来越高，因此，衣柜中就越有必要准备一套浅灰色西装。浅灰色西装少了点权威感，少了点优雅、高贵感，但是它带给穿者的最大好处就是时尚、随和感。通俗一点说，浅灰色西装的亲和感是最强烈的。为什么说职位越高浅灰色西装越是必备呢？因为，职位越高，出席的场合就越多，需要穿西装出席的场合也就会越多，但是并不是每一个场合都需要把自己装扮得很权威的样子，有时必要的亲和、随和与亲民是需要体现的。既要显示庄重，又要体现随和亲民，着装最佳选择就是浅灰色西装一套、浅灰色衬衫一件、浅灰色领带一条。据我的观察，穿着这身行头，连穿者的眼睛里都会冒出亲和的光芒。

（2）西装条纹

你还在穿纯色西装吗？你的衣柜中还储备着纯色西装吗？你还准备购买纯色西装吗？如果答案是"yes"，那你注定要进入 out、非时尚主流的行列了。

男士西服的条纹情结

你的西装带条纹了吗？无论是暗条纹还是明条纹，无论是针点式条纹、细条纹还是宽条纹，带条纹都会悄悄地带出时尚和贵气。

首先，西装的条纹分明暗。明条纹指的是西装的颜色无论是藏蓝色、深灰色还是浅灰色，条纹统统使用白线织，在深色背景的映衬下，白线织的条纹会很明显地跳跃出来，显示出睿智和优雅的高贵气质。而暗条纹则是用渐变线织，也就是使用接近西装本色的线来体现条纹。暗条纹，顾名思义就是条纹不明显，甚至会隐在西装本色后面，远看暗条纹的西装和纯色西装差不多，而走近看就能发现西装上的条纹。事实上，暗条纹是为不喜欢条纹的男士而生的，显示接近流行，但更加含蓄婉约的气质。

图 6-1　明条纹西服

图 6-2　暗条纹西服

其次，西装的条纹分宽窄。条纹最窄的西装为针点式条纹西装，条纹间距0.3毫米，体现含蓄、智慧与睿智的气质；标准的和常用条纹的间距为10毫米，又称细条纹，体现高档次品位；目前比较时尚的条纹间距是16毫米的粗条纹，又叫宽条纹，体现华贵气质。宽条纹在普通大众的西装上出现之前，一直流行在欧洲贵族及时尚圈子里，现在逐渐走平民化路线，受到一些喜欢紧跟时尚脚步的普通人士的热捧。

图6-3　粗条纹西服

无论你从事什么工种，走在人生的哪个阶段，一件好的西装总能使你变得文雅、知性和自信。你选择的不是一件"衣服"，而是一种"态度"！请记得将你的纯色西装换成条纹西装，无论是明条纹还是暗条纹，无论是针点式条纹、细条纹还是宽条纹，只要带条纹就能让你远离土气，带出你时尚、高贵、睿智的气质。

3.西装版型与款式的选购

（1）西装版型

所谓版型，指的是西装的外观轮廓。严格地讲，西装有四大基本版型：分别是欧版西装、英版西装、美版西装和日版西装。接下来，我们分别来介绍一下：

西装的版型和款式

什么是欧版西装呢？欧版西装是在欧洲大陆，如意大利、法国流行的西装版型。总体来讲，它们都叫欧版西装。最重要的代表品牌有杰尼亚、阿玛尼、费雷。欧版西装的基本轮廓是倒梯形，肩宽收腰，这和欧洲男人比较高大魁梧的身材相吻合。选西装时，对这种欧版西装，要三思而后行，因为一般的人肩宽不够。双排扣、收腰、肩宽，也是欧版西装的基本特点。

英版西装是欧版西装的一个变种。它是单排扣，但是领子比较狭长，和盎格鲁—萨克逊人这个民族有关。盎格鲁—萨克逊人的脸形比较长，所以他们的西装领子比较宽广，也比较狭长。英版西装，一般是三个扣子的居多，其基本轮廓也是倒梯形。

图 6-4　欧版西装

图 6-5　英版西装

美版西装就是美国版的西装，美国版西装的基本轮廓特点是 O 形。它宽松肥大，适合于休闲场合穿。所以美版西装往往以单件者居多，一般都是休闲风格。美国人一般着装的基本特点可以用四个字来概括，就是宽衣大裤。强调舒适、随意，是美国人的特点。

正装西装与休闲西装的区别

日版西装的基本轮廓是 H 形的。它适合亚洲男人的身材，没有宽肩，也没有细腰。一般而言，它多是单排扣式，衣后不开衩。

图 6-6　美版西装

图 6-7　日版西装

（2）西装款式

按西装的件数来划分，西装的款式可分为单件西装、两件套西装、三件套西装。商务男士在正式的商务交往中所穿的西装，必须是西服套装，在参与高层次的商务活动时，以穿三件套的西服套装为佳。

西服套装，指的是上衣与裤子成套，其面料、色彩、款式一致，风格相互呼应。通常，西服套装有两件套与三件套之分。两件套包括一衣和一裤，三件套则包括一衣、一裤和一件背心。

按照人们的传统看法，三件套西装比两件套西装显得更正规一些。一般参加高层次的对外活动时，就可以这么穿。穿单排扣西服套装时，应该扎窄一些的皮带；穿双排扣型西服套装时，则扎稍宽的皮带较为合适。

单件西装是休闲装，即一件与裤子不配套的西装上衣，仅适用于非正式场合。

图 6-8　两件套西装　　　　图 6-9　三件套西装

按照西装的领型来划分，西装的款式可分为平驳领、枪驳领和青果领。平驳领通常属于钝领的一种，其领子的下半片和上半片通常有一个夹角。这是一种穿着场合比较广的西装类型，商务、婚礼、休闲都可。平驳领显得文质彬彬。枪驳领属于尖领，枪驳领有着双尖头和笔直折现的设计。枪驳领既有平驳领的稳重、经典，又有礼服款的精致、优雅。在西装中，尤其是晚宴西装中，枪驳领出现的频率最高，更凸显出男人的硬气与阳刚。青果领又名大刀领，也是礼服领中的一款，领子柔顺。青果领多用于比西装套装更正规的礼服上，适合在隆重场合穿着，如正式婚礼中。青果领因为整个领子的弧度关系显得柔和。

图 6-10　平驳领　　　　图 6-11　枪驳领　　　　图 6-12　青果领

　　按西装上衣的纽扣排列来划分，西装的款式分单排扣西装上衣与双排扣西装上衣。单排扣西装上衣最常见的有一粒纽扣、两粒纽扣、三粒纽扣、四粒纽扣四种。两粒纽扣和三粒纽扣的单排扣西装上衣显得更为正规一些。双排扣西装上衣最常见的有两粒纽扣、四粒纽扣、六粒纽扣等三种。两粒纽扣、六粒纽扣的双排扣西装上衣属于流行的款式，而四粒纽扣的双排扣西装上衣则明显具有传统风格。如果去参加宴会、舞会、酒会，穿双排扣西装显得更为时尚；而谈判、会议、办公则该穿单排扣西装。

西装扣子的系法

　　关于西装扣子的系法，穿双排扣西装扣子都要系上，双排扣西装是不能敞开怀的。而穿单排扣西装的规矩是站起来之后系扣，坐下来之后扣子则要解开。单排扣西装扣子的系法有讲究。一般的系法是最下面那个扣子不系。比如两粒扣子的话，就是最下面那一粒不系；三粒扣子的话是上面两个系上，最下面那个不系。三粒及以上的扣子有什么特殊的系法呢？比如有三粒扣、有四粒扣，三粒及以上的扣子有个系法就是中间的扣子系上，上下的可以不系。具体方法是：三粒扣系中间一粒，上下可以不系；四粒扣中间两粒系上，上下可以不系。这是它穿法上的基本讲究。如果穿一身西装，你把所有扣子都系上的话其实是很傻的。当然你要是出现在很正规的场合，将西装敞开怀也不合适。正式场合站起来的话，习惯动作是要系上扣子的。这是关于西装穿法的一些最重要的讲究。

4. 西装尺寸的选购

　　很多人一提"修身"二字，就觉得与女人有关。如果你现在还认为只有女人的衣服才能修身，男人的衣服就要肥肥大大、不修边幅的话，那你已经 out 了，你已经远离时尚了。

　　男人的西装早已经不是曾经的宽宽大大，袖长长、裤长长和衣长长的年代了。西装领域早已经淘汰了肥大的双排扣西装，取而代之的是合体、修身的公务西装。

　　作为保险商务精英，要远离肥大双排扣，远离不合体、肥硕的西装，而紧随流行去选择单排扣的修身西装。单排扣从一粒扣到四粒扣，当然标准的是三粒扣。现在流行平常走动当中和坐下时不系扣，而在关键时刻，比如握手前、研讨会或颁奖时走上台前，要边走边系扣表示尊重。三粒扣的西装最下面的扣子可以不系，最上面的扣子可系可不系，而中间那一粒扣子是必须要系上的。修身西装最大的特点就是在西装的肩膀、腰身、袖宽及裤宽的关键部位都格外修身。

　　修身的公务西装从正面、背面、侧面看符合如下要求：

　　（1）从正面看

　　从正面看，从上到下没有松垮感，同时又不过于紧，产生拉扯的皱褶。

　　过大西装所暴露出来的问题有：西服没有腰身，成筒状；袖子过长，遮盖了衬衫袖口。过小的西装所反映的问题则是：西服扣起来后胸前有拉扯感，成明显放射状褶皱；袖子过短，衬衣袖口露出过多，大于一厘米。

如何选择修身的公务西装

正面效果

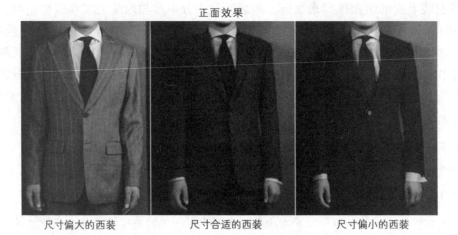

尺寸偏大的西装　　　　　尺寸合适的西装　　　　　尺寸偏小的西装

图 6-13　不同尺寸的西服从正面看所带来的视觉效果

（2）从背面看

修身西装从背面看完美勾勒出背部曲线的同时，在站直时没有褶皱。过大的西服在背部会有明显的多余空隙，而过小的西服则是背部有明显横向褶皱，且上身有紧绷感。

背面效果

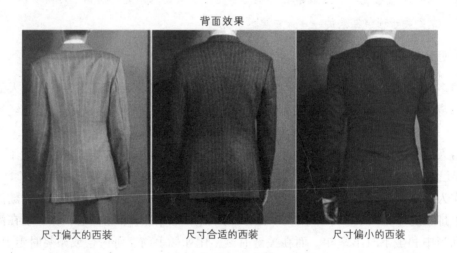

尺寸偏大的西装　　　　　尺寸合适的西装　　　　　尺寸偏小的西装

图 6-14　不同尺寸的西服从背面看所带来的视觉效果

（3）从侧面看

从侧面看袖子要尽量细，而且要符合手臂自然弯曲的弧度，当手臂自然下垂的时候不能有褶皱，双手自然下垂的时候正好露出一厘米左右的衬衣袖口。过大的西服在手肘处会有堆砌量而形成褶皱，且袖子过长而盖住衬衫袖口。过小的西服则是紧绷在手臂上，且袖笼处有明显拉扯，呈放射状褶皱。

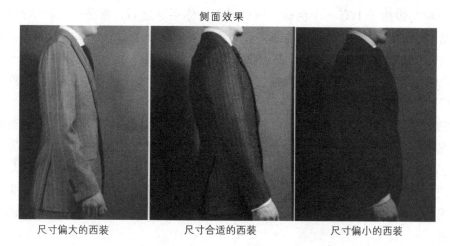

侧面效果

尺寸偏大的西装　　　　尺寸合适的西装　　　　尺寸偏小的西装

图6-15　不同尺寸的西服从侧面看所带来的视觉效果

总之，一定记住，商务男士的西装没有余量，请摈弃男士穿肥大西装的旧观念，紧跟时尚的脚步，选购单排扣修身西装，蜕变成优雅、时尚的商务精英先生。

（二）西装着装原则

关于西装的穿着，我们专业的讲法讲什么？"三个三"。就是穿西装的时候有三个大的问题需要注意，而在每个问题里都有一个三字，所以我们把它叫作"三个三"。

商务西装的着装原则

1. 三色原则

服饰里，最重要的是颜色搭配。从颜色的角度来讲，正式场合穿西装全身的颜色不能多于三色。包括上衣、下衣、鞋子、领带与衬衫，总体色彩不应多于三种。这就是三色原则。三色原则是非常重要的。白领有个讲究，一般在正式场合穿深色西装、白衬衫，在社交场合可以穿同色衬衫，比如灰西装选个灰衬衫搭配完全可以，不过正规的场合往往都会选择白衬衫。

2. 三一定律

它是指男士在正式场合出场亮相时，要注意身上一些重要细节的搭配。这些重要的细节是指什么呢？鞋子、腰带、公文包。它要求商务男士在重要场合出现时，鞋子、腰带、公文包是一个颜色，并且应当首选黑色。这是有讲究的，这样搭配，显得庄重和保守。内行看门道，在正规场合三一定律是非常重要的。

3. 三大禁忌

三色法则和三一定律，我们把它们叫作"有所为"，就是高水准要求。但一般人未必做得到。对一般人来讲，他更应该注意什么呢？那就是尽量避免"三大禁忌"，即"有所不为"。可能的话，我肯定会美化自己的形象。退一万步讲，我美化做不到，至少不犯低级错误。"有所不为"，就是最后一个三。

第一个禁忌，袖子上的商标没有拆。这是以前经常存在的一个问题。我们现在买来的西装一般左边袖子上有一个商标，按照规矩，你买下之后，服务生应该给你拆掉的，说明你这套衣服启封使用了。但是如果有的服务生不够专业，缺少基本的知识，就不会拆，还有的服务生即便知道了也不拆。久而久之，我们不少商务男士误认为袖子上有此一横是名牌的标志。经常有人走路时有意做屈臂挺进状，他想要露一手，其实反倒说明此人是门外汉。这是第一个禁忌。

第二个禁忌，穿夹克打领带。内外有别，如果是我们行业内部搞活动或者遇到一些特殊情况，穿夹克打领带是允许的。比如，制服是有夹克式制服的，像军人、警察、工商人士、税务人士，你要注意观察的话，他们的制服是夹克式的。夹克式制服是单位统一规定的。但是，对外交往是不允许如此这般的，国际商务交往绝对不允许穿夹克打领带。在国外人眼里，夹克属于休闲装，将它与领带配套，肯定不伦不类。要明白休闲装不是正装。

第三个禁忌，袜子存在问题。内行看门道，如果一个女孩子盯着一个男人的袜子看一看，那他受过什么教育、见过什么世面，乃至家庭背景如何，都能被看出来的。保险商务男士穿袜子讲究什么呢？真正讲究的保险商务男士有两种袜子不穿。第一，不穿尼龙丝袜。讲究的男人是不穿尼龙丝袜的，它不吸湿、不透气，容易产生异味，妨碍交际。在发达国家及地区，尼龙丝袜大概二十多年前就被淘汰了。第二，不穿白袜子。西装一般是深色的，皮鞋一般是黑色的，从美学或者协调的角度来讲，袜子跟皮鞋一个颜色最好看。除非你穿白皮鞋，否则一般不穿白袜子。所以袜子有两个选择，要么跟皮鞋一个颜色，要么跟裤子一个颜色，二者浑然一体好看。

（三）西装搭配礼仪

西装的搭配非常重要，非常讲究。保险商务男士穿着西装和商务女士穿着套装、时装一样，重在搭配。搭配什么呢？实际上，是四件东西，即衬衣、领带、鞋袜及装饰之物。

1. 衬衣与西服的搭配

你们知道在选择与西服相搭配的衬衣时，应该注意什么细节吗？我们在选择与西服相搭配的衬衣时，应关注衬衣的色彩、图案和尺寸。

衬衫和西装的搭配

（1）衬衣色彩的选择

很多中国男士着公务衬衫有一个偏爱深色的怪圈。也就是说，很多先生不知道搭配西装的衬衫应该是浅色系，总是喜欢穿西装打领带搭配黑色、深蓝、枣红或深咖啡色等色的衬衫。其实深色衬衫有两大问题：其一是不符合国际惯例中关于西装配浅色衬衫及领带的穿法；其二是中国人是黄皮肤，不适合深色衬衫，穿着它会让人显得憔悴、无精打采、没有精气神。

所以，保险商务男士要走出深色衬衫的怪圈。如果你目前的衣柜中有深色的公务衬衫，请将它当作商务休闲或休闲衬衫来穿，或者下决心把它处理掉。如果你正好要置办公务衬衫，请记得搭配西装的公务衬衫应该坚持浅色系原则，冰白色、乳白色、浅蓝色、浅黄色、浅粉色、浅灰色等是你的首选。

比如：冰白色，是白色中加入青色的颜色，也就是平时我们说的雪白的颜色，大面积穿着冰白色，最大的优点是具有权威感，和藏蓝色西装是绝配。

乳白色，是白色中泛黄的颜色，大面积穿着让人有亲和感。但是我不建议不修边幅、邋里邋遢、不剪鼻毛、不爱刮胡子的男士穿着，因为这样的男士穿着乳白色，只会增加乳白色的肮脏感，也就是会给人脏兮兮的感觉。

浅粉色，是时下男士衣柜里非常流行的颜色，一个商务男人，如果没有一件浅粉色的衬衫就显得很落伍了。另外，浅粉色对于黄皮肤的人来说，最大的优点是能够起到提亮、提神、减龄的效果，会让你光彩夺目。

（2）衬衣图案的选择

从图案的角度来讲，男士正式场合穿的衬衫最好是无图案的，顶多可以选条纹的衬衫。一般是竖条，而且条要小一些。正式场合男士不宜穿格子衬衫，格子衬衫属于休闲衬衫。要穿条纹衬衫的时候，最好避免穿条纹西装，打条纹领带，否则会出现"斑马式"搭配。同样道理，如果一位男士身穿格子西装、格子衬衫，再打格子领带，那就成了"梅花鹿"搭配，看上去全身都是格，不好看。

（3）衬衣尺寸的选择

"五指衬衫"是衡量衬衫搭配西服是否合身的重要标准。"五指衬衫"不是指衬衫五指长或五指宽，而是指标准公务衬衫与西装和身体搭配时，某些部位应该满足两个"两指宽"加一个"一指宽"的原则。

我经常见到一些男士的西装领子直接贴着脖子，袖子直接贴着手背，这样的穿法都是极不正确的。原则上，男士穿着西装时，西装的任何部位都不应该直接接触皮肤，而是跟与之相配套的公务衬衫亲密接触。

那么"五指衬衫"中的两个"两指宽"、一个"一指宽"的部位究竟在哪里呢？它们是如何与西装、身体相搭配的呢？请看下面的建议：

第一个"两指宽"在衬衫的袖口部位，穿上衬衫再搭上西装之后，双手自然下垂，观察衬衫的袖口是否露出西装袖口两指宽，如果不行，那么再抬起手看看衬衫袖口是否能露出两指宽，如果都不行，则说明衬衫的袖子短了。

第二个"两指宽"是指衬衫领子高出西装两指。量领高的部位很讲究，不是在颈动脉处量，很多朋友都摸在这里告诉我："沈老师，我的领子够高吧。"咱们不是在号脉，所以不用去摸动脉。真正量领高的部位应该是在左右耳垂下方垂直线上。如果公务衬衫的领子刚好高出西装领子两指宽，那我要恭喜你；如果只有一指高，那你要反思；如果领子不如西装领子高，那你要深深自责，并请立刻换掉这样的衬衫，因为它不符合商务衬衫的标准。

你猜到"一指宽"在哪里了吗？是的，在衬衫领口的部位。我发现很多男士有一个很有意思的现象，绝不会买，更不会穿领围很窄的衬衫，因为他们认为那是活受罪，但是至于领口宽到何种程度他们是不关心的，哪怕领口松得能钻进一只小耗子。他们只顾舒服，却忘记了正确穿着公务西装是保险商务男士专业度的最直接体现。领口与脖颈之间的空隙以"一个食指宽"为标准宽度，请各位保险商务男士谨记这条着装规范。

（4）衬衣的洗涤与保养

衬衫分贵贱吗？分！有非常昂贵的衬衫，有的贵到几万甚至几十万元一件；也有便宜的衬衫，一两百元甚至几十元一件。

公务衬衫的洗涤保养

衬衫的贵贱对商务男士来说重要吗？不重要！专业地、合理地、人性化地打理公务衬衫，才是保险商务男士需要关注和重视的。再昂贵的衬衫如果穿得满身都是褶皱也会使人有低端和寒酸感，但是，再便宜的衬衫如果保养打理得当，也能穿出高贵感。

那么该如何正确打理公务衬衫呢？首先，我希望所有的经常穿着公务衬衫的保险商务男士的衣柜中至少有7件公务衬衫。听到"7"这个数字可千万不要皱眉头，这个数字是最基础的量，不满足这个数量，在我眼中你就是个不合格的保险商务男士。我建议经常穿着公务衬衫的男士周一到周五每天一件，而剩下的两件为备用衬衫。

我对公务衬衫的专业洗涤方法建议如下：

①公务衬衫从干洗店取回后需晾晒几天再穿着，因为干洗粉需要挥发掉，否则对身体有害（不到万不得已，建议不出去干洗衬衫）。

②尽量让你的公务衬衫远离洗衣机，以免揉搓过度引起浆衬起皱。尽量让你的公务衬衫远离喜欢揉搓的家人，以免永久性损坏你的衬衫。

③衬衫洗涤前首先需要在接触皮肤的部位，比如衣领、袖口等重灾区涂上衣领净，保持5分钟。

④在5分钟等待期间，将洗衣盆接满温水，倒入洗衣液（避免洗衣服颗粒融化不开）搅拌均匀。将涂上衣领净5分钟后的衬衫温柔地全部浸泡在温水中，保持并等待10～15分钟。

⑤之后，将衬衫展开，用双手捧起局部轻拍，将衣领净拍至整件衬衫，对依然不干净的部位，用小软毛刷轻轻洗刷，避免用力过猛。

⑥取清水，上下提拉衬衫漂洗3遍，待泡沫完全消失后，拿衣架架起，挂在背阴处，沥干水分后，放置阳光处晒至全干。

⑦使用整齐熨斗，熨平衬衫的微小皱褶，挂入衣柜中等待再次穿着。

⑧这些公务衬衫的洗涤方法很简单吧？这都是经验之谈，希望你能真正用在自己的生活中。记住，衬衫不在贵贱，最重要的是合理的保养及洗涤，让你的公务衬衫穿出贵气才是你真正的水平。

谨防公务衬衫的"棉袄"现象

把公务衬衫穿成棉袄的现象你遇到过吗？你犯过这样的错误或者正在犯这样的错误吗？你知道衬衫是由内衣演变过来的应该贴身穿吗？你知道西装是西方的舶来品，在冬天是按衬衫、马甲、西装这三件套来穿吗？

谨防公务衬衫的棉袄现象

图 6-16 冬天西装的穿法

不知道的话，请在今天树立起正确的穿西装和衬衫的意识，请按照以下正确方式搭配你的西装和衬衫：

①搭配西装的衬衫需要贴身穿，所以天冷的时候需要购买纯棉加厚的衬衫。

②请不要相信透过包装盒观察到的衬衫的厚度，它是有欺骗性的。

③请将手放入衬衫单片，凡是露手纹的衬衫都会透点，说明纱织不够厚，请谨慎购买。

④在寒冷的冬天，请在不需要穿着西装的场合穿商务休闲衬衫、毛衣及外套。

⑤在必须穿着西装、衬衫、系领带的场合，严禁在衬衫里穿厚厚的保暖内衣，冬天请在西装和衬衫中间增加配套的马甲，在户外请增加羊绒围巾及羊绒大衣以取得保暖效果。

⑥请摒弃掉肥大、毫无品质感、容易起球的毛衣，请不要将它穿在西装与公务衬衫中间。

⑦冬天能够替代马甲的只有质感好、贴身的鸡心领毛背心。

总之，西装是西方的舶来品，请商务男士们遵照国际惯例穿着，这样才能体现品质及自身的着装修养，远离公务衬衫的"棉袄"现象。

2. 领带与西服的搭配

中国保险商务男士开始关注领带是在 2000 年之后，随着国门的开放，中国 GDP 不断增长，保险商务男士逐渐开始接受穿着西装、打着领带上班和出席公务活动。俗话说："穿西装，打领带。"领带向来被视为西装的画龙点睛之笔。实际上，我们在选择与西服相搭配的领带时，应关注领带的质地、色彩、图案和长度。

领带和西装的搭配

（1）领带的质地

领带是男人身上唯一能带有色彩的饰物，能衬托出一个成功男人深厚的魅力。一条低品位、劣质的、轻飘飘的化纤领带，也能吸引人们的注意，只不过它在无声地告诉大家，佩戴这条劣质领带的人是一个品位不高、不在乎自己、没有生活情趣的男人。

保险商务男士如何选择
领带面料

商务男士的领带无论多少条，每一条都要满足 100% 真丝的要求，因为只有纯真丝的领带才能体现高贵与品质。纯真丝领带佩戴在脖子上，走动中随风飘起时的厚重感和品质感是轻飘飘的化纤领带无法比拟的。

用"男人的酒窝"来检验领带的质地

你有没有佩戴一条纯真丝的领带，我利用"男人的酒窝"原理能够检验出来。领带打好后用拇指、食指和中指按压出一个近似酒窝的小坑并不难，而这个"男人的酒窝"保持的时间长短才是衡量领带品质的关键。早上系好领带，打出了这个"酒窝"，可是还没到办公室它就弹起来了，说明你佩戴的是一条 100% 的化纤领带，是一条没有品质感的领带；如果坚持到中午才弹起来，说明领带中至少含有 50% 的化纤成分；如果一直到晚上回家拉下领带前，这个"酒窝"还在，说明你佩戴的是一条 100% 高品质真丝领带，这就是"男人的酒窝"的功效。

"男人的酒窝"

图 6-17　"男人的酒窝"

我强烈地向那些渴望更大发展的保险商务男士建议："买那些高质量的纯真丝领带吧。领带是男人身上唯一带颜色的装饰物，为领带花些钱吧！人们能分辨出纯真丝与化纤领带的不同，你的着装标准与你的领带质量成正比。"

（2）领带的色彩

保险商务男士的领带，如果从数量上规范应该和衬衫一样越多越好，如果非要给个具体数字，建议是 7 条。7 条的意思是每周上班五天，每天都变换不同的领带，最后留着两条作为备用。如果每天都变换领带的话，就不可能选择一模一样的颜色，而选择什么颜色的领带，领带的颜色又代表了什么寓意，就有点讲究了。领带的颜色所代表的寓意具体如下：

保险商务男士如何选择
领带颜色

深蓝色代表权力，与藏蓝色西装、冰白色衬衫组合形成强烈权威感；

绛红色代表可信，是国家领导人钟情的领带颜色；

黄色代表果决，与藏蓝色、深灰色西装形成强烈的对比色系搭配；

浅粉色代表时尚，是现今新潮男人的专属品；

浅灰色代表亲和，搭配浅灰色西装与浅灰色衬衫体现时尚、随和感。

以上五种颜色是每一个保险商务男士都应该置办的基本领带行头，在此五条领带的基础上，可以逐渐扩大你的领带色彩家族。

记住领带是一个男人可信度、被尊重程度的象征，也是保险商务男士对外自我宣言和自我表达的工具，所以充分地、正确地利用好每一次领带所传递的信息，会给保险商务男士带来事半功倍的效果。

男人的衣柜中衬衫可以不计数，领带也可以不计数，越多越好！

（3）领带的图案

保险商务男士如何选择领带图案

在多年的职业生涯中，我经常看到一些保险商务男士对自己佩戴领带的图案不是很在乎。有些男士选择素色无花领带，显得过于平淡；有些男士选择花哨的、没有权威感的领带；还有的选择可爱的美女或者动物图案。我曾经在一次很严肃的公务活动中，见到一个自认为很时髦的跨国公司首席居然戴了一条美女图案的领带，美女就横卧在他的胸前，这引来很多人的窃笑。我相信这些窃笑里面一定包含"这位商务先生没什么品位，一定也带不出什么有品质、有品位的团队"的含义。

因领带与西装搭配，常出现在严肃、严谨、正式的公共场合，所以其最大的禁忌就是出现轻佻的美女或者动物图案。保险商务服饰中，相比西装和衬衫，领带是一个"花哨"的元素，但一定谨记它的花色和图案只能传递商务男士成熟、稳重、严谨和权威的信息，而不能任意的"灿烂"。

那么保险商务男士领带可以选择什么样的图案呢？下面给大家一些小小的建议。

纯色图案领带。纯色图案领带也就是单一颜色、单一图案的领带。这种领带最大的好处是搭配能力很强，几乎适合所有颜色的西服和衬衫，是许多男士在商务场合中的首选。而商务男士最应该关注和购买的是深沉、不张扬的深蓝色提花丝绸领带。

条纹图案领带。条纹领带最大的优点是能够烘托出佩戴人严谨、缜密和有条理的气质。但谨记，身材矮小的商务男士不适合佩戴宽条纹，对中等条纹要小心选择。一般来说，矮小身材者适合佩戴偏细、窄的条纹图案领带。

圆点图案领带。圆点图案领带适合性格温和、儒雅的男士佩戴。但不建议选择过大的圆点图案，那样佩戴后会产生张扬和奇怪的感觉。

图 6-18　纯色图案领带

图 6-19　条纹图案领带

图 6-20　圆点图案领带

（4）领带的长度

系领带还要注意领带的长度。专业讲法，领带打好之后，最佳的长度位置在什么位置呢？在皮带扣上端是标准位置。当然稍微长一点、短一点也可以。有些比较讲究的人，他喜欢将领带打长一点儿，把皮带扣挡住。

图6-21　领带的长度

3. 鞋子与西服的搭配

著名奢侈品品牌万国的总裁乔其斯曾这样评价过一个男人："我观察一个男人，一般从他穿的皮鞋和戴的手表开始。"可见，皮鞋不仅仅是西装的陪衬品，它还是别人衡量你成就、可信度、社会背景、教养等的一个标准，是男人的检测器，能够让人迅速捕捉地位、个性、品位等信息。

皮鞋和西服的搭配

商务男士穿鞋是否有品位，是否符合自己的身份、职业，是否与服饰相协调，这里面大有讲究。请重视在潜移默化中体现你的信息的皮鞋，请将你的鞋柜也按照商务场合之公务场合、半公务场合及社交场合来区分，请将你的皮鞋数量按照场合数量进行增加。原则上，常出席商务场合的男士，皮鞋数量根据场合的要求应该不少于以下三种：

（1）黑色系带皮鞋

这类皮鞋是皮鞋中最为正规的一种，适合在严肃的公务场合穿着。它体现的是绅士风度与严谨精神，建议鞋柜中至少配备一双。

图6-22　黑色系带皮鞋

（2）黑色或棕色无带鞋（一脚蹬皮鞋）

这类鞋由于适合东方人的脚型，造型简练大方，搭配范围极广，深受中国男士的喜爱，有些男士过度喜欢，甚至不分场合、不分春夏地穿着它。其实，这类一脚蹬皮鞋最适合的场合应该是半正式场合，如不会见客户的办公室或者商务休闲场所，切勿穿着它出现在严肃庄重的公务场合。另外，黑色无带鞋适合搭配黑色、深蓝色及深灰色等商务休闲裤，而棕色无带鞋则适合搭配米色、卡其色、咖啡色等浅色商务休闲裤。建议鞋柜中，黑色、棕色的无带鞋子至少配备一双。

图6-23　黑色无带皮鞋　　　　　　　　图6-24　棕色无带皮鞋

（3）黑色漆皮皮鞋

漆皮是把皮鞋表面加工成光亮坚固的皮革，也就是在皮革上喷一层漆，漆皮皮鞋皮子很亮，表面很光滑，像刷过油漆的感觉，是一种具有强烈表现力和风格特征的皮鞋，适合商务场合中的社交场合。西式礼服、领结、口袋巾、腰封和漆皮皮鞋构成了一个社交场合完美绅士的形象。

图6-25　黑色漆皮皮鞋

当然，就皮鞋与正装西服的搭配而言，还是有一些美学上的学问的。搭配藏蓝色、深灰色及浅灰色西装的公务系带皮鞋只有一种颜色，就是黑色；而褐色与棕色皮鞋仅能搭配浅色商务休闲服。所以时下流行如此穿法：正式西装配黑色皮鞋，浅暖色商务休闲套装配棕褐色皮鞋。

4. 公文包与西服的搭配

你知道正装西装要配什么样的公文包吗？当你身着藏蓝色、深灰色或浅灰色西装时，你的公文包无法选择温暖的橘黄色，只能依照国际惯例中的三一定律来保证你的公文包与你的皮鞋、皮带都是一种颜色：黑色。

公文包和西装的搭配

图 6-26　按照三一定律搭配黑色的皮鞋、皮带、公文包

进入 21 世纪，电子文件取代了纸质文件，而男士的公文包也逐渐被手提电脑所取代。公文包的款式被不断革新，公文包的容量不断缩小，完成了从手提到手拿再到不拿的过程。取代公文包的是能够装下手提电脑的轻便、结实、不变形、易于提携的公旅箱（公文旅行箱）。质料方面，具有高雅感觉的柔软小牛皮和特种帆布是首选。现在的商务精英男士无论选择公文包还是公旅箱，都应着重以品质上乘、质地考究、做工精良为标准。一个设计简洁但品质上乘的公文包或公旅箱，不仅能体现主人的严谨，更能彰显其低调的高品位。

（1）公文包的款式

男士在正式场合出现，一般应使用真皮的公文包，而且应首选手提式公文包。我们经常看到，有些男士喜欢手持一只手包或夹包，它们实际上是社交场合和休闲场合用的。在它里面装一个手机、装一把钥匙、装个钱包或卡比较方便。正规场合还是要用公文包，用它放文件可避免折叠，里面所装的东西也可以多一些。一般而言，选牛皮或羊皮的、黑色的手提式公文包比较好。

图 6-27　选择合适的手提式公文包

（2）公文包的放置

平时放置公文包也是很有讲究的，将它放在自己右手下面的地板上为佳，拿东西时可手到擒来。不可随便乱放，放在桌子上或沙发上，都不合适。

图6-28　公文包应放置于自己右手下面的地板上

包里放什么东西也颇有讲究。手机、名片、通讯录诸如此类，都应置于其内。

（3）职位越高包带越短

在此，我要提示各位商务男士，公文包的包带不宜过长，职场有一句俗话："官越大包带越短。"这句话的含义是身份地位越高的男士，越不会天天背着有长包带的公文包，因为那样的形象不像一个具有典范性的领导，而更像一个送快递的小男生。因此不要让包带毁坏你专业、高品质的职场形象。其实包带还隐藏了一个很有力的破坏作用，就是如果包带经常压在西装肩膀上，那么早晚有一天，它会毁掉你高端西装的垫肩。

5. 皮带与西服的搭配

皮带是男女老少都不可缺少的服饰配件，而男士对皮带的要求比女士高许多。公务皮带是商务男士的第二张脸，是商务男士身份、品位的象征，搭配合适可以画龙点睛、锦上添花，不合适就会使形象受损。因此，商务男士选择一款适合自己的皮带很重要，不求最贵，适合自己、适合场合、适合身份就是最好的。

皮带和西装的搭配

时下在很多男士中，除了"一双皮鞋走天下"外，还有一个可爱现象就是"一条皮带配百裤"，无论春夏秋冬，无论斗转星移，无论进出何种场合，无论更换的是公务西裤、商务休闲裤、休闲裤，还是牛仔裤，无论环境、世事怎么变，同一条皮带坚定地系在腰间的事实不会变。难道中国男人这么穷吗？穷到只能拿一条皮带塑造自己的形象？下这样的结论，我想全世界的任何人听了都不会相信。是的，中国目前是全世界奢侈品消费的第一大国，中国男人怎么会连几条皮带都买不起呢？不是钱的问题，是观念的问题，是技巧的问题，是思想上不够重视的问题！

接下来，让我们从款式、色彩上分析一下商务男士的皮带。

（1）公务皮带

男士公务皮带与商务休闲皮带最大的区别集中在皮带扣上。标准的公务皮带应该是从正面看不见扣眼的包扣皮带扣。皮带扣是皮带中最能突显男人特征的部件。公务皮带颜色应与公务皮鞋一致，均为黑色。

图6-29　公务包扣皮带

（2）商务休闲皮带

商务休闲皮带最大的亮点也在皮带扣上，只是由包扣变成了针扣。针扣大，具有大气、时尚、高贵、浪漫的气质，因此，很多男士都会选择针扣作为自己商务休闲裤的皮带配饰，使自己更具魅力，阳光无限。商务休闲皮带的黑色款是用来搭配黑色、深蓝色和深灰色商务休闲裤的，而棕褐色款则是用来搭配暖色调商务休闲服的。

图6-30　商务休闲针扣皮带

（3）公务皮带的长度及宽窄

标准公务皮带的长度应该在刚好绕过第一个裤绊儿后10厘米左右，太长有邋遢感，太短则有穷酸感。公务皮带不能过宽也不能过窄，一般在4～5厘米，宽的皮带适合于休闲风格，而皮带太窄会使男人失去阳刚之气。

总的来说，皮带是具有装饰性的，一条好的皮带很能显示男人的魅力。皮带是男人腰间的一张脸，需要精心挑选和呵护。

三、保险商务女士仪容礼仪

云想衣裳花想容。爱美之心人皆有之，尤其是商务女性，总是能以极大的热情投身于追求时尚的行列当中。

保险女性职场发型再塑造

（一）发型：女人的旗帜

美国女性认为：女人可以没有华服，但是绝对不能没有让人满意的发型。发型就是我们脸部的相框，对我们的形象起到直观的表现作用。

1. 职场发型长度要求

人的一切外在表现最合时宜的就是接近身份与场合的表现。而外在表现中很重要的环节就是装扮符合身份与场合的发型。作为一个保险职业女性，首先应该建立起典雅大方、赢得尊重感的职场形象，而发型的塑造是一个最简单的捷径。保险商务女性职场发型有以下几点要求：

①不允许披肩长发；

②盘起头发或梳成发髻；

③商务场合要求女性头发长不过肩。

图 6-31　保险商务女性职场发型—短发　　　图 6-32　保险商务女性职场发型—长发

2. 破坏保险职业女性形象的职场发型

①清汤挂面中长发、齐刘海，显示出不成熟的娃娃气质；

②毛毛糙糙、乱乱蓬蓬的中长发，显示出邋遢、不修边幅的气质；

③俏丽性感、大波浪发型显出花瓶味道；

④高马尾辫发型显出不成熟的学生气质。

说到这里请你反思，上面这些具有破坏力的发型在你的身上出现过吗？或者正在发生吗？如果正在发生，请你记得我的叮嘱：请重新塑造能让你在保险职场体现稳重与权威感的发型。请剪短或盘起或束起你的长发，请让你的发型与环境、身份、体型、脸型相协调，请让你的发型告诉大家你是一个专业、成熟、干练、资深、值得信赖的优秀保险职业女性。

（二）妆容：无妆不为女

保险商务女士化妆技巧

很多保险职业女性都不喜欢化妆，一方面是感觉麻烦，另一方面是超级自信地觉得自己天生丽质，没有必要化妆。可是小时候的天生丽质，几十年后，已经大打折扣了。

保险职业女性不能素面，素面是对自己和商务伙伴的不尊重。保险职业女性妆容的有无与好坏直接关系到保险职业女性的职业形象问题，也会对保险职业女性的事业造成一定的影响。保险职业女性常见的有工作、社交、户外妆容这三种妆容。

1. 工作妆容

保险职场工作妆不是为打造光彩夺目的明星，所以妆面应自然、淡雅、精致，应用不明显的色彩，以淡雅为度，体现一种自然的美感。

首先选择一款比自身肤色亮一度的液体粉底。用化妆棉快速将粉底涂抹打匀，然后定妆。定妆时将粉扑用拍按的手法进行，下眼睑、唇角、耳际等细小部位也应拍按到位。

眉毛是平衡脸型最关键的部位，颜色不要太浓，只需用眉粉或眉笔淡淡描出形状即可。用睫毛夹定型眼睫毛：把睫毛完全放进睫毛夹里，先夹睫毛中部，再夹根部，使睫毛有自然的弧度感。涂抹睫毛膏时先横着涂，以增加睫毛的浓密度，然后再拉长。下睫毛可以不打睫毛膏或用睫毛刷轻刷一两下。睫毛如有粘连，在睫毛膏没干之前就用小梳子梳开。

扫腮红时，把粉色系腮红扫在笑肌处。圆脸型应斜向上扫；长脸型应呈圆状扫，再横向扫几下；颧骨高者，扫在笑肌偏下一点的位置。

唇部可以涂唇膏、唇彩或唇蜜。在下唇中部适当涂一些唇彩，能使唇部更立体饱满。

最后用粉扑把脸部和颈部做一下过渡。一个自然、淡雅、精致的工作妆就此完成。

2. 社交妆容

社交妆也称晚妆或晚宴妆，力求高雅、华贵、富有女性魅力。社交妆的整体用色淡雅并比工作妆稍浓，而晚上的社交妆又稍比白天的浓一点，但忌过于浓艳。太浓艳的妆色并不能很好地表现出商务女性的端庄和高雅。

首先，在面部均匀涂抹上质地细腻的粉底液，利用粉底液深浅不同的颜色突出面部立体结构。晚宴穿晚礼服，裸露在外的皮肤也要涂抹粉底霜，使整体肤色一致。涂抹均匀后用蜜粉定妆，扫去多余的粉，使肤色自然。

社交妆的重点是眼睛、腮红和口红。眼部化妆的眼影用色应简单，以强调眼神的端庄、含蓄。颜色过渡应柔和，以表现出眼部的立体结构。眼线应纤细整齐、不夸张。

眉形应画得略高并有流畅弧度，眉色不宜过于浓黑。腮红颜色应柔和，涂抹面积不宜过大，注意和肤色衔接自然。

社交妆可以用假睫毛。假睫毛长度应适当修剪使之更逼真。眼部画上眼线后，用睫毛夹把真睫毛夹弯并使之上翘，再将假睫毛涂上专用胶水。胶水稍干后，用夹子把假睫毛夹好并粘贴在睫毛根部。再给真、假睫毛涂抹睫毛液，使二者融为一体。

唇形注意勾勒整齐，轮廓清晰。唇膏色的整体妆色应协调。应偏重唇部外延色彩，有精细的轮廓。唇部主体为主体唇色，中部可选择浅色或白色，也可选富有光泽的唇彩或唇油，以形成生动的立体效果。如果是参加晚宴，涂唇膏后用纸吸去多余的油，施一层薄粉后再涂一遍唇膏。这样既能牢固持久，还可以避免唇膏遗留在餐具上的尴尬。

3. 户外妆容

户外妆主要考虑防晒。肤质好的人，妆容可本色一些，以更多表现天然姿色；肤色不够完美的，妆容应重一些，以遮盖你的皮肤问题。室外光线充足，使用的粉底尽量和肤色接近，不宜使用过白的产品。

首先在做好补水护肤的基础上擦防晒霜。

户外妆粉底越薄越好，可以用液状粉底混合少许保湿乳液或隔离霜，薄薄地涂在皮肤上。进行剧烈的户外运动时，可用隔离霜代替粉底或粉蜜。

户外妆的重点在眼部和唇部。尽量不用粉质产品，如眼影，以免流汗后粉质脱落。描眉时，以咖啡色配铁灰色将眉毛不足部分填满就行。而眼影可以用毛质柔软的眼影刷把米黄、浅棕、淡绿、肉粉等色调，配合柔和的亮彩刷满上眼睑，让眼部看起来洁净而明亮。画眼线时最好选择防水眼线笔和眼线液，以防止因出汗或出油造成花妆。而眼线的色彩除了常用的黑色、咖啡色之外，紫色、深蓝色、古铜色等富有动感的颜色也可以试试。唇膏可以选用不易脱色的防水口红。

进行骑马、打球等会大量出油出汗的运动时，只夹睫毛不刷睫毛膏，略施唇彩或润唇膏即可。

化妆技术的练成并不是一蹴而就的，需要经常练习才能做到得心应手。

（三）美肤：保护好女人的第二张面孔

哪怕不化妆，也一定要注意护肤，这是对所有女性朋友的忠告。漂亮的女人，都是花费时间和精力呵护出来的。

1. 补充皮肤水分

水是皮肤的基本组成部分之一，对美丽皮肤能起到至关重要的作用。当皮肤湿润时就会显得细嫩柔滑；皮肤脱水就会干燥紧绷。

热的尤其是干燥的空气对皮肤危害很大。在这种环境中会使皮肤失去水分，显得干燥苍老。当然可以在脸上敷抹湿润剂，而增加空气湿度是个更好的途径。最简单的做法就是在室内放一个装满水的敞口容器，或者放几盆能散发水分的植物。当然也可以适当使用加湿器。

除了保持环境空气的湿度外，多喝水也能改善皮肤外观。身体中液体的流动能清除那些杂质，保护皮肤的纯净。当然水分也可以从水果或果汁中获得。

2. 清洁湿润皮肤

一天至少应有两次彻底清洗面部：一次是在早晨起床后，另一次是在晚上临睡前。两者唯一的不同之处在于清洗后使用的护肤品。晚上可以使用较多的乳剂；而在早晨，如果要化妆，就用稍薄的护肤品。

3. 维护皮肤健康

局部重点保养：用清洁霜或洗面奶清除面部污垢。把洗面奶抹在额头、鼻梁、面颊、下颌及脖颈处，在脸上各部位用指尖向上画圈按摩，溶解面部油污。用温水由外往里、由下到上洗面部及脖颈。

全身皮肤的清洁：一般每星期洗澡不少于1次，洗浴后涂上润肤露，增进皮肤的湿润。

根据皮肤不同类型做皮肤护理：油性皮肤一天最少要用温热水洗脸两次，然后再用紧肤水、冷霜；干性皮肤，一天温水洗脸1～2次，通常用脂剂保护皮肤；中性皮肤最好多用乳剂护肤；而敏感性皮肤不宜用毛巾过度擦洗，可以用儿童护肤品。

还应注意身心健康，以维护皮肤健康。保持心情愉悦，有一个平和健康的心态，对防止皮肤老化非常有效。保证充足的睡眠，尽量不熬夜，这对皮肤健康十分重要。饮食平衡多样，多食用富含蛋白质、维生素、矿物质的食品，新鲜蔬菜，是健康皮肤营养的来源。而运动锻炼、增强体质对皮肤也非常有好处。

4. 使用面膜护肤

除了基本的日常护理，还应按时做面膜，一般一周两次就可以了。省事一点的，直接买面膜；有时间的话可以自己动手做面膜，像营养面膜、美白面膜，都可以试试。

寒冷的季节用面膜时较凉，可以把袋装面膜放到温水中温几分钟再贴。

面膜不是涂得越厚皮肤就能吸收得越多，皮肤吸收功能毕竟有限。使用面膜贵在持之以恒。

做完面膜之后应涂护肤霜。面膜的护理主要是补充皮肤深层营养，可是如果没有皮肤表面的保湿，营养很快就会流失掉。

（四）牙齿：自信从洁白的牙齿开始

一口洁白的牙齿给人清新、健康、干练的感觉。现代保险商务女性更应多关注自己的牙齿。

1. 科学保护

一天的早、中、晚都应刷牙，但不是所有保险商务女性都能做到中午也坚持刷牙，那么午餐后一定要漱口。建议轮流使用两支牙刷，这样另一支就能有时间完全风干，从而降低牙刷上细菌滋生的概率。想达到最佳的刷牙效果，有条件的话建议使用电动牙刷刷牙，并且在每颗牙齿上都花约5秒钟的时间。

当牙刷上的毛不再挺立时，就应换牙刷了，即使再节俭也应三个月换一次牙刷。为了我们的牙齿健康，这方面不要表现得太节约。超声波电动牙刷应每半年更换一次刷头。

如果时间允许，最好能在每天早上，用食指套着湿的小毛巾上上下下、前前后后地按摩一会儿牙龈，这样能有效防止牙龈疾病。

2. 清洁保护

即使我们很用心地刷牙，牙缝中还是会有残留物，刷完牙后最好能用牙线清除牙缝中的残留食物，不要用其他物品代替。有的人用牙签、火柴棒，我见过有人甚至用订书针，这些都对牙龈不好。

选牙刷时，尽量挑可以清洁舌苔的，以方便清除藏匿在舌苔上的细菌及毒素，这样有利于牙齿健康。

尽量别用牙齿咬坚硬物品，如山核桃，也少用牙嗑瓜子，否则，天长日久，会对牙齿造成难以弥补的损伤。有的人门牙有凹凸不平的情况，往往都是咬山核桃、嗑瓜子等形成的"瓜子牙"。

口气不清新时最好用漱口水来漱口。如果不是应急，尽量不要用嚼口香糖的方式清新口气。

最好每半年做一次专业的口腔清理来防止牙斑。还应定期洗牙来清除牙石，预防牙龈炎。牙龈痛、牙龈流血、长时间口臭、牙齿松动，都是牙龈炎的征兆，如果出现应该看医生了。

3. 饮食保护

牙齿泛黄跟饮食习惯也有关系，比如经常喝浓茶、咖啡，吸烟等都会在牙上留下色素，时间久了会使牙齿表面变黄或变黑褐色。

烟、酒会导致口腔中的维生素及矿物质流失。要想有健康的牙齿，必须戒烟限酒。

可以服用维生素来保持牙龈和牙齿的强健。比如维 A 能修补牙龈组织，维 C 加生物类黄酮能够促进牙龈复原，尤其是牙龈出血。

食用蔬菜。粗纤维蔬菜如芹菜，其粗纤维就像扫把，可以扫掉牙齿上一部分食物残渣。你越费劲咀嚼，就越能刺激口腔分泌唾液，从而平衡口腔内的酸碱值，达到自然的抗菌效果。香菇对保护牙齿也有帮助，其所含的香菇多糖体可以抑制口中的细菌制造牙菌斑。

食用水果。番石榴热量低，而其维 C 含量又高居水果之冠，很多节食者都喜欢食用。维 C 是保护牙龈健康的重要营养素。维 C 含量高的蔬菜有甜椒、球茎甘蓝、绿花椰菜、西红柿，水果有柑橘类水果、猕猴桃、木瓜、草莓等。

其他饮食。奶酪不但是钙的良好来源之一，对牙齿还能发挥保护作用，使牙齿更为坚固。芥末中含一种特殊成分，这种物质也存在于其他十字花科蔬菜里，如菜花、西兰花等，对牙齿健康有好处。绿茶含有大量氟，可以和牙齿中的磷灰石结合，具有抗酸防蛀牙的效果；绿茶中所含的儿茶素能够减少在口腔中造成蛀牙的变形链球菌，同时也能清新口气。

如果你坚持按照上面的方法做，相信牙齿很快就会成为你的一个新亮点！

（五）香水：不喷香水的女人是没有前途的

影星玛丽莲·梦露的一句名言"我睡觉时只穿香奈儿 5 号"使得香奈儿公司在 1921 年推出的古典香水"香奈儿 5 号"成了旷世经典，而创始人可可·香奈儿小姐那句"不喷香水的女人是没有前途的"，也因其神话般的古典香水变成了传奇名言。

图 6-33 香奈儿 5 号香水

也许有人会说："香水决定一个人的前途，简直耸人听闻！"也许你不认同香水决定前途的论断，但是，你一定要认同在当今社会，香水对于很多保险职业女性而言已演变成了一种特殊的符号和标志，保险职业女性所要呈现的个性、魅力、品位都可以透过她使用的香水传达出来。好莱坞著名电影《闻香识女人》就是一个很好的佐证。所以，选择适合自己的香水变成了女人们的必修课。

1. 香水的选择

由于每一瓶香水由不同的香料调配而成，而不同的香料所散发出来香气的时间都不同，每瓶香水就有了它丰富独特的前、中、后味的变化了，也就是俗称的前调、中调和尾调，也叫头香、基香和末香。

保险商务女士香水使用礼仪

香水的头香、基香和末香

头香中包含香水中最容易挥发的成分，维持时间短，是在香水擦后 10 分钟左右散发的香气，能给人最初的整体印象。比如柠檬等柑橘系的香味，开始散发清爽诱人的芳香，之后会很快消失。

基香一般在香水擦后 30 ～ 40 分钟出现，散发香水的主体香味，是体现香水最主要的香型，一般至少维持 4 小时。比如花类的香味则多属于中间类型。

末香是香味最持久的部分，也是挥发最慢的部分，需要 30 ～ 60 分钟才能闻到香气，味道可以维持一天或是更长。比如檀木香有一种非常持久的香味，起初闻时并不觉得香味有什么特殊，但时间越久，它越能散发馥郁的香气。

在你选购香水时，不要因为头香味道太浓，或者你不喜欢而放弃选购某瓶香水，因为真正的香味是持久的基香和末香，想闻到这些香味是要给自己充分的时间的。所以，购买香水正确的方法是将香水喷涂在手腕上，轻轻晃一晃，使香气与空气融合，首次闻头香需距离手腕 2 ～ 3 厘米远，一小时后闻基香，谨慎的话，到家闻末香。确定香味的接受度后，改天再来选购这瓶香水。

这种闻香的方法虽然比较麻烦，但却能让你客观地认清一款香水的独特个性及前后香味的变化。要找到一款适合自己的香水，不是件容易的事儿，麻烦一点也是值得的。

作为保险职场女性，还有很重要的一点需要谨记，使用香水不是要你去迎合香水，而是让香水来适应你。因为香水是靠一个人的体温而蒸发香味的，所以同一种香水在不同人身上散发的气味也是不同的。能让你觉得舒服、自然且能体现你个性的香水才是你的最佳选择。

2. 香水喷洒七点法及喷雾法

香水通常是喷洒在人体热量散发快、温度稍高的部位。香水经过人体的热度后和人自身的体味融合为一体，散落在空气中，散发出属于自己的独特味道。如果只是洒在衣角、裙摆处，便会少了这样一个与人体融合的过程，不仅少了个性，而且很快就会挥发掉，同时还损伤了衣物，这绝非明智之举。

香水喷洒七点法的具体位置包括头发、耳后至脖颈、左侧胸前、手腕内侧（这是最佳留香处）、腰两侧、腿部内侧和脚踝。

香水喷雾法的基本原理是首先把香水喷洒在空中，待香水水雾往下落时，低头张开双臂冲进香雾中转身，尽量让香雾均匀地洒落到身体的各个部位。但切记不要昂头进入香雾中，切勿让香雾散落到脸上。因为香雾中的酒精沉淀到脸上，经阳光照射后会在脸部产生斑点。

总之，原则就是香精以点、香水以线、古龙水以面的方式使用。香水是一件看不到的华服，浓度越低散得越广。

3. 香水使用小窍门

（1）如果你是敏感性皮肤，可将香水喷在内衣、手帕、裤脚或头发上，让香味随身体的摆动而散发。

（2）可以在熨烫衣物时把香水滴在熨斗里，让香水随蒸汽均匀地进入衣服，散发淡淡的香气。

（3）谨记，腋下和汗腺发达处是香水禁区，香水与汗水的混合味道会"熏"人于千里之外。

（4）不要将香水洒在白色衣物、珠宝首饰及皮件上，因为香水中的酒精成分容易污染这些东西，留下痕迹，甚至损坏它们的质地。

你得清楚，女人是需要香水的，无论会不会用你都得用，因为可可·香奈儿已经说了"不喷香水的女人是没有前途的"。不管这是不是危言耸听，使用香水总是没错的，至少它能让你变得更优雅、更高贵、更有味道。因为有了香水，女人才更像女人，不是吗？

四、保险商务女士仪表礼仪

敏锐的保险商务女士比商务男士更清楚，服饰在第一印象形成中的关键作用。第一印象在短短的7秒钟就能形成，现在的职场其实就是一个7秒钟的社会。一位严谨又时尚的保险商务女性，无疑在7秒钟的竞争中占尽先机和优势。

对保险商务女性来说，服饰及外在形象承载着个人爱好、修养与品位、审美情趣、身份和地位……其作用不可小视。

（一）远离保险商务女性职场晋升的三大隐形"形象"杀手

任何一个优秀的保险从业人员，尤其是业务人员，都非常注重自身的形象管理。形象管理既包括着装管理，也包括身材管理。优秀的保险业务员都非常注重自己的职业形象，尽量给客户留下完美的印象。如定期去健身房健身，保持良好的身材与充沛的精神状态；购买得体的服饰；学会化精致的妆容；等等。这都是现代保险商务女性人员必不可少的职业能力。可以说，完美的职业形象与优秀的保险业绩呈现高度正相关。

远离女性保险职场晋升的
三大隐形形象杀手

专家曾对女性在职场的发展做过调研，调研的结果证实影响女性职场升职加薪的主要因素不是她们的学历、能力、沟通力，而是她们普遍不在意的形象表现力。确实，很多女性朋友大部分要么蓬头垢面乱穿衣，要么梳着齐刘海穿着花边裙，要么袒肩露背很性感，她们都被女性职场升职的三大隐形"形象"杀手击中，败下阵来。

那么女性保险职场晋升的三大隐形"形象"杀手到底是什么呢？它们是如何"杀人于无形"，令许多对职场晋升加薪充满渴望的女性失望而回呢？

1. 第一大隐形"形象"杀手："蓬头垢面邋遢相"

（1）形象特征
头发蓬乱、素面、断眉、嘴唇发白，着装款式混乱，全身色彩至少三种以上。
（2）肢体动作与面部表情
习惯锁眉、咬嘴唇、目光斜视或低垂，习惯眉眼嘴角下耷。
（3）职场评价
"职场黄脸婆"。
（4）职场损害
重要的工作不交给她，不能将她提升到重要的职位，因为她损害公司形象。

2. 第二大隐形"形象"杀手："清纯可人的学生妹味道"

（1）形象特征
齐刘海、马尾辫、清汤挂面长直发、帽衫、蝴蝶结、百褶裙、花边衣。
（2）肢体动作与面部表情
讲话抠手指，眼神往上瞟，回答问题先脸红。
（3）职场评价
"不成熟"。
（4）职场损害
重要的工作不交给她，不能将她提升到重要的职位，因为她还不成熟。

3. 第三大隐形"形象"杀手："华丽、性感、妖媚的味道"

（1）形象特征

波浪发、袒肩露背紧身裙、浓妆、红指甲。

（2）肢体动作与面部表情

讲话喜欢耳边凑、手习惯接触对方身体、目光紧盯、媚笑。

（3）职场评价

"花瓶"。

（4）职场损害

重要的工作不交给她，因为她徒有其表；不能将她提升到重要的职位，因为她不够稳重。

在保险职场中，你曾经出现过或者现在正在出现这样的问题吗？你被我上面描述的三大隐形"形象"杀手击中了吗？如果被击中了，你就一定明白为什么你工作这么努力，升职加薪的机会却总是没有你呢。

（二）保险商务女性公务装之裙装与裤装的争锋

职场女性公务裙装与裤装到底哪个更职业，哪个显得更专业？

保险商务女性公务装
之裙装与裤装的争锋

1. 惠普案例

很多保险职业女性曾问我上面这个问题。每次被问到这个问题，我都会想起惠普公司一则关于"女性职员穿裙装还是裤装"的规定，具体内容如下：

惠普曾经对女性职员裙装与裤装做出要求，公司对女性职员形象有两个硬性规定：第一个是夏天不可以穿露脚后跟的鞋；第二个是冬天不管是在办公室办公还是出去会见客户，女性职员都必须着制式裙装。说实话，寒风瑟瑟时穿着裙装真的是很"美丽冻人"。为了维护女性员工的权益，有一年惠普的工会跟公司请愿，希望公司能够同意女性员工在炎热的夏天穿露脚后跟的皮鞋，在寒瑟冬天可以穿裤装上班。后来，公司高层经过慎重讨论，发了一个邮件给工会，大意是：谢谢工会的建议，提案采纳了一个，就是夏天同意女性员工穿露脚后跟的皮鞋。另外强调冬天的裙装不能开放成裤装，因为调研发现女性的裤装太过复杂，长短有九分裤、七分裤、五分裤，面料有厚面料、薄面料，裤腿有宽的、窄的、喇叭的，所以无法规范。如果同意大家着裤装上班，公司形象就会显得很混乱，惠普在客户心目中的整体形象和专业度就会打折扣，所以无法开放裤装。

这个邮件到现在，我想来都觉得很有意思：惠普公司居然对女性的裤装了解得如此深刻，而且讲得很有道理。

所以保险商务女性公务形象裤装与裙装的争锋谁是赢家，我说一定是职业裙装。

2. 职业裙装标准

职业裙装的界定不是 A 字裙、不是喇叭裙、不是百褶裙、不是牛仔裙，更不是过膝长裙，而是一字筒裙，也就是我们平常说的直筒裙，裙长在膝盖以上半寸（裙长过膝会显得身材矮短不精神，裙长太短会有性感气质，不适合职业女性形象）。

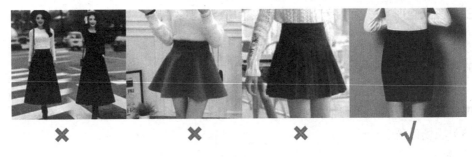

图 6-34　保险职场标准的职业裙装

3. 女性在严肃公务场合的形象要求

我们来总结一下保险商务女性在特别严肃的公务场合的形象要求：当保险商务女性遇到严肃的商务会见、商务谈判、商务研讨会时，建议着深色职业套裙、制式皮鞋，盘发。场合越隆重，职业套裙的颜色应该越深，建议黑色、深蓝色或深灰色的时尚、优雅正装裙装。另外职业套裙的上下面料最好一致，如果不能做到一致，至少应该配套，也就是搭配有方，不能让别人感觉服装的上下、前后、左右没有任何关联性，甚至被错以为是乱搭。而职业套裙的裙子我前面也强调过了，不是 A 字裙，不是喇叭裙，也不是百褶裙，应该是裙长在膝盖以上半寸左右的一字筒裙，这样的裙子永远比着职业套裤的形象显得更加专业、更加职业、更加精致和干练。

请在你的公务正装的衣柜中置办不少于三套体现时尚优雅气质的职业套裙，以满足严肃的保险商务会见、保险商务谈判、保险商务研讨会等场合的职业形象需要。

（三）保险商务女士公务丝袜穿着规范

我经常听到一些保险职员议论："那么热的天，穿什么袜子呀，光脚穿皮鞋挺好的嘛。"是的，光脚穿鞋是挺舒服也挺凉快的。尤其是光脚穿凉拖鞋，穿休闲连衣裙是很舒服的搭配。但是如果光脚穿公务裙装，着制式皮鞋出席公务场合，就像男人穿短裤、光腿穿皮鞋一样是非常不符合公务形象的细节要求的。公务裙装、制式皮鞋搭配连裤袜关乎对自我的尊重和对场合的尊重。

保险商务女士公务
丝袜穿着规范

当你需要出席重要的保险公务场合时，应着公务裙装、制式皮鞋，还要穿上合适的连裤袜，而且千万别忘记在手包里再放一双备用的连裤袜。如果袜子破了，赶紧换上备用的。你不能穿着破袜子走来走去，影响保险职业形象。

1. 标准的公务丝袜

保险商务女性标准的公务丝袜是肉色连裤袜。连裤袜最大的好处是更贴身、更隐秘、更彰显职业感。所以，在我不停地主张穿袜子的同时，更建议的是连裤袜，而不是网眼袜、花袜子、深色袜子、九分短袜，三骨袜等。这些袜子带来的只能是非职业感，甚至会令见到你的人有轻视感。保险商务女士着裙装穿三骨袜是恶性分割现象，又俗称"三截腿"，和男士穿黑皮鞋配白袜子是"夫妻关系"，都是不好的职场细节现象；而九分袜最大的灾难是让人的尊严与自信尽失；长筒袜最大的缺点则是掉袜。

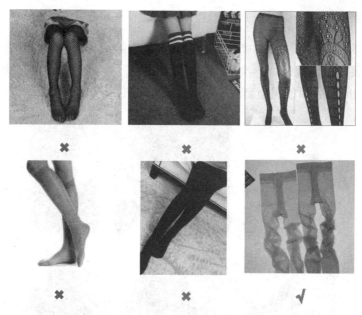

图 6-35　标准的公务丝袜

2.公务丝袜着装规范

保险商务女士穿公务正装着丝袜时需要注意哪些事项呢？

（1）着正装制式皮鞋不可以光腿；

（2）需要有备用袜；

（3）不可以穿破洞袜子；

（4）不可以穿连裤袜以外的任何袜子；

（5）不可以出现掉袜或"三截腿"现象；

（6）鞋袜需要配套。

（四）保险商务女性制式皮鞋色彩与款式的选择

保险商务女性的制式皮鞋究竟有哪些颜色？款式上究竟有什么要求？是不是任何皮鞋都可以搭配职业正装？接下来我们一一回答这些问题。

保险商务女性制式皮鞋
色彩与款式的选择

女性除了服装款式五花八门外，皮鞋的款式也是琳琅满目。我们经常会看到很多保险职业女性，要么穿着平底鞋，要么穿着高跟鞋或超高跟鞋，有的穿着很休闲随意的鞋，有的又穿着非常正式的皮鞋，还有一些女性职员的脚上经常蹬着颜色款式很可爱或超级新潮的鞋子。鞋子没有对错，穿鞋子的人也没有对错，但是如果不合适的鞋子出现在不合适的场合就是大错特错的事情。比如在沙滩上漫步，如果有人脚蹬一双 10 厘米高跟鞋，你可以想象是一幅什么景象。再比如参加重要严肃的保险商务谈判，或在你主持的保险商务研讨会上，有人脚蹬运动鞋或穿露脚趾的凉拖鞋又会是怎样尴尬的景象。所以鞋子虽然是配饰，但也需要根据场合与身份做不同的搭配。

1. 制式皮鞋穿着场合

制式皮鞋不是在沙滩漫步、家庭聚会和旅行场合的最佳选择，它是职场女性在公务场合着职业正装的最佳搭配。再次强调，保险商务女士在严肃庄重的保险商务会见、谈判、主持研讨会时应着深色职业套裙、制式皮鞋，盘发。

图 6-36　保险商务女性在正式商务场合不合适的皮鞋选择

2. 制式皮鞋款式

专业的制式皮鞋应该是前不露脚趾、后不露脚跟、没有鞋带、不带襻（pan）儿、少花哨装饰、露脚面儿、非坡跟的皮鞋，民间俗称"船鞋""一脚蹬鞋"。制式皮鞋应有一定高度的鞋跟，有鞋跟才能体现女性高贵气质，但鞋跟严格控制在 2～3 厘米，如果女性个子不是很高，制式皮鞋的鞋跟高度可以放宽到 3～5 厘米，但仅此高度而已。职场女性最忌讳的就是穿着七八厘米甚至 10 厘米高的"风雨丽人"皮鞋出席重要严肃的公务场合，走不稳与站不稳的职业女性是无法体现成熟、干练与优雅气质的。

3. 制式皮鞋的颜色与搭配

保险职场最常搭配的制式皮鞋的色彩为黑色、白色、深棕色，而白色又分两种，即白色里泛青的冰白色和白中带黄的乳白色。

图 6-37　黑色制式皮鞋　　图 6-38　冰白色制式皮鞋　　图 6-39　深棕色制式皮鞋

皮鞋是保险职业形象的有效配饰，是用来衬托保险职业正装的优雅、高贵及干练气质的，所以无论哪一种颜色都需要严格地、有规律地和保险职场正装相搭配，任何乱搭与混搭的现象都不可以出现。

黑色职业正装只能搭配黑色制式皮鞋，冰白色职业正装搭配冰白色制式皮鞋，棕色职业正装搭配与之相配的棕色制式皮鞋等。

总之，天下皮鞋何其多，只有一双合场合。请谨记保险商务场合着装之皮鞋与服装、场合的协调搭配。

（五）女式包：和首饰同样重要的装饰品

俗话说："男人看表，女人看包。"包的作用对保险商务女性来说绝不亚于饰品，它不仅是女士出行必备的物品，更被上升到关乎个人品位的位置。

有些保险商务女性为了省事，不论何时都使用同一只包，以致别人只要看到包就知道是谁"驾到"。比较理想的状况是根据不同场合使用不同的包。

女式包和首饰同样
重要的装饰品

撒切尔夫人的手提包

在英国首相中，有三件东西特别有名：一是丘吉尔的雪茄；二是张伯伦的雨伞；三是"铁娘子"撒切尔夫人的手提包。"铁娘子"的手提包真可以称得上是"百宝箱"，里面什么东西都有：笔记本、公文、政策文件、手帕，甚至还有梳子、口红。撒切尔夫人任英国首相时的发言人伯纳德·英格汉姆在评价她的手提包时说："撒切尔夫人的手提包是她的年龄、她的教养、她的身份和她性别的象征，当然更应该看成是她权力的象征。"

2011年，伦敦慈善拍卖会上，英国前首相玛格丽特·撒切尔夫人的标志性手袋以2.5万英镑的价格被拍走。这是一款黑色的爱丝普蕾（Asprey）品牌皮手包，撒切尔夫人已经拥有它30多年，媒体称，这个手袋不仅是撒切尔夫人用来装国事公文的工具，同时也是这位"铁娘子"处事风格的象征。

爱丝普蕾（Asprey）：来自英国伦敦的尊贵品牌，1781年面世，历经200多年至今仍是最尊贵的英国奢侈品品牌。爱丝普蕾代表着时尚精致的品位、精湛的工艺及卓越的品质，在英伦典雅格调中散发着现代气息。一直深受英国皇室及名流的喜爱。

图6-40　2011年伦敦慈善拍卖会上撒切尔夫人手袋

1. 上班用的女式包

上班用的皮包面料最好是真皮的，牛皮、羊皮制品最合适，肩挎式、手提式都可以，样式不宜显得过于男性化。款式和细节上可以有鲜明风格，像流苏、铆钉、金属链、镶嵌等装饰都可以有。大小能放进 A4 纸就可以了，没有必要再大。

颜色以黑色、咖啡色、棕色、茶色、白单色系或者深色格纹最多，一只包不超过两种颜色，单色最佳，并和穿着的服装颜色相配套。

皮包里面的设计工艺比其外观重要得多。购买皮包之前最好带上日常可能需要装在包里的主要物品试装一下。

图 6-41　上班用的女式包

2. 休闲场合用的女式包

休闲场合对女士包的讲究不多，款式、质地、颜色上有了更多选择，可以充分展现自己的个性。皮质、混纺麻质、做工精良的织品及帆布包、草编包等都可以选择。

图 6-42　休闲场合用的女式包

3. 手包

如何选择手包呢？我们经常会看到明星达人手里拿一款款小手包，再配上华贵的衣服，不由得产生一丝羡慕。手包，我们保险商务女性也应该拥有，虽然不一定是 LV、香奈儿或兰蔻。

参加晚宴、派对的手包应小巧、精致，颜色可以亮丽，根据衣服颜色搭配。其中金色、银色的手包特别适合在晚宴时使用，在灯光下显得高贵、典雅。式样和花纹不宜太复杂，其大小能方便在一只手里轻松拿着就好，只是用来放补妆用品、手机等小物件。

如果用在正式场合，比如宴会和舞会，谨记做工精良质量高档上乘的手包才是明智选择，材质可以选择绸缎、天鹅绒、漆皮、珠饰布面，黑色或金、银色系是首选。

图 6-43　晚宴用的手包

日常而非重要场合使用，应尽量选择尺寸稍大点的手包，以方便放更多的东西。
条件允许时，应该充分考虑到皮包和服装的颜色搭配，使其发挥出相得益彰的效果。

4. 女式包和服装的搭配

黑色包：能搭配白、米、灰、蓝色的衣服。
白色包：白色，万能色，能搭配任何颜色的衣服。
灰色包：灰色，万能色，能搭配任何颜色的衣服。
咖啡色与米色包：能搭配基本色（黑、白、灰、蓝）的衣服。
蓝色包：能搭配基本色（黑、白、灰、蓝）的衣服。
深浅蓝色包：能搭配黄色、红色的衣服。
粉色包：粉色，独一无二的女士色彩，能搭配白色、黑色、深浅粉色、玫瑰色的衣服。
紫色包：紫色，高贵优雅的色彩，能搭配同色系深浅不同的紫色衣服，以及黑色、白色、黄色、灰色衣服。
橙黄色包：橙黄的，激情与充满活力的色彩，能搭配橙、黄之间的各种颜色的衣服，也可以和基本色、白色、黑色、绿色衣服或各种蓝图案服装相搭配。

5. 保险商务女性使用皮包的注意事项

（1）即使是高仿版的皮包也忌使用。这无关价格，而事关诚信和尊严。用名牌不是为了炫耀那方寸间的标志，而是一种生活态度和品位。
（2）除商标外，商务场合的皮包在外表上不宜带有任何图案和文字。
（3）除非你是高管或名人，保险职场不宜使用奢侈品牌皮包。
（4）保持包的良好版型，不要放大件物品或太多东西。

（六）保险商务女性首饰的搭配

保险商务女士首饰的搭配

生活在时装王国的法国人说过："首饰是服装的灵魂。"在现实生活中，首饰更是以其色彩的变幻莫测、工艺的精美绝伦博得了女士们的芳心，成为商务女士着装不可缺少的装饰物。

有人说"戴首饰是女人天生的特权"，仔细想想这句话似乎很有道理。的确，在保险行业，男士不被允许打耳洞、戴耳环、戴项链，甚至戒指都不能太花哨。而保险商务女性则可以通过佩戴首饰体现自己的尊贵与优雅气质。但是，经过调研发现，很多保险职业女性要么放弃自己的这项特权，每天光光的脖子、光光的耳朵，一件不戴，要么充分体现这项特权，甚至体现得过了火，把自己挂得像圣诞树一样，让人眼花缭乱。这些都是极端错误的首饰佩戴现象。今天就让我们一起来学习保险商务女性首饰佩戴的细节吧。

1. 耳饰的选用

佩戴耳饰，必须注意其造型应和脸型相得益彰。瓜子脸是相对完美的脸型，容易选择耳饰。方脸型宜佩戴圆弧形耳饰；长脸型宜选择圆形耳饰；尖下巴者适合佩戴圆形吊坠式耳饰；圆脸型适合戴坠式三角形或四方形的耳饰。

耳饰色彩应与着装色彩相协调。耳饰和着装为同一色系，能产生和谐的美感。反差比较大的色彩搭配要恰如其分，使人充满动感。

耳饰色彩应和肤色互相陪衬。肤色较暗者不宜戴过于明亮鲜艳的耳饰，可选择银白色，例如用珍珠耳饰来掩饰肤色的暗淡；皮肤白嫩者适合佩戴红色和暗色系耳饰，衬托肤色的光彩。

保险商务场合的耳饰讲究简洁、大方。夸张的几何图形、粗犷的木质耳环、吉普赛式的巨型圆环，不适合佩戴。晚宴时适宜佩戴与礼服协调的大型而夸张的真质耳饰，既华贵高雅，又具女士魅力。

长发的商务女性，耳坠搭配更能显示出淑女风采；短发和精巧的耳钉搭配能衬托出干练气质；不对称的发型和不对称的耳饰搭配能使人赏心悦目；古典发髻搭配吊坠式耳坠使人看起来更加优雅高贵。

戴眼镜的女士不宜佩戴过大的耳饰，如佩戴两个大大的圆环，那给人的感觉就像是奥迪标志一样，可选择小巧玲珑的耳钉，使人美而不媚、雅而不俗。

图 6-44　保险商务女性耳饰搭配

2. 项链选用

颈部粗短的女性应选细而长的项链；颈部细长的女性应佩戴稍粗的贴颈短项链、带状颈圈或大圆珠宝石项链。

佩戴的项链应和服装协调。身穿柔软、飘逸的丝绸衣裙时，佩戴精致、细巧的项链，看上去会更加动人。项链的颜色与服装的色彩呈对比色调为好，这样能形成鲜明对比。如穿单色或素色服装，佩戴色泽鲜明的项链，能使首饰更加醒目；而在项链的点缀下，服装色彩也显得丰富。

着色彩鲜艳的服装宜戴简洁的项链，使服装色彩产生平衡感。

穿领口造型复杂的上衣，最好不戴项链，否则会有累赘感。

3. 胸针佩戴

胸针一年四季都可以佩戴，具有加强或减弱外观某一部位的注意力的作用，能达到着装和首饰相得益彰的审美效果。

胸针的质地、颜色、位置，需要考虑和服装的配套与和谐。穿正装可以选择大点儿的胸针，材料也应好一些，色彩要纯正；穿衬衫或薄羊毛衫时，可佩戴款式新颖别致、小巧玲珑的胸针；晚上出席活动时，优先选择镶嵌钻石的胸针，这样更能达到光彩夺目的效果。

夏季宜佩戴轻巧型胸针；冬季宜佩戴较大的、款式精美的、质料华贵的胸针；而春、秋季可佩戴与大自然色彩相协调的绿色和金黄色的胸针。

胸针佩戴的位置也有讲究。最传统的方法是将胸针扣在外套的翻领上，胸针佩戴在左侧；不带领的衣服，则佩戴在右侧。发型偏左，胸针可以佩戴在右侧；反之则戴在左侧。胸针应戴在胸部与肩部之间的位置。

胸针一般在重要场合和有一定档次的衣服配套使用，以提升整体形象和品位，要么显得充满活力，要么显得高贵典雅。比如在典礼、宴会等正式场合或自己认为重要的场合可以佩戴胸针。

图 6-45　胸针的选用

4. 戒指选用

细长的手指戴任何戒指，都能把手指衬托得分外秀丽；手指粗短，如佩戴上蛋形指面的戒指，会增加手指的细长感，但要选择窄边指环。手指细短，应戴纤细的戒指，且戒指以镶嵌碎钻、细小宝石为宜；手指粗大，应选择粗线条的戒指，并且戒指上宜镶嵌较大的宝石。

除大拇指外，各个手指都能佩戴。戒指戴在不同的手指表达出不同的含义。食指表示恋爱，中指表示热恋中，无名指表示已订婚或结婚，小指表示独身或终身不嫁／不娶。

如果不是仪式需要，或为彰显个性、财富，一只手上不要戴两枚以上的戒指。

图 6-46　戒指的搭配

5. 保险商务女性首饰搭配原则

（1）以少为佳

作为保险职业女性，参与任何工作与活动的场合都被界定为商务场合，只是商务场合又被区分出了公务、半公务及社交场合，每一种场合都需要佩戴首饰，也就是说一件首饰也不戴与光腿穿制式皮鞋一样，都是不自我尊重的错误现象，是不被鼓励的。但是戴得太多也是不被允许的，有炫富及乱搭配的嫌疑。

（2）同质同色

保险商务女性佩戴首饰要关注"色系"和"质地"问题，即遵循"同质同色"原则。"同质"首先考虑的是首饰与服装的搭配协调性：华丽质地的衣服应搭配经典而隆重的首饰，风格简单的衣服则应搭配简约的首饰。"同质"的另一个含义则是耳环、项链、手表甚至手链等首饰之间的质地呼应性，金银不能混搭，也不可以出现耳环是金属质地，而项链是木质或石头等现象。"同色"是需要考虑首饰与服饰的色彩搭配度，冷色系服装以冷色系首饰为主配，如铂金或银饰等，暖色系服装，则以金色或较鲜艳的 K 金或珍珠装点。另外提醒年纪轻、职位低的保险女职员首先关注首饰佩戴的颜色配套性，全身上下是否都是统一金色系或是银色系，或是金银搭配的色系。而年纪大、职位高的保险商务女性，除了关注色系外，更要关注质地，不可以经常佩戴廉价劣质的首饰来降低自己的品位。

（3）需与你的身形、衣物相搭配

身材高大的女士可以佩戴较大和稍显夸张的首饰，而身材娇小的女士则适合比较秀气的首饰。V 形领的衣服适合吊坠的首饰，而圆领和一字领适合圆形围脖首饰。建议椭圆形、圆形、心形和梨形脸的女士佩戴曲线形耳环；菱角形脸的女士适合几何图案或抽象形状饰品。通过选择与你脸型相近而不是完全相同形状的饰品，营造平衡和协调的效果。

最后要提醒各位美丽的保险商务女性，戴首饰除了可以营造优雅高贵的外在气质，还可以掩饰自身的缺点。你可以通过项链或者丝巾的点缀来掩饰颈部的衰老；你也可以通过长项链或者魅力多变的胸部装饰来掩饰不丰满的胸部；漂亮的手表、手链和夺目的戒指亦可以淡化手部的衰老或手型的不完美。

保险商务女性首饰搭配注意事项：

①工作场合不带奢侈型饰品。

②全身佩戴饰品最多不超过三件，讲究小而精巧、同质同色。

③不宜佩戴悬垂的长耳坠。

④禁忌佩戴夸张的耳饰或一只耳朵戴多只耳钉。

⑤不戴大耳环、粗大项链。

⑥项链上有链坠时，仅限一枚链坠。

⑦忌佩戴有怪异图形、文字的链坠。

⑧上衣领口时尚、成为衣服亮点时，不宜再用胸针。

⑨手链、脚链在严谨的保险商务场合不宜佩戴。

五、保险商务人士仪态礼仪

行为举止是心灵的外衣。

举止是一个人素质、修养、社会观的自然流露。在保险商务交往中，特别是在初次的商务交往中，举止反映了一个人待人接物的真实态度：你是热情、真诚，还是冷漠、敷衍……

作为保险商务人士，应该以其特有魅力，打造出优雅、干练、专业、值得信赖的商务形象。这就需要我们从最基本的仪态开始要求自己，再到各种场合的举止，努力使得体的举止成为我们个人的习惯，从而塑造出良好的保险商务人员职业形象，使自己的事业如鱼得水。

（一）站姿

站姿的基本要求是身体挺直、舒展。

1. 保险商务女性站姿

保险商务女性站姿分"V"形站姿和"丁"字形站姿两种。

（1）"V"形站姿要领

双脚呈 V 字形；目视前方、抬头、挺胸、收腹、微笑；左手压右手（或右手压左手），大拇指放到肚脐眼的位置。

（2）"丁"字形站姿要领

左脚向后迈，呈丁字形；目视前方、抬头、挺胸、收腹、微笑；左手压右手（若右脚在后，则右手压左手），大拇指放到肚脐眼的位置。

2. 保险商务男性站姿

保险商务男性的站姿有好几种，这里主要介绍基本站姿和跨立站姿两种。

（1）基本站姿要领

双脚与肩同宽；目视前方、抬头、挺胸、收腹、微笑；双手微微握拳，放在裤线两侧。

（2）跨立站姿要领

双脚与肩同宽；目视前方、抬头、挺胸、收腹、微笑；两手交叉放在背后。

（二）坐姿

1. 保险商务女性坐姿

（1）入座七步骤

第一步迈左脚；

第二步右脚跟上；

第三步椅子前并拢；

第四步撩裙摆；

第五步整理衣服；

第六步左手压右手；

第七步两腿放一边。

当倾听别人指导、指示时，不宜坐满座位，一般只坐椅座的 2/3，以表示对对方的敬意和尊重。

（2）五大标准坐姿

①端正式

上身和大腿之间、大腿和小腿之间都形成直角，小腿垂直于地面。为避免死板，可以将小腿略往前伸，小腿和地面形成 45 度角。

②叠放式

穿短裙可以用双腿叠放式。将双腿一上一下交叠在一起，交叠后的两腿间没有缝隙，双脚斜放在身体左侧或右侧，脚跟和地面约成 45 度角，上面那只脚的脚尖垂向地面。

③侧放式

自己座位较低时用双腿侧放式。双腿首先并拢，然后双脚向左或向右侧斜放，使斜放后的腿部和地面呈约 45 度角。

④双脚交叉式

双膝并拢，双脚在踝部交叉，交叉后的双脚内收或斜放，但不要向前直伸。

⑤前伸后屈式

大腿膝部并紧后，向前伸出一条腿，并将另一条腿屈后，两脚脚掌着地，双脚前后保持在一条直线上。

2. 保险商务男士坐姿

上身挺直、坐正，双腿自然弯曲，小腿垂直于地面并略分开，双手分放在两膝上或椅子的扶手上。男士就座时，双脚可平踏于地，双膝亦可略微分开，双手可分置左右膝盖之上，男士穿西装时应解开上衣纽扣。一般正式场合，要求男性两腿之间可有一拳的距离。在日常交往场合，男性可以跷腿，但不可跷得过高或抖动。

欧美国家的男士叠腿而坐时，是把小腿部分放在另一条腿的膝盖上，大腿之间是有缝隙的，但注意脚不要跷得太高，以免鞋底正对旁边的客人。在与欧美国家人士交往时，需注意对方的习俗，这样更有助于双方的沟通。

男士标准坐姿要领：

（1）头部：头正稍抬，下颌内收；双眼平视。

（2）躯体：双肩自然下垂；躯干竖直，可向椅背后靠。

（3）三种脚位

①双脚自然平行停放，双膝弯曲90度至120度。

②双脚脚踝部分自然小交叉、往前停放在椅前，或弯曲。

③一脚摆放在另一脚脚面上，形成二郎腿姿势。

（4）脚位禁忌

①分腿、前伸、平放。

②一腿弯曲，一腿平伸。

③采取二郎腿脚位时，双腿不停抖动。

④双脚或单脚抬放在椅面上。

（5）手位标准

①双手自然相握垂放在双腿上。

②双手自然平放在腿上。

③双手自然垂放在椅子扶手上。

④双手自然平放在桌面上。

⑤需谨慎使用的手位：双手抱胸；双手托面，肘部垂放在桌面或椅子扶手上。

（6）手位禁忌

①双手抱头。

②双手叉腰。

③双手置于后背。

（三）行姿

保险商务人员行走的时候，抬头平视前方，双臂自然下垂，以身体为中心前后自然摆动。上身挺拔，腿伸直，腰放松，脚步轻且富有弹性和节奏感。

摆臂时，要前摆35度，后摆约15度；起步时，身体稍向前倾，重心落在脚掌，膝盖伸直，脚尖向正前方伸出，双脚内侧踩在一条线上。步子的大小宜一只脚或一只半脚的大小为宜。

每一个女人都想拥有流云般优雅的步姿，款款轻盈的步态是女性气质高雅、温柔端庄的一种风韵。而优美的步态，则更添女性贤淑、温柔之魅力，展现自身的风采。

女性走路，注意轻盈快捷，快抬脚、迈小步、轻落地，使人感到她们是缕轻柔的春风，妙不可言。男性行走时，则步履雄健有力，走平行线，展示刚健、英武的阳刚之美。

（四）蹲姿

蹲姿是人处于静态时的一种特殊体位。蹲姿要领：下蹲时一脚在前，一脚在后，两腿向下蹲，前脚全着地，小腿基本垂直于地面，后脚脚跟提起，脚尖着地。女性应靠紧双腿，男性则可适度地将其分开。臀部向下，基本上以后腿支撑身体。

1. 常见蹲姿

（1）交叉式蹲姿

交叉式蹲姿是在实际生活中常常会用到的蹲姿，如集体合影前排需要蹲下时，女士可采用交叉式蹲姿。保险商务女性下蹲时右脚在前，左脚在后，右小腿垂直于地面，全脚着地。左膝由后面伸向右侧，左脚跟抬起，脚掌着地。两腿靠紧，合力支撑身体。臀部向下，上身稍前倾。

（2）高低式蹲姿

下蹲时右脚在前，左脚稍后，两腿靠紧向下蹲。右脚全脚着地，小腿基本垂直于地面，左脚脚跟提起，脚掌着地。左膝低于右膝，左膝内侧靠于右小腿内侧，形成右膝高左膝低的姿态，臀部向下，基本上以左腿支撑身体。

（3）半跪式蹲姿

左脚平放在地上，左腿自然弯曲向左打开约 30 度，右脚尖着地，右脚跟翘起，将臀部的重心落在右脚跟上，右膝向下向右打开约 60 度角，两手平放在大腿上，指尖与膝盖取齐，两肘紧贴两肋，上身挺直，昂首挺胸，目视前方。练蹲姿时，必须时刻保持标准姿势，没有命令不许晃动，不许换腿。

2. 蹲姿禁忌

弯腰捡拾物品时，两腿叉开，臀部向后撅起，是不雅观的姿态，两腿展开平衡下蹲，其姿态也不优雅。

蹲时注意内衣"不可以露，不可以透"。

（五）鞠躬

1. 鞠躬礼的含义及适用范围

鞠躬，意思是弯身行礼，是表示对他人敬重的一种郑重礼节。

此种礼节一般是下级对上级或同级之间、学生向老师、晚辈向长辈、服务人员向宾客表达由衷的敬意。

2. 鞠躬礼的要领

（1）行礼时，立正站好，保持身体端正。

（2）面向受礼者，距离为两三步远。

（3）以腰部为轴，整个肩部向前倾 15 度以上（一般是 60 度，具体视行礼者对受礼者的尊敬程度而定），同时问候"您好""早上好""欢迎光临"等等。

（4）行鞠躬礼时面对客人，并拢双脚，视线由对方脸上落至自己的脚前 1.5 米处（15度礼）或脚前 1 米处（30 度礼）或脚前 0.4 米处（60 度礼）。

（5）男性双手放在身体两侧，女性双手合起放在身体前面。

（6）鞠躬时必须伸直腰，脚跟靠拢，双脚尖处微微分开，目视对方，然后将伸直的腰背，由腰开始的上身向前弯曲。

（7）鞠躬时，弯腰速度适中，之后抬头直腰，动作可慢慢做，这样令人感觉很舒服。

图 6-47　鞠躬礼

3. 国外鞠躬礼

鞠躬是中国、日本、韩国、朝鲜等国家传统的、普遍使用的一种礼节。鞠躬主要表达"弯身行礼，以示恭敬"的意思。如今在日本，鞠躬礼是最讲究的。所以我们在同日本人打交道时要懂得这一礼节。

对日本人来说，鞠躬的程度表达不同的意思。如：弯 15 度左右，表示致谢；弯 30 度左右，表示诚恳和歉意；弯 90 度左右，表示忏悔、改过和谢罪。

鞠躬对韩国和朝鲜人来说也很讲究。我们可以经常看到，韩国和朝鲜妇女在会谈、出席宴会或做客时，一手提裙，一手下垂鞠躬，告别时面对客人慢慢退去，表示一种诚恳和敬意。

➤　**知行合一**

假如今天是你去保险公司上班的第一天，你会如何设计你的职业形象？请你具体从仪容、仪表方面展开描述。

_____

_____

_____

_____

第七章
提升你的保险职业电话形象

一、保险商务电话形象

在现代保险业务活动中，电话日益成为保险商务人员沟通的桥梁和重要渠道。对保险商务人员而言，它的使用往往不可或缺。聊天、约会、谈事情、交朋友，人们在享用电话便捷的同时，却发现麻烦随之而来。你是否遇到过这样的情况：忙碌的时候总有电话捣乱？甜甜的美梦常被铃声打断？电话仿佛是一件令人摸不透的宝贝。运用得体，它会带来成功；运用不得体，它会成为人们交往中的绊脚石。

保险商务礼仪之电话形象

图 7-1　保险商务电话形象

其实，困惑人们的还不仅仅是这些。电话什么时间打最得体？使用电话又有哪些技巧？现在，让我来与你谈一谈如何打造一个彬彬有礼的电话形象吧。

➤ **案例导入**

有一天，一个学生给王老师打电话，电话记录是这样的：

学生说："请问王老师在吗？"

王老师回答："我是王老师，请问您是哪位？"

学生说："王老师，您猜呢？"

王老师答："是李华吗？"

学生说："不是！"

王老师又猜："是刘霞吗？"

学生答："不是！老师您都忘了我的声音了。"

请想一想，这位学生打电话采用的方式是否合适？存在什么问题？其实，这样的打电话方式会引起对方的反感，尤其是在猜测一次以上，王老师的心中就已经产生烦躁和恐惧心理。由此可见，电话礼仪确有必要来讲一讲。

首先，我们主张机关也好、公司也好、企业也好、个人也好，尤其对于保险公司而言，要有强烈的电话形象的意识。因为很多时候，业务员在谈保险业务的时候，如预约与客户见面、商谈具体的细节等，都是通过电话来进行沟通的。一个电话打过去，彼此如果印象好，没准保险业务就促成了；一个电话过去，如果印象不好，就可能没有下文了。

1. 电话形象的含义

"电话形象"是指人们在使用电话时，所留给通话对象及其他在场者的总体印象。不论在工作岗位上，还是在日常生活里，一个人的"电话形象"都体现着自己的修养和为人处世的风格，并且可以使与之通话者不必会面，即可在无形之中对其有所了解，对其为人处世做出大致的判断。

2. 电话形象三要素

电话形象，通常由以下三个要素所构成：

（1）时空的选择，就是电话应该什么时间打，在哪里打。

（2）通话的态度，指的是通话时你的语言、你的表情及你的动作。

（3）通话的内容，就是通话时你说什么。

这三点，时空的选择、通话的态度及通话的内容，具体构成一个人，乃至一个公司、一个机关的电话形象。

二、保险商务电话接听礼仪

关于保险商务电话接听礼仪，保险职员主要需要注意以下几点：

保险商务礼仪之电话接听礼仪

（一）铃响不过三声

拨打商务电话最重要的原则是"通话三分钟"，而接商务电话的基本规则是"铃响不过三声"。意思就是要及时接听电话。

训练有素的保险职员都有这样一个经验：桌上的电话铃响了之后，首先上去，等它响过两三声的时候再接。这样别人会有准备，自己也会显得不慌不忙。若是电话铃声一响就接了，别人也许还没有做好准备；如果铃声响到六声以上才去接，第一句话要跟对方说："抱歉，让您久等了！"

（二）不要随便叫别人代接电话

如果你在现场，你就不要找别人去接，这是对通话对象的最基本的尊重。但偶尔我们身边的领导或者同事、家人不在，你会替他接电话。他不在的话，你要会表达自己的善意。训练有素的保险商务人员代接电话时首先要告诉对方，他找的人不在，然后才能问对方是谁、有什么事。千万别倒过来。假设有下面这样一个场景：

我打电话找保险公司王经理，王经理不在，刘秘书代接电话。

我说："请问是太平人寿保险公司吗？"

刘秘书说："对，女士您好，我们是太平人寿保险公司，请问，您找哪位？"

我说："我找王国华经理。"

刘秘书说："女士您好，您找王经理什么事？"

我说："我跟王经理是大学同窗，说好了今天给他电话的。"

刘秘书说："女士，您到底有什么事？"

我说："我现在路过你们公司，想过来看看王经理。"

刘秘书说："女士，您好，我们欢迎您！您大概什么时候过来？"

我说："我大概半个小时以后就可以到你们那儿。"

刘秘书说："女士，不好意思，我告诉您，王经理他不在。"

刘秘书这样代接电话，会让我很郁闷。正确的做法应该是，首先跟我说："女士，不好意思，王经理不在。"然后再问："您是谁？您有什么事？"这个比较好，否则我会怀疑王经理在刘秘书边上"埋伏"着。

所以，要合理而有序地进行表达。

（三）认真地进行自我介绍

接电话时，要合理而有序地进行表达。对方电话打来后，第一句是问候对方，接着就是自我介绍，这样对方就知道有没有打错电话。接电话时，下列三个环节不能少："您好"——"自报家门"——"再见"。自报家门就是自我介绍。它跟打电话一样，要么报保险公司名字，要么报自己的姓名或者单位、部门、姓名一起报。别跟人家说你猜我是谁啊，那样做人家会反感。

（四）电话掉线时的处理

经常有这样的事，比如双方正通话时，说着说着电话就断线了。碰到这种情况，有可能是手机没电了，有可能是掉线了，也有可能是到了信号不好的地方。

遇到这样的情况该怎么办呢？

信号不好时，接电话的一方有责任告诉对方真实情况。比如你可以说："不好意思，王总，现在我这个位置可能信号不好。您看这样好不好，我先把电话挂了，然后您定一个时间，我打给您！"

万一电话没有一点先兆就断了，那你马上要把电话打回去。打回去的时候，第一句话要说："王总，不好意思，电话掉线了。"或者是："王总，不好意思，我手机没电了。"你一定要解释一下。地位低的人要把电话首先打回去，这是对别人的一种尊重。万一通话效果不好，你可以跟他约个时间，你再打过去。

（五）拨错电话的处理

保险公司一般都有明确规定，如果有人打错电话了，接电话的员工第一句要说明："先生，您好！您拨错电话了！"第二句话要把本单位电话号码重复一下，证明不是骗他。第三句话则是要问对方："您看需要帮助吗？"

比如，有人来电找中国人民财产保险股份有限公司理赔部，但是现在打到核保部门来了。我会告诉他："先生您好，我们这里确实是中国人民财产保险股份有限公司，但是您可能不太清楚我们各个部门办公的位置不一样，工作电话也不太一样，我这里是核保部。先生，您若需要帮助的话，我现在可以替您查一查理赔部门的电话，您看需要吗？"对方一听，觉得人家多有教养。

有的商务人员不太有教养，他接到拨错的电话后，会训斥对方，这种表现，证明此人没有教养。

（六）电话接听时的身体姿势

进行保险商务电话交谈时，你仍应保持正确姿势与甜美笑容。如果背弓起来讲话，声音听起来就会无精打采的。脸上的表情也一样，如果打电话时蹙眉、撇嘴，这种表情也会在声音上体现出来。此外，借口忙而一边做事，一边应答电话的行为也是禁止的，这样精神很容易变得散漫，那种漫不经心的感觉很快会被对方所察觉。

（七）电话接听时的手部姿势

电话接听时应左手拿听筒，右手做记录。这是为了将好用的右手腾出来，方便做记录、查资料。接电话时应养成这样的习惯。

图 7-2　保险商务电话接听时正确的手部姿势

（八）多个来电的接听

在接听保险商务电话时，会出现这样一个情况：你正在上班，办公室正好有客人在，突然，电话铃声响起。我想请问你是接还是不接电话？

我经常遇到这样的人：我在他办公室，他正在和我聊天，突然，桌上的电话响了，我那时会跟他说："王主任，您接电话吧，我可以暂时回避一下。"他却马上告诉我："不接，咱俩继续聊，不用管它。"也许有些人会说："这不挺好嘛，说明重视你嘛！"其实我的感觉并不好，我感觉到他并不尊重打电话的那个人。

任何一个有经验的保险商务人员，在客人面前，对于打进来的电话都是一定要接的。但是你当时需要妥善地对其进行处理。比如：你正在跟我谈着呢，外面电话进来了。你不接不对，长时间接听也未必正确。你只需接起电话说一声："刘经理，感谢您给我打电话，我也很惦记您呢。不好意思，我现在有客人在，您看这样好不好，您定个时间，我跟客人说完了事，到时给您去电。"其含义，一是暗示你边上有客人在，不宜探讨深层次的问题；二是让对方选择一个时间，届时由你打给他，说明重视他。这种技巧的运用，在商务交往中，往往不可或缺。

金正昆教授讲过一句话："教养体现于细节，细节展示素质，细节决定成败。"

三、保险商务电话拨打礼仪

如果你现在决定给别人打电话，比如给你的保险客户，或者给你的领导、同事、家人打电话，你认为哪个问题最重要？

以下几点，都是拨打保险商务电话务必要注意的。

保险商务礼仪之电话拨打礼仪

（一）时间的选择

如果你想确保所打电话的质量，首先你就要注意时间的选择。比如你是私人通话，那就要选择效率高的时间。换句话讲，也就是别人不会讨厌你的时间。对于我们中国人来说，你和任何一个人打电话，都要注意时间的选择。

（1）休息时间最好别打。除非万不得已，晚上 10 点之后，早上 7 点之前，没有什么重大的急事都别打电话。万一有急事需要打电话，你第一句要说的就是，"抱歉，事关紧急，打搅你了"，否则别人会反感。

（2）就餐的时间别打电话。说实话，我们大家都挺忙的，中午就那么一个小时的时间吃饭，若有人还给我打个长长的电话，会影响我食欲。

（3）节假日若无重大事情，也不要打电话。节假日是别人的休息时间，他们也许在旅游，也许在独处，所以，尽量不要打电话去打扰别人。可以采用别的联络方式，如微信、QQ、短信等。

（4）打电话需要注意对方的时差。如果是外国人，尤其对方住在美国、欧洲这样距离较远的地方，你更要注意，打电话还要搞清楚时差的问题。我们这里是白天，也许那里就是半夜了。

（二）空间的选择

一般来讲，私人电话是在自己家里打的，办公电话则是在办公室打的。还有一点要注意，你在公共空间打电话，实际上对别人是一种噪音的干扰。在影剧院、会议中心、餐厅、商场，经常有些不自觉的人拿着电话大声地说个不停，令人甚是反感。

（三）通话的长度

一般情况下，保险商务电话打多长时间好呢？在具体的保险商务场景中，你有多少事，就该说多长时间。但必须注意，从互相尊重的角度来讲，通话的时间不宜过长。电话礼仪有个规则，叫作"通话三分钟法则"。什么意思呢？就是你跟外人通话时，每次的时间应该有效地控制在三分钟以内。其含义，不是说让你掐着表，到三分钟就突然打住，而是要求你"长话短说，废话不说，没话别说"。

任何一位有教养的人，都应该是一个办事有效率的人，是一个尊重时间的人。时间就是金钱，时间就是效益，时间就是生命！我们的生命是由时间所组成的，浪费别人的时间，就是浪费别人的生命。所以打电话的时间一定要短。怎么做到呢？就是要养成打重要电话前列提纲的习惯。

比如：我找王总，我没给他打过电话。我首先要知道王总有几个电话号码，第一个打不通我就拨第二个，省得再去找，我也省时间。接下来，我要跟王总沟通几件事。采用倒金字塔形排列的方式，把最重要的事情先说："王总，我想请你讲课。"要把最重要的事情首先交代给别人，而不是在那儿打太极拳。

（四）自我介绍

一个专业的保险商务人员，在对方做完自我介绍后，也应顺理成章地进行自我介绍，让接听方知道是谁在给他打电话。按照电话礼仪的标准，保险商务场合自我介绍有下列几种模式：

（1）公务电话模式。与公司总机或者部门通话时，一般报单位名称。比如，"你好，中国平安！""你好，中国人民保险公司！"等等，报的都是单位。

（2）私人电话模式。在专用电话，比如私人电话或者董事长的电话中，一般先报姓名。因为，这个电话是我的。比如："你好，魏ＸＸ。"之所以我先报姓名，是未来让对方验证是不是打错了。

（3）社交电话模式。在社交电话中，一般报三要素即单位、部门、姓名。因为别人可能不知道你是什么头衔，不知道你是谁，所以你要报全。

（五）电话中怎样说清楚事情

要讲的事需从结论说起，将要点简洁无误地告诉对方，说话逻辑要清楚。遇有数字或专用词汇时，应重复述说，避免出差错。

（六）通话的终止

如果你不想继续通话了，想终止通话，可以适当地去暗示对方。常规的做法是重复要点。比如说："王总，那根据您所提供的理赔材料，下周三之前我们公司会把保险理赔款打到您所提供的银行账号上。到时，您记得查看一下，总共是 10080 元。"通话结尾时，你去重复一下，说明自己是一个专业的保险商务人士，是不说废话的人，而且也等于告知对方，双方的通话可以停了。

（七）谁先挂电话

打电话时谁先挂电话呢？商务礼仪的标准化做法是：地位高者先挂。地位高者包括上级、长辈、客户、老师等等，等到他们说完了，他们就挂了。因此，让地位高者先挂，对尊者的尊重就尽在其中了。那还有一种情况，就是我俩地位一样，这个时候，应该谁先挂电话？一般是求人的要等对方先挂电话吗？具体情形往往是让接听方先挂。比如有同事给我打电话："沈老师，能帮我借一本书吗？""沈老师，今天可以搭你的车回去吗？"由被求的人先挂，实际上是摆正人与人之间的位置。

挂电话的方法不可轻视。将话筒胡乱抛下，这是对接听电话一方极大的不敬。电话被挂断之前，对方一直都把听筒贴在耳朵上听着。"喀哒"一声巨响，会使对方心情不悦。

四、保险商务活动中手机礼仪

在保险商务活动中使用手机时，更应讲究礼仪。

保险商务礼仪之移动电话礼仪

（一）手机放置的常规位置

携带移动通信工具，应将其放在适当的位置，总的原则是既要方便使用，又要合乎礼仪。

可以放在随身携带的公文包内。

可以放在上衣口袋内，尤其是上衣内袋中，但注意不要影响衣服的整体外观。

不要在不使用时将其握在手里，或是将其挂在上衣口袋外面。

（二）手机暂放位置

在参加会议时，可将手机暂交给秘书或会务人员代管。

与人坐在一起交谈时，可将手机放在手边、身旁、背后等不起眼的地方。

把手机挂在脖子上、腰上或握在手上，均不雅观。手机最好还是放在手袋或口袋内。

（三）公共场合怎样使用手机

在开会、会晤等保险商务场合中，不能当众使用手机，以免给别人留下用心不专、不懂礼貌的不良印象。

不要在公共场合，尤其是楼梯、电梯、路口、人行道等人来人往处旁若无人地大声通电话。

（四）使用手机的安全问题

使用手机时，会产生电磁波，在某些地方必须牢记安全准则。

开车时，不要使用手机通话或查看信息。

不要在加油站、面粉厂、油库等处使用手机，免得手机所发出的电磁波引起火灾、爆炸。

不要在病房内使用手机，以免手机信号干扰医疗仪器的正常运行，或者影响病人休息。

不要在飞机飞行期间使用手机，以免给航班带来危险。

最好不要在手机中与人谈论商业秘密或有关国家安全的机密事件等，因为手机容易出现信息外漏，产生不良后果。

何时应关闭手机?

在要求"保持安静"的公共场所，如在音乐厅、影剧院等处观看演出或在美术馆参观展览时，应关闭手机或将手机设置为静音状态。

➤ 知行合一

【情景模拟】

假如你是中国平安的保险业务员，你计划近几天要去省电力公司，促成一份团体人寿保险合同。接下来，你打算通过电话跟对方主管预约此次会晤。请模拟上述场景，把你通话前的准备及通话过程记录下来。

第八章
保险商务会面礼仪

现代保险商务人员工作繁忙，除了日常的保险商务会晤、工作之余各类纷繁芜杂的交际应酬也日渐增多。想想看，除去几个难得能把自己关在家里休养的日子，你每天要与多少人会面呢？每一次的会面都不是盲目的，无论出于公务、结交朋友，还是基于其他的愿望，人们总是怀着既定的目标与人交往。保险商务会面是保险商务人员与客户、领导、同事等交往的一个重要机会，在为保险从业人员提供沟通、交谈平台的同时，也让彼此可以互相审视，在心里默默做出喜欢或不喜欢的判断。与其日后花费时间精力弥补最初因为礼仪不当造成的裂隙，不如从相见的第一声称呼起，用恰当的言谈、得体的举止给对方留下美好和乐于交往的印象。

一、保险商务场合的称呼礼仪

称呼，一般指人们在商务交往中彼此之间所采用的称谓语。称呼礼仪是保险商务礼仪中非常重要的一环。在保险商务会见中，商务人员之间的交往往往是从第一声称呼开始的。

在保险商务接待活动中，接待人员对接待对象所使用的称呼，往往备受对方重视。选择正确、恰当的称呼，不仅反映着自身的教养和对对方尊重的程度，而且还体现着双方关系发展到了何种程度。

（一）称呼的原则

在保险商务交际中，称呼很有讲究，须慎重对待。称呼的格调有文雅与粗俗之分，它不仅反映人的身份、性别、社会地位和婚姻状况，而且反映对对方的态度及与对方的亲疏关系。不同的称呼内容可以使人产生不同的情态。在保险商务交际开始时，只有使用高格调的称呼，才会使交际对象产生交往的欲望，因此，使用称呼语时要遵循如下三个原则。

1. 礼貌原则

这是商务交往的基本原则之一。每个人都希望被他人尊重，合乎礼节的称呼，正是表达对他人尊重和表现自己有礼貌修养的一种方式。在保险商务会面时，称呼对方要用尊称。现在常用的有："您"——您好、请您等；"贵"——贵姓、贵公司、贵方、贵校等；"大"——尊姓大名、大作（文章、著作）等；"老"——张老、郭老、您老辛苦了等；"高"——高寿、高见等；"芳"——芳名、芳龄等。在保险商务会面场合对任何交际对象都忌用诨号、绰号。

2.尊崇原则

一般来说，中华民族有崇大、崇老、崇高的心态。对同龄人，可称呼对方为哥、姐；对既可称"叔叔"又可称"伯伯"的长者，以称"伯伯"为宜；对副科长、副处长、副厂长等，可在姓后直接以正职相称。

3.适度原则

在保险商务会面场合要视交际对象、场合、双方关系等选择恰当的称呼。在与众多的人打招呼时，还要注意亲疏远近和主次关系。一般以先长后幼、先高后低、先女后男、先亲后疏为宜。

（二）称呼的方式

选择称呼要合乎常规，要照顾被称呼者的个人习惯，入乡随俗。在保险商务场景中，人们彼此之间的称呼是有其特殊性的，要庄重、正式、规范。

1.职务性尊称

职务性尊称是指以交往对象的职务相称，以示身份有别、敬意有加，这是一种最常见的称呼方式。职务性尊称的方式有下列三种：

（1）只称职务，如"处长""局长""厅长""书记"等。

（2）在职务前加上姓氏，如"王处长""刘局长""肖厅长""周书记"等。

（3）在职务前加上姓名（适用于极其正式的场合），如"王Ｘ处长""刘ＸＸ局长""肖Ｘ厅长""周ＸＸ书记"等。

2.职称性尊称

职称性尊称是指对于具有职称者，尤其是具有高级、中级职称者，在工作中直接以其职称相称。职称性尊称的方式有下列三种：

（1）只称职称，如"教授""工程师""会计师"等。

（2）在职称前加上姓氏，如"沈教授""刘工程师""王会计师"等。

（3）在职称前加上姓名（适用于极其正式的场合），如"沈Ｘ教授""刘Ｘ工程师""王Ｘ会计师"等。

3.行业性尊称

行业性尊称是指对于从事某些特定行业的人，可直接称呼对方的职业。行业性尊称的方式有下列三种：

（1）称对方职业，如"老师""医生""律师""法官"等。

（2）在职业前加上姓氏，如"沈老师""费医生""杨律师""赵法官"等。

（3）在职业前加上姓名（适用于极其正式的场合），如"沈Ｘ老师""费ＸＸ医生""杨ＸＸ律师""赵ＸＸ法官"等。

4. 性别性尊称

对于从事商业、服务性行业的人，一般约定俗成地按性别的不同分别称呼"小姐""女士"或"先生"。"小姐"是称未婚女性，"女士"是称已婚女性。

5. 姓名性尊称

姓名性尊称指在商务交际中呼其姓名。姓名性尊称一般适用于年龄、职务相仿，或是同学、好友之间。姓名性尊称的方式有下列三种：

（1）直呼其名。

（2）只呼其姓，要在姓前加上"老、大、小"等前缀。

（3）只称其名，不呼其姓，通常限于同性之间，尤其是上级称呼下级、长辈称呼晚辈，在亲友、同学、邻里之间，也可使用这种称呼。

6. 学历性尊称

学历性尊称是指对于一些高学历的知识分子，可以称呼其学历，以示对其的尊重与敬意。学历性尊称的方式有下列三种：

（1）称对方学历，如"博士"。

（2）在学历前加上姓氏，如"赵博士"。

（3）在学历前加上姓名（适用于极其正式的场合），如"赵 X 博士"。

（三）称呼的技巧

1. 了解对方姓名特点，记住对方姓名

美国交际学家戴尔·卡耐基曾说："一个人的姓名是他自己最熟悉、最甜美、最妙不可言的声音。在交际中，最明显、最简单、最重要、最能得到好感的方法，就是记住人家的名字。"记住并准确地称呼对方的姓名，会使人感到亲切自然，一见如故。否则，即使有过交往的朋友也会生疏起来。

要记住人家的名字，首先要了解中外人名，特别是外国人姓名的特点。在中国，姓氏有单姓、复姓之分。在中国港、澳、台地区，女性结婚后，其姓氏还往往是双重的，即在自己的姓之前加上丈夫的姓。中国人姓名的一般特点是姓在前名在后，外国人的姓名就有所不同。

外国人姓名的特点

外国人的姓名一般有以下四种情况：

一是姓在前名在后的，如日本、朝鲜、韩国、越南、匈牙利人等，只是日本人的姓大多是两个字，如福田、岗村、田中、山口，他们的姓名与地名有关。对日本人一般可只称姓，对男士为表示尊敬并显得文雅，可在姓后加上"君"，如岗村君、福田君等。

二是名在前姓在后的，如欧美人（除匈牙利以外）和加拿大、澳大利亚、新西兰等英语国家的人，阿拉伯人及泰国人。英美人士姓名由三节组成，第一节是本人的名字（教名），最后

一节为姓，中间一节是母亲的姓或与家庭关系密切者的名字，也有的是尊敬的好友或名人的名字。如约翰·斯图尔特·史密斯，即姓史密斯，名约翰。俄罗斯人的姓名一般也由三节组成，其排列顺序是本人名、父名、家族姓。如弗拉基米尔·伊里奇·乌里扬诺夫（列宁）：第一节是本人名，第二节是父名，第三节是姓。对于这些国家的人士，最主要的是记住第一节本人的名字和最后一节的姓。西班牙人姓名由三、四节组成，第一、二节是本人名，倒数第二节为父姓，最后一节为母姓，简称时，多用第一节的本人名和倒数第二节的父姓。缅甸人则只有名而无姓。

三是西方女性未婚前用父姓，婚后改为夫姓，如一个叫玛丽·琼斯的姑娘，嫁给了约翰·史密斯先生，那么，她便被称为玛丽·史密斯太太；但女演员和女作家，多用艺名或笔名，很少改随夫姓。

四是英美人常有父子、祖孙同名，人们为了加以区别，常常在称呼他们的后辈时冠一个"小"字。

在正式场合，对英语国家的人士要称呼其姓名的全称，一般情况下，可称其姓氏，关系十分密切时，可称其名字，唯有家人与至亲好友，方可使用其爱称。

2. 注意观察对方的特征，掌握记忆方法

要记住人家的名字，除了了解和掌握中外人名的特点以外，还可采用以下方法：

第一，对需要记住的姓名，注意力一定要高度集中，初次见面被告知姓名时，最好自己重复一遍，并请对方把名字一字一字地分别解析一次来加深印象。

第二，把姓名脸谱化或将其身材形象化，将对方特征与姓名一起输入大脑，如有个青年叫聂晶，他的名字是"三个耳朵三张口"，这样就容易记了。

第三，把对方的名字与某些事物（如熟悉的地名、物名、人名等）关联起来。

第四，通过交谈，相互了解熟悉，并在交谈中尽量多地使用对方的名字。

第五，借助交换名片，并将名片分类整理，或把新结识的人的姓名及时记在通讯录上，经常翻阅。这样，对结识的朋友就不容易忘记了。

二、保险商务场合的介绍礼仪

（一）自我介绍

在保险商务会面中做自我介绍，通常是例行公事，做自我介绍时有以下五个要点需要注意。

1. 把握好介绍的时机

在保险商务会面中，应在见面之初就互相进行自我介绍，而不能在走的时候才做介绍。

但有时我的确遇到过很尴尬的事情。如在保险商务会面中，不论接待方还是被接待

方，双方都忘了介绍了，你不知道对方是谁，对方也不认识你。有时候他和你说了半天话，你还不知道他是谁，你还不好意思问对方是谁。

所以，保险商务会面要注意介绍的时机。商务会晤，一般讲究前期确认。什么是前期确认？即一见面就要互相做自我介绍，认识不认识都说一下。

当然，我不能问你："你还认识我吗？""我是谁呀？"诸如此类的话。我可以说："我是浙江金融职业学院的沈洁颖，上次贵公司来我们学校的时候，我见过您。"

2. 先递名片再做介绍

商务人员都是有名片的，在拜访别人的时候，最好先把名片递过去，先递名片的话至少有三个好处：

第一，可以少说很多话。"我是谁？""我是什么职务？"等都不用说了，对方一看名片就一目了然。

第二，可以加深对方的印象。

第三，可以索取对方的名片。

3. 介绍要简短

在自我介绍时，切记：长话短说，废话不说，没话别说。一般的自我介绍一定要简短。在访问时的那种自我介绍，应以一分钟或半分钟为限，千万不要太长。

4. 具体内容要完整

在保险商务场合，做自我介绍时一般要介绍单位、部门、职务、姓名四个要素。

5. 初次进行介绍时，要使用单位全称

自我介绍还有一点要注意，即初次进行介绍时，要介绍自己单位的全称。如果使用简称的话，会让人云里雾里，甚至容易让人误会，如"人大""作协"等。

（二）介绍他人

1. 为他人做介绍的重要性

在保险商务交往中，经常会遇到我们不认识的人，需要别人帮助介绍认识。每到这样的时候我都会很紧张，因为我总怕中间这个介绍者说的太少太简单，以至于让我记不住对方的姓名、单位等信息。如果有名片那也行，接下来我还能悄悄地看看名片恶补一下，但是就怕对方不给名片，而中间人又是很简单地介绍一下，那在接下来的交谈中，我就只能很尴尬地应对了。

在保险商务环境中，真的有人不太在意对别人的介绍，他们一直不明白其实中间介绍者是肩负了很大的责任的，而这个责任就是务必让不认识的双方在相互认识的同时还能印象深刻。

"沈老师，这是李总；李总，这是沈老师。"你不觉得这样的介绍太过简单和苍白了吗？还有人这样用简称来介绍："这是李总，这是王局。"如果他姓范呢，难道你还这样介绍，"这位是范局（饭局）"？

让我们来了解一下如何让中间人的介绍更详尽、更精彩、更引人入胜、更加印象深刻："你好，杨老师，这是联想集团人力资源部的资深人力资源总监李 X 女士，李总在 IT 行业非常有名。""李 X 女士，这位是中国首位职业素养及品位修养提升专家杨 X 老师，杨老师的课程非常精彩。"

怎么样，这样的介绍是不是更能让你立刻牢记对方？其实也只有这样，中间介绍人的重任才算真正完成。

2. 谁来做介绍人

在保险公务交往中，介绍人应由公关礼仪人员、秘书担任；在社交场合，东道主、长者、女主人、身份较高者或与被介绍双方均有一定交情者都可以担任介绍人。

3. 介绍的顺序

在保险商务介绍中，介绍人最糊涂的就是该把谁先介绍给谁，尤其是当客户和上司同时出现的时候，中间的介绍者就更不知所措了。不要着急，更不要糊涂，只要你记住下面两句话，我相信你在任何场合、任何环境下应对任何人，介绍的顺序都不会出错。

为他人介绍顺序的秘诀是："客人优先知情权""尊者居后被介绍"。具体情形如下：

将职位低者介绍给职位高者；

将晚辈介绍给长辈；

将同事介绍给客户；

将非官方人士介绍给官方人士；

将本国同事介绍给外籍人士；

社交场合，将男士介绍给女士；等等。

4. 介绍的手势

为他人做介绍时，要五指并拢伸右手，从胸口画弧线出去，不要动不动就伸出左手，因为在商务礼仪中左手为卑要留给自己，右手为尊要伸出去给别人。

三、保险商务场合的使用名片礼仪

一张小小的名片，承载了无数的信息，你的名字、你的工作单位、你的职务，甚至你的个人爱好，都能够在一张小小的名片中显示出来。接下来我们来分享名片的制作、名片的放置、名片的递送、名片的接受、名片的交换、名片的索要及名片的管理这七个方面的内容。

（一）名片的制作

在制作名片时需要注意印刷的职务头衔不超过两个，一个人名片上的头衔过多，有杜撰骗人之嫌。另需要注意名片上一般不提供私宅电话与家庭信息，讲究保护个人隐私。名片不随意涂改，在商务交往中，名片就像脸面，脸面不变，名片不变，所以，名片要保持整洁。

（二）名片的放置

保险商务人员可将名片放在容易拿出的地方，以便需要时迅速掏出，如可以放在西装左上方口袋，也可放在皮包内伸手可触的部位。保险商务人员不可将名片放在皮夹、裤袋内，更要把自己的名片和他人的名片分开放置，以免拿错，引起尴尬。

（三）名片的递送

1. 递送名片讲究场合和时机

选择适当的时候交换名片是名片交换礼节的第一步。

除非对方要求，否则不要在年长的主管面前主动出示名片。

对陌生人或巧遇的人，不要在谈话中过早递送名片。因为这种热情一方面会打扰别人，另一方面有推销自己之嫌。

保险商务礼仪之名片使用礼仪

不要在一群陌生人中到处传发自己的名片，这会让人误以为你想要推销什么物品，反而不受重视。

在商业社交活动中尤其要有选择性地提供名片，才不致使人以为你在替公司搞宣传、拉业务。

名片的递送可在刚见面或告别时，但如果自己即将发表意见，则在说话之前发名片给周围的人，可帮助他们认识你。

2. 递送名片讲究"奉"

递送名片讲究"奉"，"奉"即奉送之意。保险商务人员要表现出虔诚、恭敬的态度。向对方递送名片时，应面带微笑，注视对方，要大度些，勇敢直视对方的眼睛，展示出自己的自信，让自己神采飞扬。

递送名片时应将名片的文字正对着对方。如果对方是少数民族或外宾，最好将名片上印有对方认得的文字的那一面面对对方。保险商务人员应用双手的拇指和食指分别持握名片上端的两角送给对方。若只有一只手有空闲时（手上拎着包），用右手递送。

递送名片时应当起立或欠身递送，递送时可以说类似这样的客气话"我是王ⅩⅩ，这是我的名片，请笑纳。""我的名片，请收下。""这是我的名片，请多关照。"

图 8-1　名片的递送

3.递送名片讲究顺序

递送名片的顺序讲究"职务由高到低""由近到远"和"顺时针"。

名片递送"七宗罪"

名片递送"一宗罪"：一群人，尊者在最后，扒开人群递到尊者手上，得罪一群人。

名片递送"二宗罪"：名片准备不足，由近及远递送，到最后几位已无名片可给，得罪后面几位。

名片递送"三宗罪"：单手递送单手接，显示不尊重，得罪谈话对象。

名片递送"四宗罪"：屋里一堆先生女士，名片只递认为重要的人，视其他人为空气。

名片递送"五宗罪"：当着名片主人的面，在名片上写上其他人的名字、电话等信息。

名片递送"六宗罪"：将对方名片遗忘在对方公司会议桌上。

名片递送"七宗罪"：从洗手间出来，满手是水接名片。

（四）名片的接受

接受他人名片时，应尽快起身或欠身，面带微笑，用双手的拇指和食指接住名片的下方两角，态度也要毕恭毕敬，使对方感到你对名片很感兴趣。保险商务人员接到名片时一定要认真地看一下，可以说"谢谢"等，然后郑重地将其放入自己的西服内兜或名片夹内。切忌接过对方名片一眼不看就随手放一边，也不要在手中随意玩弄，不要随便拎在手上，不要拿在手中搓来搓去，否则会影响对方对你的印象。

图8-2　名片的接受

（五）名片的交换

保险商务人员若需要当场将自己的名片递过去，最好在收好对方名片后再给，不要左右开弓，一来一往同时进行。当对方递给你名片之后，如果自己没有名片或没带名片，应当首先向对方表示歉意，再如实说明理由，如："很抱歉，我没带名片。""对不起，今天带的名片用完了，稍后取来给您。"

（六）名片的索要

向他人索要名片最好不要直来直去，可委婉索要。向对方索要名片有三个办法。

一是交易法——要领在于"将欲取之，必先予之"。比如我想要张先生的名片，我把自己的名片递给他了，那按照国际礼仪，他自然会将自己的名片回赠你（此法只适用于身份地位差距不大的双方）。

二是激将法——比如你碰到李董事长，想向他索要一张名片，可以对他说："李董，很高兴见到您，不知道能不能有幸跟您交换一下名片？"此话一出，他就算不想给也得给你（如果对方还不给，那么还可以用下一个方法）。

三是联络法——比如你可以说："李董，认识您很荣幸，以后还希望能够见到您，不知道以后怎么跟您联络比较方便？"

（七）名片的管理

接受别人的名片后应该怎样管理这些名片呢？你是不是有过这种情况：参加一次人际活动之后，名片收了随便放，收了一大把后，往家里或办公室里随手一放，可是有一天，你急于寻找一位曾经结识的朋友帮忙，却东找西翻，就是找不到他留给你的名片和联系方法。下面我们来分享一些名片管理的经验。

保险商务礼仪之名片管理技巧

当你和他人在不同场合交换名片时，务必详尽记录与对方会面的人、事、时、地、物。保险商务活动结束后，应回忆复习一下刚刚认识的重要人物，记住他的姓名、企业、职务、行业等。第二天或过个两三天，主动打个电话或发个电邮，向对方表示结识的高兴，或者适当地赞美对方的某个方面，或者回忆你们愉快的聚会细节，让对方加深对你的印象和了解。

你可以对名片进行分类管理。你可以按地域分类，比如按省份、城市；也可以按行业分类；还可以按人脉资源的性质分类，比如同学、客户、专家等。

养成经常翻看名片的习惯，工作的间隙，翻一下你的名片档案，给对方打一个问候的电话，发一个祝福的短信等，让对方感觉到你的存在和对他的关心与尊重。

要定期对名片进行清理。将你手边所有的名片与相关资源数据做一全面性整理，依照关联性、重要性、长期互动与使用概率、数据的完整性等因素，将它们分成三类：第一类是一定要长期保留的；第二类是不太确定的，可以暂时保留的；第三类是确定不要的，当确定不要时要及时销毁。

管理好朋友的名片，可以让你的人脉得到扩展，从而使你的事业亨通。

四、保险商务场合的握手礼仪

握手是人与人之间、企业团体之间、国家之间交往时最富于内涵的动作。一般说来，握手往往表示友好，是一种交流，可以沟通原本

保险商务人士的握手礼仪

产生隔膜的情感，可以加深双方的理解、信任，可以表示一方的尊敬、景仰、祝贺、鼓励，也能传达出一些人的淡漠、敷衍、逢迎、虚假、傲慢。

（一）握手礼的起源

握手礼来源于原始社会。早在远古时代，人们以狩猎为生，如果遇到素不相识的人，为了表示友好，就赶紧扔掉手里的打猎工具，并且摊开手掌让对方看看，示意手里没有藏东西。后来，这个动作被武士们学到了，他们为了表示友谊，不再互相争斗，就互相摸一下对方的手掌，表示手中没有武器。随着时代的变迁，这个动作就逐渐变成了现在的握手礼。

握手礼据说源自欧洲，自辛亥革命后传入我国。孙中山认为，在我国流行了数千年的跪拜礼，是封建等级礼教制度的象征，推翻满清封建统治，一定要摧毁它的礼制。用新式的、体现平等理念的握手礼取代跪拜礼，是辛亥革命任务的一部分。早在1905年，孙中山在日本组织同盟会，规定入盟"同志相见之握手暗号"，并亲自教导会员行握手礼。

图8-3　孙中山倡导同盟会同志间行握手礼

（二）用你的手握出经济效益

你的手能握出经济效益吗？一个热情的、正确的握手，能够让保险客户或者伙伴打心眼儿里喜欢上你，愿意和你做生意、交朋友。反之，一个错误的、不礼貌的握手，很有可能会毁了一单保险生意。接下来我们就来看一个错误握手导致保险生意失败的案例。

用你的手握出经济效益

我讨厌你和我这样握手

有一位做保险生意的女士，有段时间不停地给客户打电话，想做客户的保险生意，她在电话中的声音、语气和内容都极端热情，热情到让人无法拒绝，所以这位客户决定和她见一面，听一听她所说的保险与理财的话题。

那天早上九点钟，这位客户准时在办公室接待了她，但握完手后这位客户说了一句："不好意思，今天我有一个重要的会议，具体事宜后续再跟你沟通。"那位女士一脸诧异，她一定想："约我来又拒绝和我谈，他到底是怎么回事？到底懂不懂礼貌啊！"客户知道这样做不礼貌，但是从另外一个方面说，这位客户这样做是明智之举。

这位保险业务员究竟出了什么事？到底她出了什么问题？在客户和她握手的瞬间，客户丝毫没有感受到她在电话中所体现的热情。她身体僵硬地站在那里，伸出冷冰冰的四指，面部表情毫无善意，甚至轻微地、不耐烦地锁住双眉。而因为这位客户是职业素养提升方面的老师，知道什么是正确、热情、有感染力的握手，所以和她形成了强烈的反差：客户鞠躬，她身体挺直；客户面带微笑，她脸部僵硬；客户张开热情的五指，她伸出冰冷的四指。

到底谁是甲方？到底是谁想做谁的生意？这么冷漠的乙方做成生意后还会提供后续的保险服务吗？就在这握手的瞬间，这位客户的大脑里转出了无数的问题。在疑惑的同时客户做了一个坚定的决定：放弃与这位保险业务员的合作。因为客户深深地知道，人的体态语言是骗不了人的，而握手恰恰可以反映一个人的性格。这位保险业务员冰冷的握手告诉这位客户，她是一个消极的、没有后续服务的女士，在还来得及更换乙方之时，客户选择放弃她。

接下来，我们一起来规范一下保险商务场合的握手礼节。

（三）握手的身体姿势

距离：在行握手礼时，不必相隔很远就伸直手臂，也不要距离太近，一般距离一步左右。
体位：上身稍向前倾。
手位：伸出右手，四指并齐，拇指张开，双方伸出的手一握即可，不要相互攥着不放，也不要太过用力。
目光：目视对方，面带微笑。
话术：在握手的同时可向对方进行鼓励、赞扬、致歉等。

图 8-4　行握手礼时的身体姿势

（四）握手的顺序

保险商务场合的握手礼难点在于握手的顺序，也就是"谁先伸手"的问题。

一般而言，在上下级之间，一般由上级先伸手，下级再相握。

在长辈与晚辈之间，应是长辈主动先伸手，晚辈立即反应。

在男性与女性之间，应由女士先大方地伸手，男士再有礼貌地响应。

在主客之间，迎客时，由主人先伸手，以示欢迎；告别时，则客人应先伸手，表示感谢。告别时，若由主人先伸手，就有逐客之意。

当握手双方符合以上其中两个或两个以上情况时，在公务场合中，一般先考虑职位，再考虑年龄，最后才考虑性别。

（五）握手的手位

握手的手位能传递出丰富的信息。在保险商务场合我们提倡的握手手位是"标准式"，即掌心垂直于地面，寓意双方地位平等。"手套式握手"又称"外交家式握手"，指在用右手握住对方右手时，再用左手加握对方的手背、小臂、上臂或肩部。除非是熟人之间表示故友重逢、认真慰问或者热情祝贺，外人不提倡这种方式，尤其是异性之间不提倡。掌心向下的握手方式我们称之为"控制式握手"，掌心向下的一方代表强制、控制欲强、喜欢被夸赞。而掌心向上的握手方式我们称之为"谦恭式握手"，寓意谦卑、迎合他人。

图 8-5　平等式握手

图 8-6　外交家式握手

图 8-7　控制式握手

图 8-8　谦恭式握手

（六）握手的时间

保险商务场合握手的时间也要控制巧妙，一般而言，初次见面握手时间不宜过长，3～5秒为宜。切忌握住异性的手不松开，与同性握手的时间也不宜过长。

（七）握手的力度

握手时的力度要适当，可握得稍紧些，以示热情，但不可太用力。男士握女士的手应轻一些。

握手时，稍紧表示热情（力度7分，握力大概在2千克）。握手不可太用力也不可太轻。正确的做法是不轻不重地用手掌和手指全部握住对方的手，然后微微上下晃动3～5下。

（八）握手的禁忌

在握手的时候，需要注意哪些惹人厌的禁忌呢？

忌握手时左手拿着东西或插在兜里。

忌握手时不按顺序、争先恐后。

忌握手时戴帽子。

忌握手时戴手套（社交场合女士戴薄纱手套除外）。

忌握手时戴墨镜（有眼疾病或眼有缺陷的除外）。

忌握手时用左手或双手与异性握手。

忌交叉握手（西方人视交叉握手为不敬）。

忌握手时拉来推去或上下左右抖不停。

忌握手时只握指尖或只递指尖。

忌握手时手脏、湿，若无法避免，应当场搓擦。

吻手礼是"吻"还是"闻"

"吻手礼"是商务社交场合中异性之间最高层次的见面礼。在社交场合，男士女士身着中式或西式礼服，如果两者已经涉及儒雅的绅士与高贵的女士之间的礼仪，那么双方需行吻手礼而不是握手礼。

吻手礼是"吻"还是"闻"

行"吻手礼"时，男士行至女士面前，相距约80厘米，首先立正欠身致敬，女士先将右手轻轻向左前方抬起约60度角，男士左手背在身后，以右手轻轻抬起女士的右手，同时俯身弯腰将自己微闭的嘴唇探至距离女士手背2厘米处停下，以鼻尖轻触一下女士的手背，然后起身，松开女士的手，用眼神或语言表示感谢。

行"吻手礼"仅限于室内。在社交场合，向女士行"吻手礼"是男士有教养的表现。因此，在社交场合，如果男士向女士行"吻手礼"，则女士应礼貌地予以接受。同时，一般的见面礼，如握手礼、拥抱礼、亲吻礼等，往往都具有双向性，即有来有往，彼此相互施礼。但是"吻手礼"却较为特别，它通常是单向施礼的，其施礼对象不以相同形式向施礼者还礼。

关于吻手礼，有一个关键的点，大家一定要记住，那就是"吻手礼"其实是"闻手礼"，也就是男士其实只是象征性地将嘴探至女士的手背，在鼻尖碰到的位置，也就是距离手背2厘米处停下，轻轻地去闻女士的手背，而不是真正地去吻。

图 8-9　正确的吻手礼

➤　知行合一

【情境演练】

请根据下列场景，进行角色扮演。

某日，新华人寿保险股份有限公司杭州分公司团险部经理带领下属拜访当地某一著名民营企业，洽谈年金保险业务。该民营企业的办公室职员接待了新华人寿团险部经理一行并将他们引荐给办公室主任。请分别根据以下四个角色进行扮演、模拟此次保险商务会晤场景。

角色一：新华人寿保险股份有限公司杭州分公司团险部经理。

角色二：新华人寿保险股份有限公司杭州分公司团险部员工。

角色三：当地某民营企业办公室职员。

角色四：当地某民营企业办公室主任。

要求：在角色扮演的过程中，展现出保险商务场景中的称呼礼、介绍礼、名片使用礼及握手礼。

第九章
保险商务行进礼仪

有静就有动。相对于静止的座次礼仪，保险商务活动中，在陪同、接待来宾或领导时，行进时的位次也是十分重要的。在保险商务场合，有关行进的礼仪，基本上可以分为步行礼仪、乘坐电梯礼仪和乘车礼仪这三个方面。

一、保险商务行进礼仪

（一）引导人员在行进时如何安排位置

1. 客人认路

与客人并排行进和单行行进时，有不同的做法。并排行进的要求是中央高于两侧，内侧高于外侧，一般情况下，应该让客人走在中央或者内侧；与客人单行行进，即成一条直线行进时，标准的做法是前方高于后方，以前方为上。如果没有特殊情况，应该让客人在前面行进。

2. 客人不认路

在客人不认路的情况下，陪同引导人员要在前面带路。陪同引导人员的标准位置是在客人左前方1～1.5米处，也就是距离一步之遥。别离太远，也别离太近，避免太近发生身体上的碰撞。原则上，应该让客人走在内侧，陪同人员走在外侧。我国道路行进规则是靠右行，实际上靠墙走是客人在里面，陪同人员在外面，这样客人受到对面行人碰撞和影响较少。

行进时，身体侧向客人，用左手引导。如果完全背对客人，是不太礼貌的。

（二）上下楼梯时如何站位

楼梯可分为宽楼梯和窄楼梯，行进时对于这两种楼梯的处理方式有所不同。

1. 宽楼梯

对于宽楼梯，陪同者可以与贵宾并排着上下楼。在这个过程中，应该把贵宾请到楼梯的内侧，因为上下楼梯的过程中，左右关系已经不是很重要了，重要的是应该把贵宾让到一个既安全又省力的方位。

2. 窄楼梯

对于窄楼梯，因为楼道比较窄，并排行走会妨碍其他人，因此没有特殊原因，应靠右侧单行行进，以前方为上。一般情况下，应该让客人走在前面，把选择前进方向的权利交给客人。

但有一个特例，如果陪同接待女性宾客的是一位男士，而女士又身着短裙，在这种情况下，上下楼梯时，陪同人员要走在女士前面，以免女士的短裙"走光"，避免尴尬。男女同行上下楼梯时，宜女士居后。

二、保险商务乘车座次礼仪

时下，有车一族越来越多，会开车的人也逐年增多，但是有车、会开车，并不代表会安排车的座次。车还分公务车、私家车和出租车，或许坐私家车没有座次要求，但面对迎来送往的公务车，或者某天偶然和客户一起乘坐出租车，那座次可就不能随便坐了。

按照国际惯例，乘坐轿车的座次安排常规是：右高左低、后高前低。具体而言，轿车座次的等级自高而低是：后排右位—后排左位—前排右位—前排左位。

（一）保险公务接待场景

一般情况下，公务车安排主宾坐在后排右位。此座位上下车方便，到酒店，门童都开这个座位旁的门，所以其被称为"公务接待上位"。

图 9-1　公务接待上位

（二）保险社交场景

另外还有两种特殊情况。一是主人或熟识的朋友亲自驾驶汽车时，假如你坐到后面位置就等于向主人宣布，你在打的。这样非常不礼貌。

这种情况下副驾驶位为上座位，又称"社交场合上座位"。

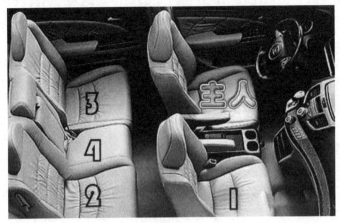

图9-2　社交场合上座位

（三）接送高级官员、将领、明星等知名公众人物

接送高级官员、将领、明星等知名公众人物时，主要考虑乘坐者的安全性和私密性。司机后方位置为汽车的上座位，通常也被称作"VIP上座位"。

最后再提示一点："公务车永远不要坐满。"这句话意味着公务车有一个座位，不到万不得已不要安排人坐在那里，这个位置永远都不可能成为上座，这就是后排中间的座位，又叫 C 座。这个座位一般是后排人放胳膊或茶杯的位置，不到万不得已请不要安排人坐在那里，更不要将客人像夹馅饼一样夹在中间，这是很不礼貌、很不尊重人的行为。

三、保险商务乘坐电梯礼仪

现在，很多写字楼中都配有电梯。保险商务人员在陪同客人进入有人控制的电梯和无人控制的电梯时，需要遵守不同的礼仪规则。

（一）出入有人控制的电梯

出入有人控制的电梯，保险商务陪同人员应后进后出。

（二）出入无人控制的电梯

出入无人控制的电梯时，保险商务陪同人员应先进后出，并控制好按钮。电梯在楼层停留时间一般设定为30秒或者45秒。有时客人较多，导致后面的客人来不及进入电梯，所以陪同人员应先进电梯，控制好开关按钮，让电梯门保持较长的开启时间，避免给客人造成不便。但如果感觉电梯里可能会超员的时候，就要请客人先上；如果自己上电梯后超员的铃声响起，自己应迅速地出来。

陪同客人来到电梯门前后，先按电梯呼梯按钮。轿厢到达厅门打开时，若客人不止一人，可先进入电梯，一手按"开门"按钮，另一只手拦住电梯侧门，礼貌地说"请进"，请客人进入电梯轿厢。

进入电梯后，按下客人要去的目的地楼层按钮。若电梯行进间有其他人员进来，可主动询问去几楼，并帮忙按下按钮。电梯内可视情况是否寒暄，如果没有其他人员则可略作寒暄，有外人或其他同事在时，可斟酌是否有必要寒暄。电梯内尽量侧身面对客人。

到达目的地楼层，一手按住"开门"按钮，另一只手做出请的动作，可说："到了，您先请！"客人走出电梯后，自己立刻走出电梯，并热诚地为其引导行进的方向。

➤ **知行合一**

【情境模拟】

1.你的角色是泰康人寿保险股份有限公司的一位办公室职员，你所在的公司是一座高达32层的写字楼，会客室、贵宾室在第28层。今天，总公司领导莅临视察工作（初次到访），你的接待任务是负责在楼下把总公司领导一行（3人）从1层引导到28层会客室来。在这段路程中，你和莅临视察工作的客人们的前后左右顺序应该是什么样子？该如何体现对客人的尊重？

2.今天你和你们公司的总经理、办公室主任一行3人去北京公务出差，你的角色是总经理秘书。公司派专职司机送你们前往萧山机场，在公务车内，你们4人（你、总经理、办公室主任及司机）的座次应该怎样？

第十章
保险商务座次礼仪

在保险商务场合你会分配座位吗？当你遇见保险商务会见、商务谈判、商务研讨会时，你是如何安排座次的呢？你会将主客双方安排在哪个合理的位置？你知不知道，位置安排不好，整体气场就不对，很有可能导致商务会见不欢而散，商务谈判无疾而终甚至有可能谈判破裂。

一、保险商务位次礼仪原则

上面所说不是耸人听闻，保险商务场合讲究座次学。把合适的人安排在合适的环境、合适的位置，让主宾感受到被尊重、被优待、被照顾，让谈判对手感觉到压力，这才是座次学的高端境界。

那么，如何才能达到座次安排的高境界呢，请你记住以下五句话，相信你每次的保险商务座次安排一定都会合理、合适、合规。座次安排的五句秘籍分别如下。

"面门为上"：良好视野为上。

"居中为上"：中央高于两侧。

"离远为上"：远离房门为上。

"以右为上"：遵循国际惯例。

"以左为上"：遵循中国惯例。

可能很多朋友会有疑惑，一会儿右为上，一会儿左为上，到底哪个为上呀？其实座次的排列是与当时的场景、环境、人物与内容密不可分的。在西方，100%的商务活动遵守"以右为上"的国际惯例。而在中国，因为千年文化的传承都是以左为尊，所以到目前为止，国内与政府相关的会议座次安排还都是遵守"以左为上"的惯例。但是从改革开放的那天起，中国人和中国的企业也逐渐与国际接轨走上国际化道路。很多企业间的商务会谈、商务会议等都已经开始学习和遵守国际惯例，并且为了尊重外国友人的到访，包括中国政府在内的所有外事接待的座次都是遵守国际惯例的"以右为上"。下面我们分场景和大家详细描述一下。

二、保险商务会客位次礼仪

保险商务会客时，应当恭请来宾就座于上座。会客时的座次安排大致有以下四种方式。

（一）相对式

具体做法是宾主双方面对面而坐。这种方式显得主次分明，往往易于使宾主双方公事公办，保持距离。这种方式多适用于保险公务性会客，通常又分为两种情况。

1. 双方就座后，一方面对正门，另一方背对正门

此时讲究"面门为上"，即面对正门之座为上座，应请客人就座，背对正门之座为下座，宜由主人就座。

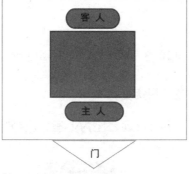

图 10-1　相对式面门而坐

2. 双方就座于室内两侧，并且面对面地就座

此时讲究进门后"以右为上"，即进门后右侧之座为上座，应请客人就座，左侧之座为下座，宜由主人就座。当宾主双方不止一人时，情况也是如此。

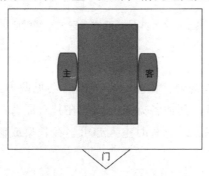

图 10-2　相对式就座于室内两侧

（二）并列式

并列式基本坐法是宾主双方并排就座，以暗示双方"平起平坐"、地位相仿、关系密切。具体也分为两类情况。

1. 双方一同面门而坐

此时讲究"以右为上""居中为上"，记住要请客人就座在自己的右侧。当双方不止一

人时，双方的其他人员可各自分别在主人或主宾的一侧，按身份高低依次就座，双方一同在室内的右侧或左侧就座。

当多人并排就座时，讲究"居中为上"，即应以居于中央的位置为上座，请客人就座，以其两侧的位置为下座，由主方人员就座。

图 10-3　并列式双方一同面门而坐

2. 双方一同在室内的右侧或左侧就座

此时讲究"以远为上"，即距门较远之座为上座，应当让给客人，距门较近之座为下座，应留给主人。

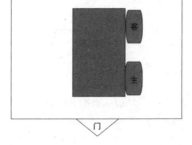

图 10-4　并列式双方在室内一侧就座

3. 主席式

主席式主要适用于正式场合，由主人一方同时会见两方或两方以上的客人。此时，一般应由主人面对正门而坐，其他各方来宾则应在其对面背门而坐。这种安排犹如主人正在主持会议，故称之为主席式。有时主人亦可坐在长桌或椭圆桌的一端，而请各方客人坐在其两侧。

4. 自由式

自由式的座位排列，指会见时有关各方均不分主次、不讲位次，而是一律自由择座。自由式通常用在客人较多，座次无法排列，或者大家都是亲朋好友，没有必要排列座次时。进行多方会面时，此法也常常被采用。

三、保险商务谈判位次礼仪

举行正式的保险商务谈判时，有关各方在谈判现场具体就座的位次，有非常严格的礼仪要求。从总体上讲，正式谈判的座次可分为两种情况。

（一）双边谈判

双边谈判，指的是由两个方面的人士进行的谈判。在一般性的谈判中，双边谈判最为多见。

1. 横桌式

横桌式座次排列是指谈判桌在谈判室内横放，客方人员面门而坐，主方人员背门而坐。除双方主谈者居中就座外，各方的其他人士则应依其具体身份的高低，各自先右后左、自高而低地分别在己方一侧就座。双方主谈者的右侧之位，在国内谈判中可坐副谈者，而在涉外谈判中则应由翻译者就座。

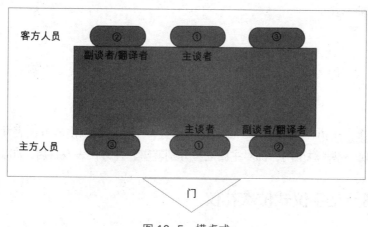

图 10-5 横桌式

2. 竖桌式

竖桌式座次排列是指谈判桌在谈判室内竖放。具体排位时以进门时的方向为准，右侧由客方人士就座，左侧则由主方人士就座。在其他方面，则与横桌式排座相仿。

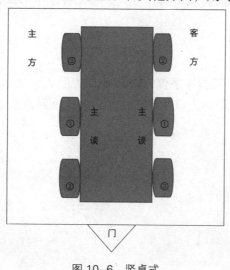

图 10-6 竖桌式

双边谈判座次应注意的四个细节

举行双边谈判时，应使用长桌或椭圆形桌子，宾主应分坐于桌子两侧。

如果谈判桌横放，面对正门的一方为上座，应属于客方，背对正门的一方为下座，应属于主方。

如果谈判桌竖放，应以进门的方向为准。右侧为上座，属于客方；左侧为下座，属于主方。

进行谈判时，各方的主谈人员应在自己一方居中而坐。

（二）多边谈判

多边谈判，在此是指由三方或三方以上人士所举行的谈判。多边谈判的座次排列，也可以分为两种形式。

1. 自由式

自由式座次，即各方人士在谈判时自由就座，毋须事先正式安排座次。

2. 主席式

主席式座次，是指在谈判室内，面向正门设置一个主席位，由各方代表发言时使用。其他各方人士，则一律背对正门，面对主席之位分别就座。各方代表发言后，亦需下台就座。

四、保险商务签字仪式位次礼仪

保险商务签字仪式可分为双边签字仪式和多边签字仪式。签字仪式，通常是指订立合同、协议的各方在合同、协议正式签署时所正式举行的仪式。举行签字仪式，不仅是对谈判成果的一种公开化、固定化，也是有关各方对自己履行合同、协议所做出的一种正式承诺。

举行签字仪式时，座次排列的具体方式共有三种基本形式，可根据不同的具体情况来选用。

（一）并列式

并列式排座，是举行双边签字仪式时最常见的形式。基本做法是：签字桌在室内面门横放，双方出席仪式的全体人员在签字桌之后并排排列，双方签字人员居中面门而坐，客方居右，主方居左。

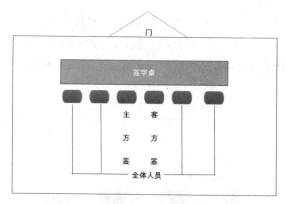

图10-7　并列式签字仪式位次

双边签字不杂乱

举行双边签字仪式时，位次排列的基本规则包含以下三点：

签字桌一般横放在签字厅内。

双方签字者面对房间正门而坐。

双方参加签字仪式的其他人员一般需要成直线、单行或者多行并排站立在签字者身后，并面对房间正门，通常面对房门站在右侧的是客方，站在左侧的是主方。要注意一点，中央要高于两侧，也就是双方地位高的人站在中间，站在最外面的人地位相对较低。如果站立的人员有多排，一般的原则是前排高于后排，站在第一排的人地位较高。

（二）相对式

相对式签字仪式的排座与并列式签字仪式的排座基本相同。二者之间的主要差别，只是相对式排座将双边参加签字仪式的随员席移至签字人的对面。

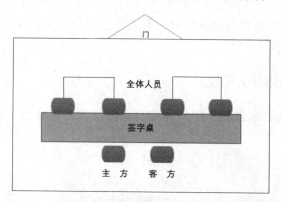

图10-8　相对式签字仪式位次

（三）主席式

主席式排座，主要适用于多边签字仪式。其操作特点是：签字桌仍须在室内横放，签字席设在桌后，面对正门，但只设一个，并且不固定其就座者。举行仪式时，所有各方人员，包括签字人员在内，皆应背对正门、面向签字席就座。签字时，各方签字人员应以规定的先后顺序依次走上签字席就座签字，然后退回原位就座。

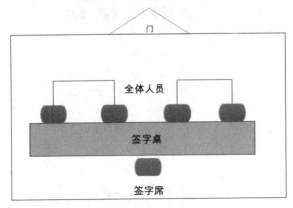

图 10-9　主席式签字仪式位次

多边签字讲顺序

多边签字仪式的基本礼仪规范有三点：

签字桌横放。

签字席面门而设，仅为一张。

多边签字仪式讲究签字者按照某种约定的顺序依次签名，而不像双边签字仪式一样，大家平起平坐、同时签名。

五、保险商务会议座次礼仪

保险商务交往时的会议按规模划分，有大型会议和小型会议之分，座次排列有下面一些规则。

（一）大型会议座次礼仪

大型会议应考虑主席台、主持人和发言人的位次。主席台的位次排列要遵循三点要求：

前排高于后排；

中央高于两侧；

右侧高于左侧（国内政务会议则为左侧高于右侧）。

主持人之位，可在前排正中，也可居于前排最右侧。发言席一般可设于主席台正前方，或其右方。

尊位是左还是右？

国际惯例是以右为尊，商务礼仪遵守的是国际惯例，一般以右为上，坐在右侧的人为地位高者；而在国内的政务交往中，往往采用中国的传统坐法，以左为尊。

1. 大型保险商务国际型会议场景座次

大型国际型会议需遵照国际惯例，座位排列顺序为：1 号为主办方主要领导，居中；2 号为主要宾客领导，排在 1 号主办方领导右边；3 号为次主宾，排在主办方领导的左边。其他与会人员依次排列（见图 10-10）。

从台上的角度自左向右看为 5、3、1、2、4 的顺序；从主席台下的角度自左向右看是 4、2、1、3、5 的顺序。

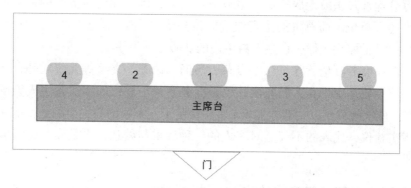

图 10-10　大型保险商务国际型会议场景座次

2. 大型国内政务会议场景座次

大型国内政务会议，适合遵守中国官方惯例"以左为上"的原则：1 号领导居中，2 号领导排在 1 号领导的左边，3 号领导排在 1 号领导的右边，以此类推（见图 10-11）。

从台上自左向右的角度看为 4、2、1、3、5 的顺序，从主席台下的角度自左向右看是 5、3、1、2、4 的顺序。

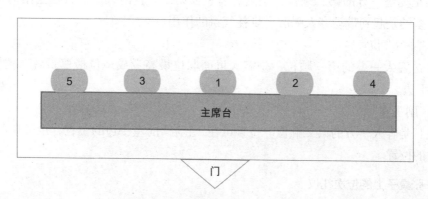

图 10-11　大型国内政务会议场景座次

（二）小型会议座次礼仪

举行小型的保险商务会议时，位次排列需要注意两点：

面门为上，面对房间正门的位置一般被视为上座。

小型会议通常只考虑主席之位，同时也强调自由择坐，例如主席也可以不坐在右侧或者面门而坐，也可以坐在前排中央的位置，强调居中为上。

六、保险商务宴请座次礼仪

保险商务宴请时，你觉得把尊贵的主宾安排在哪里算是不失礼呢？有人会认为应该把主宾安排在面门的中间位，也就是 1 号位，更显重视与尊贵。我理解你的用意，但是你要小心服务员来拆你的台，他会拿着账单跑过来找你尊贵的客人结账，我相信那时你会尴尬万分地冲过去拉走服务员。服务员没有错，因为你留给贵宾的那个位置本就是主人应该坐的买单位。而尊贵的主宾位置应该是依照"面门为上""以右为上""居中为上""离远为上"的座次规律，在主人右手边的 2 号位。

所以，保险商务宴请，除了注重点菜、敬酒、请菜、夹菜等礼仪之外，还有一个非常重要的环节，就是安排宾客的座次礼仪。商务宴请中尊位的座次是主人能够给予主宾的最高礼遇。座次规律了，主客才能安心；座次乱了，大家的心也会跟着乱起来。所以关注与实践座次礼仪，代表的不仅是对客人的一种尊重与诚意，更是商务宴请的一种合作共赢的态度。

（一）保险商务中餐座次礼仪

1. 角色位置排列顺序

（1）"主陪"位

主陪是宴请一方的第一顺位，即主人的最高位者。位置在正冲门口的正面。起的主要是庄主的作用，如把握本次宴请的时间、喝酒程度及氛围等。

（2）"副陪"位

副陪是宴请一方的第二顺位，是陪客者里面第二尊贵的人。位置在主陪的对面。这个位置更多的是起到带动客人喝酒、烘托气氛的作用。

（3）"主宾"位

主宾是客人一方的第一顺位，是客人里面职位最高者或地位最尊贵者。位置在"主陪"的右手边。

（4）"副主宾"位

副主宾是客人一方的第二顺位。位置可在"主陪"的左手边的位置，也可在"副主陪"的右手边的位置。

2. 一张桌子上的位次礼仪

（1）单主人宴请时位次排列

这种情况，主宾在主人右侧就座，形成一个谈话中心（如下图）。

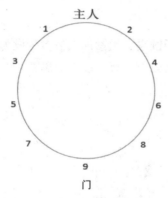

图 10-12　单主人宴请时位次排列

（2）同性别双主人宴请时位次排列

第一、第二主人均为同性别人士或正式场合下宴请时用的方法，是一种以"主"、"副"相对、"以右为贵"的原则依次按顺时针排列，同时做到主客相间的方法。

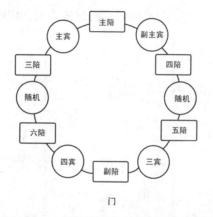

图 10-13　同性别双主人宴请时位次排列

（3）男女主人共同宴请时位次排列

男女主人共同宴请时的座位排序方法一般是男主人坐上席，女主人位于男主人的对面。宾客通常随男女主人、按右高左低顺序依次对角飞线排列，同时做到主客相间。国际惯例是男主宾安排在女主人右侧，女主宾安排在男主人右侧。

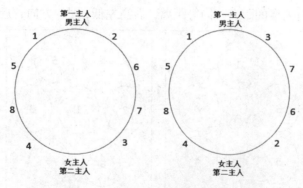

图 10-14　男女主人宴请时位次排列

3.多桌次排列排位礼仪

保险商务中餐宴请一般采用圆桌，视参加人数多少设为一桌或多桌。

（1）两桌横排排列时，桌次以右为尊，以左为卑

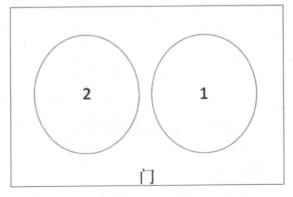

图 10-15　两桌横排

（2）两桌竖排排列时，桌次以距离正门远的位置为上，以距离正门近的位置为下

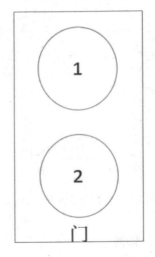

图 10-16　两桌竖排

（3）多桌排列

三桌及三桌以上的宴会，称为多桌宴会。其排位方法，除了要注意遵守两桌排列的规则外，还应考虑与主桌的距离。同等距离，右高左低；同一方向，近高远低。

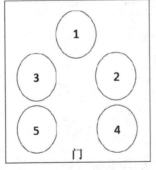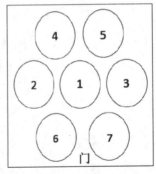

图 10-17　多桌排列

商务宴请的座次礼仪因宴席的性质、目的而不同，不同的地区、城市也是千差万别。作为主人应该积极、认真地按照当地风俗习惯或者按照国际惯例排列好每一位来宾的座位，让每一个人都各得其所。

再告诉你一个"四字终极口诀"，那就是自由为上。如果贵宾不愿意按照你安排的座次就座，千万不要勉强，遵循宾客自己的意愿就好。

保险商务中餐宴席座次礼仪总结

排序原则：

以远为上、面门为上。

以右为上、居中为上。

观景为上、靠墙为上。

座次分布：

面门居中位置为主位。

主左宾右分两侧而坐。

主宾双方交错而坐。

越近首席，位次越高。

同等距离，右高左低。

（二）保险商务西餐座次礼仪

西餐商务宴请座次也是根据餐桌而安排的。西式宴会的餐桌习惯用长桌，或者根据人数多少、场地大小自行设置。

西式宴会中，一般男女主人分坐两端，然后再按男女主宾和一般客人的次序安排座位，右为尊、左为次（如下图）。

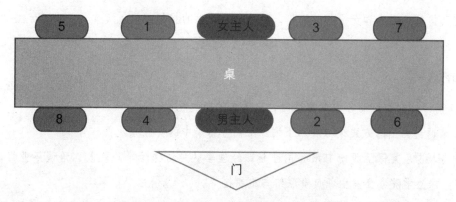

图 10-18　男女主人居中而坐时位次的排列

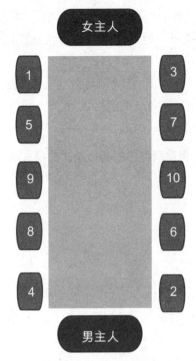

图 10-19　男女主人分坐于两端时的座次安排

保险商务西餐宴席座次礼仪总结

女士优先（女主人：主位；男主人：第二主位）。

恭敬主宾（男女主宾分别紧靠女主人和男主人）。

以右为尊（男主宾坐于女主人右侧，女主宾坐于男主人右侧）。

距离定位（距主位越近，地位越高）。

面门为上（面对门口地位高于背对门口）。

交叉排列（男士和女士相邻而坐，熟悉和不熟悉的相邻而坐）。

➤ 知行合一

1. 请详述在举行商务中餐宴请时，应考虑的座次礼仪。

2. 请通过画图的方式模拟展示下列保险商务场景中的会客座次：

商务场景：某保险股份有限公司理赔部经理率队拜访保险学院院长，洽谈毕业订单班合作事宜。保险学院办公室主任负责联络与组织接待。

商务角色：①某校保险学院院长；②保险学院办公室主任；③保险学院专任教师；④某保险股份有限公司理赔部经理；⑤理赔部随行人员 A；⑥理赔部随行人员 B。

第十一章
保险商务宴请礼仪

用餐是个美好的时刻，对于现代人来说，吃已经远远不是填充饥饿，也不是享受美味，而是获得更多的快乐和愉悦。因此，用餐也往往成为保险商务人士的一个良好和必要的社交环节。

许多保险商务活动、公事洽谈都可以巧妙地安排在餐桌上。这时，餐桌上良好的仪态修养，是显现个人品质最有效的时刻。如果餐桌上能优雅而有教养，则不仅能拉近与对方的距离，更能很好地促成保险商务活动的成功开展。

一、保险商务场合的中餐宴请礼仪

参与宴请，令你终生难忘的有几顿？这个问题你想过吗？我相信很多读者朋友都没仔细想过，有些朋友甚至想都没想过。

接下来，我将和大家分享中餐宴请中需要注意的几个礼仪细节。如果你能做到下述礼仪细节，便能让你的客人在用餐过程中，如沐春风，让你的宴请成为宾客铭记于心的美好体验。

（一）在保险商务宴请中要"用心"

人一辈子，天天都要吃饭，你也许天天都要参与宴请，不是宴请别人就是别人宴请你。假如每天外出参与一顿宴请，30年的话则要吃10950顿饭。大部分的宴请结束了也就随着时间的流逝过去了，但是真有一些宴请，由于某些特殊缘故，比如地点、场合、参与的人和中间的故事，会实实在在印在我们的心里，而宴请的主人也因为我们的爱屋及乌而被永久地铭刻在我们的脑海中。

令我难忘的肯德基

1990年的冬天，我还在上大学，寒假时到北京来玩，我的大表哥请我吃了一顿令我至今难忘的午餐。其实他当时并没有请我吃多贵的饭，仅仅是像哄孩子一般，带我去吃了一顿美国洋快餐肯德基。当时全中国只有肯德基一家洋快餐，而且只在北京开了这一家店，除了炸鸡块也没什么其他品种。说到肯德基你可能会说："切，洋快餐到处都有，有什么好吃的！不过是炸鸡翅和牛肉汉堡，现在吃得都不爱吃了。"是的，快餐的确只有这些，但是把现在遍地都是、看不上眼的快餐放在20余年前，一个刚刚改革开放的年代和一个还在读大学的学生身上，吃这个洋快餐的意义就完全不同了。

当年，走进肯德基窗明几净、色彩斑斓、使人感觉极尽奢华的环境，我就已经被震撼了，真的就像刘姥姥进了大观园。桌椅好整齐舒服呀，窗户好大好亮呀，服务员的制服好合体好专业呀，这炸鸡块也太美味了吧……当时我感觉活了十几年，第一次吃到世界上最美味的食物，那第一口的留香深深地留在了我唇边，随着时光的推移也流进了我永久的记忆中。现在，每每走进肯德基，不管要不要食物，我都会想起我的第一次肯德基，都会想起请我吃肯德基的人——我的大表哥。

令我难忘的瞬间印在了我的记忆中，大表哥这顿饭请的太值了，没花多少钱却已被我铭记了20余年。

——杨路著《高端商务礼仪》

那你又参与了多少次令你难忘的午餐和晚餐呢？对这个问题再从另外一个角度反问你，如果你是买单者，你又经意或不经意地制造过多少令参与的人终生难忘的宴请呢？如果你的宴请顿顿都无法被人记住，先别说你花了多少冤枉钱、浪费了多少宝贵时间，最重要的是，你在大家心中变成了一个没价值的人。在别人心中毫无价值，如何去换取你想要的价值呢？

当下的保险销售人员都知道要不停地请客、请客、再请客，似乎只有花钱请客才能让客户满意、才能做成生意。殊不知，请客不在数量，而是在每一次用心的、令人参与不忘的高质量安排。

所以，每一次在课堂上，我都要强调保险商务宴请拼的不是钱多少、菜多少、人多少，拼的是主人对此次宴请的用心程度，拼的是主人对宴请对象的了解程度，拼的是主人对此次宴请的把控程度。

请记住，做保险商务宴请，主人是要肩负责任的。你肩负的明面责任是让客户吃好、喝好、放松、开心；而你肩负的内在责任是要充分利用宴请达成你想要的目的，而最基本的目的应该是通过这顿饭让客人记住请客的主人——你，并通过大家的口口相传将你宣传出去。

（二）中餐宴请中神秘的点菜人

中餐宴请中点菜人神秘吗？你的回答一定是："一点也不神秘。"是的，如果想要烘托气氛、制造点小神秘的话，一般是猜猜来的嘉宾是谁，是哪个明星、哪个社会名流，或者猜猜陪同主宾来的陪客是谁，大家是否认识，等等。总之，好像大家从来都不觉得点菜人有什么神秘的。

但是我要问大家："你确定知道中餐宴请中该由谁来点菜吗？说得再具象一点，假如今天你请客，这个点菜人是你吗？这个菜到底该由谁来点呢？"如果你的答案是，"客人点菜，或主人点小菜，客人点大菜，或让客人先选，主人再总结，"只要你提出让客人点菜的话题，你就注定要失去控制力，你就一定会掉进点菜的误区和陷阱。接下来，我来讲讲点菜的神秘门道。

在中餐宴请所需要注意的第一个礼仪细节中，我曾经提到过一个词叫"用心"，是希望大家每次请客时都用心对待你要请的宾客，尽量让客人记住你请的这顿饭，最重要的是借由这顿饭记住你这个主人。而关于点菜，我还要送大家一个词就是"控制"。

商务宴请，最大的陷阱就是主人无法控制、现场失控。失控有很多种。比如没控制好酒水，导致主人自己或客人喝多了要酒疯；没控制好气氛，导致大家不欢而散。而商务宴请最大的一个失控莫过于钱上面的问题。假如你这次商务宴请的预算设定为2000元，而宴请结束却花了2万元，预算超9倍，这是很明显的失控；但是，如果你今天设定的宴请预算还是2000元，结账时发现只花了500元，你先别偷着乐，我要警告你，这也叫失控。

很多朋友请客时会很客气地选择让客人点菜，甚至有一些秉持善意、特别实在的主人会将菜单塞到客人手中，这样的做法要么会使这顿饭的花销超出你的预算，要么会让不愿意点菜的客人很尴尬。想要避免超预算或者陷入尴尬，势必要仔细了解一下我们在商务宴请中会经常碰到哪些类型的客人。

（1）商务宴请中遇到的客人类型之一：点菜够气派型

这种类型的客人一般会自认为和主人很熟络，可以代替主人点菜，甚至有一些位高权重、有点小恶意的客人会觉得多吃主人一点很自然、很正常。所以这样的客人不需要主人推荐就会抱起菜单，同时对主人说："小王，这顿饭吃的不是你呦。"这句话的意思很明显，就是吃的是你的单位、你的企业，不是你兜里的钱，所以不要拦着我点昂贵的菜。每当主人遇到这样的商务客人，这顿饭的花销失去控制是在所难免的事情了。

（2）商务宴请中遇到的客人类型之二：谦逊型

这类客人一般不会主动提出点菜，当遇到实在的主人非要将菜单塞到他们手中不可时，他们会显出很为难的情绪，因为他们知道不是自己买单，菜点多了不合适，菜点得不合大家胃口又会让主人难堪，所以他们会尽力推脱点菜责任。

可惜的是，有一些特别实在的主人会强制客人点菜，甚至暗示不点菜就是瞧不起主人。这时，可怜的客人只能为难地拿起菜单，匆匆地翻到菜谱中最便宜的主食、家常菜的那几页，快速地点了几个最便宜的菜，完成点菜任务。主人一定要记住，这样的客人点的菜都不是真心喜欢的，也不是他们认为主人该请他们吃的菜。主人很实在地认为花销不多就点了客人爱吃的菜的想法是大错特错了，如果沿着这个错误走下去，客人一离席肯定会在背后抱怨你这个主人抠门、没诚意。而这个失控的后果甚至比钱花多了的失控后果更糟糕。

说了这么多，让我们来展示一下正确的点菜技巧。

重要的、多人的商务宴请，请在宴请前两三天依照宴请预算将菜品和酒水点好。

当着客人的面点菜百害无一利。2小时商务宴请的时间请不要浪费在点菜上，请全力投入到完成商务宴请的真正目的中。

如果迫不得已必须当着客人面点菜，可以询问客人喜好，但请将菜单一直控制在自己手中，并学会适时地做"弹簧手"。

不要与上级领导争抢点菜，但超预算后需学会及时与领导沟通。

总之，商务宴请的点菜是一门学问，既要让客人吃好、喝好，又要让主人控制好，这中间度的把握是需要我们用心去揣摩、去学习的。

因此，商务宴请拼的不是钱多少、菜多少、人多少，拼的是主人对此次宴请的用心程度，拼的是主人对请客对象的了解程度，拼的是主人对此次宴请的把控程度。

（三）餐厅服务员是为你服务还是算计你？

商务宴请中除了客人与主人外，还有一个很重要但容易被我们忽视的角色——服务员，这个角色不大不小，没他不行，而他似乎又形同空气。这样一个不大不小的角色是来为你服务的，还是准备好算计你兜里的钱呢？

按照习惯说法，服务员当然是为你服务的了，站在吃饭人的角度，这个定位没错。但是如果换位思考，你就会发现，服务员除了为你服务外，更重要的任务就是从你和你的客人身上尽全力地获取更大的利润。为了达成这样的目标，训练有素的饭店服务员，一般待客人落座开始点菜之时会抛出两个陷阱式的提问，而大部分主人要么忙着照顾客人，要么出于中国人的面子问题，多多少少都会掉进服务员设定的这两个陷阱中。那到底是哪两个陷阱式的问题呢？你是否在宴请客户的时候一不小心也掉进去过呢？

1. 陷阱提问一："请问各位想吃点什么呀？"

一个简单的开放式提问，主人只要说"你们有什么推荐的呀"，就算掉进了服务员挖的陷阱里了。这时的服务员只要把饭店最有特色最贵的菜当着客人的面报出十几个，那出于面子问题，主人至少也得点一个。对于饭店来说，这个包间，点一个够本了；点两个，今天这顿超赚了；如果主人点了三个以上，那今天是运气爆棚了。

2. 陷阱提问二："请问喝什么饮料呢？"

又是一个简单的开放式提问。这时的你，可能会想，上面一个"吃什么"的问题都被坑了，这回打死我也不回应了。而饭店早已经做好了你不回应的策略，服务员会把提问和答案一并扔给你及你宴请的客人："请问喝什么饮料吗？我们饭店有鲜榨的果汁、西瓜汁、猕猴桃汁、苹果汁，对了，最近新上了有益于身体健康的玉米汁，各位要不要来一扎尝尝？"相信你一定不会当着客人的面说："不要，不要，太贵了！"假如，这时客人说了一句"不要，不要，太贵了"，你这个做主人的可能反而不好意思，只能咬着后槽牙心疼地说："不贵不贵，服务员，来一扎玉米汁吧。"相信你是知道的，点一扎并不代表一顿饭只喝一扎，在服务员"用心地""热情地""积极地"斟酒、倒饮料的过程中，昂贵的鲜榨饮料被成功地推销出去了。而可怜的你，最后结账时发现，饮料不打折，费用占去了餐费的一半还多。

（四）中国人不会用筷子，你信吗？

"请问你会用筷子吗？"这个问题如果问外国人，很多老外会摇头说不会，你可能会觉得很正常。如果我告诉你，时下50%以上的中国人不会用筷子，或者这么说，50%以上的中国人用筷子的方法不标准、用筷子的礼仪不到位，你相信这是事实吗？

筷子，可谓中国的"国粹"，古时又称其为"箸"。在距今3000多年的殷商晚期，约王已经使用象牙筷子了。中国人善于"以简驭繁"，善于从极平凡、简单之中，解决纷繁复杂的问题。本来要用5根手指，或动刀动叉才能解决的问题，只需两根筷子，便可解决。

1. 筷子使用规范

中国人在日常生活中对筷子的运用是非常有讲究的。

使用筷子的正确方法是：用右手执筷，筷子的两端对齐，大拇指按住双筷，食指和中指夹住上面一根筷子，使之能够灵活地上下抬起，而无名指和小指自然弯曲扶住下面一根筷子。使用中，上面一根筷子抬起放下，与下面不动的那根筷子形成大小不同的角度以夹取食物。

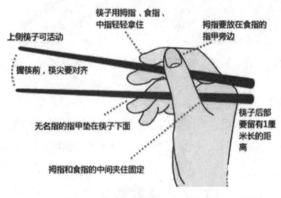

图 11-1 筷子的正确握法

2. 筷子礼仪八不要

除了上面正确使用筷子的方法，还有一些不得不知和不得不掌握的使用筷子进餐的礼仪，我们总结为"筷子礼仪八不要"，请大家仔细阅读，同时反思这些问题是否在自己身上出现过。

（1）筷子礼仪一不要——三长两短

禁止在用餐前或用餐过程当中，将筷子长短不齐地放在桌子上，这种做法非常不吉利。"三长两短"是从中国殓人的三根长两根短的棺材板演变过来的，其意是代表"死亡"，所以不要做这种极为不吉利的事情。

图 11-2 筷子礼仪一不要——三长两短

（2）筷子礼仪二不要——仙人指路

仙人指路就是用大拇指和中指、无名指、小指捏住筷子，而食指伸出。一般伸出食指去指对方时，大都带有指责的意思。所以，吃饭拿筷子时用手指人，无异于责骂或辱骂对方。还有一种情况同样也被禁止，就是吃饭时，在与别人的交谈中用筷子指人。

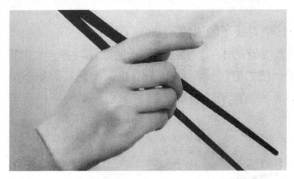

图 11-3　筷子礼仪二不要——仙人指路

（3）筷子礼仪三不要——品箸留声

禁止把筷子的一端含在嘴里，用嘴来回去嘬，并不时发出咝咝声响。在吃饭时用嘴嘬筷子本身就是一种无礼的行为，再配以声音，更是令人生厌，这是一种缺乏教养的表现，同样被严格禁止。

图 11-4　筷子礼仪三不要——品箸留声

（4）筷子礼仪四不要——执箸巡城，迷箸刨坟

这两种做法都是手拿筷子旁若无人地在菜盘里寻找、扒拉，就像寻找猎物或盗墓刨坟一样，同样是令人生厌、缺乏修养和目中无人的表现。

图 11-5　筷子礼仪四不要——执箸巡城，迷箸刨坟

（5）筷子礼仪五不要——泪箸遗珠

用筷子往自己盘里夹菜时，不利落，将菜汤流落到其他菜里或桌子上的不雅行为，极为失礼，应被禁止。

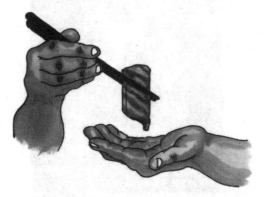

图 11-6　筷子礼仪五不要——泪箸遗珠

（6）筷子礼仪六不要——当众上香

有些人出于好心帮别人盛饭时，为了方便省事，把一双筷子插在饭中递给对方，此被视为大不敬。因为按中国的传统，上香是敬佛祖、鬼神和逝去的人的。所以，把筷子插在碗里是绝对不能被接受的。

图 11-7　筷子礼仪六不要——当众上香

（7）筷子礼仪七不要——互相抢食，筷子打架

饭桌上的两个人，同时看上一块肉，同时伸出去夹菜，形成筷子碰触打架状。遇到这样的情境，请双方都尽快收回筷子，不要再去关注那块肉。

图 11-8　筷子礼仪七不要——互相抢食，筷子打架

（8）筷子礼仪八不要——越界夹菜

圆桌宴请，面前三道菜、面前的面前三道菜，共计六道菜是自己的夹菜范围，除此之外都属于越界夹菜。饥不择食地去夹别人面前的菜是非常没教养的行为。

图 11-9　筷礼仪八不要——越界夹菜

上面所说的"筷子礼仪八不要"是我们在日常保险商务宴席中应当注意的。不要以为使用筷子是极简单的事，中国人用不着去学。其实，和不随地吐痰、公共场合不大声喧哗、行人勿乱穿马路、自行车勿闯红灯一样，正确使用筷子也是国民素质素养的基本体现，是对公民最起码的要求。

可见，把看似很简单的事情做好并非易事，非认真学习和养成习惯不可。做一个礼仪之邦的公民，传承筷子文明，通过正确使用一双小小筷子，让全世界的人看到它那深厚的文化底蕴和文化积淀，是我们的责任和义务。

（五）餐桌上你当你是谁，敢先吃？

中餐文化博大精深，中餐礼仪规范也颇多，极有内涵。拿餐桌上一行人的责任与分工来说，已经细化到了谁点菜、谁开酒、谁开菜、谁敬酒的地步。

时下很多企业的老板很头痛一件事，总是跟我抱怨公司年轻的员工不懂餐桌礼仪，不该他们坐的位置乱坐，不该他们吃的时候不管不顾乱吃，不该他们发表意见的时候乱评价。其实，这些都是对中餐文化和中餐礼仪的不了解造成的。

中餐礼仪的最大特点就是主客分工明确，具体分工如下。

1. 不是主人，请勿开酒

当保险商务宴请的菜品和酒水都上齐了之后，主人需要做一件很重要的事情就是"开酒"。时机到了，主人端酒起身致开酒辞，开酒辞根据宴请的目的而做相应调整，如欢迎宴致欢迎辞、感谢宴致感谢辞、节日宴致节日辞等。主人致辞是开餐的序曲，致辞完毕是正式开餐的信号。

2. 不是主宾，请勿先动筷

主人开酒过后，在主人的提示下，主宾首先拿起筷子就近夹菜放入自己盘中，同时转动圆桌转盘，此被视为"开菜"。只有经过主宾正式开菜之后，宴请才算正式开始，大家才能开动筷子就近夹菜。

3. 不是陪同，请勿乱敬酒

保险商务宴请中，绝不能喧宾夺主、乱敬酒，那样是很不礼貌的表现，也是很不尊重主人的行为。一般规律为：主人敬主宾，陪同敬主宾，主宾回敬，陪同互敬。

（六）菜是用来夹的，酒是用来劝的吗？

1. 请菜不夹菜

"菜是用来夹的吗？""当然是，菜不夹怎么吃到嘴里呀。"说得没错，菜是用来夹到自己嘴里的，但是如果你喜欢将菜夹到别人碗里，那就是不合时宜的举动了。

在商务宴请中，有一个词叫"过度招待"。什么叫过度招待呢？就是开餐后主人拼命地往主宾的餐盘中夹菜，不管主宾是否爱吃、是否能吃。这样的行为，会让主宾很尴尬。因为菜品一旦进入主宾的餐盘中就变成了他的责任，如果他没有吃完，就是在浪费粮食。万一主人夹给主宾的菜，正好是他不爱吃的菜或者由于身体的原因不能吃的菜，这对主宾来说是一件很尴尬的事情。这就是"过度招待"。

所以，中餐礼仪中有一句话"请菜不夹菜"。这说明商务宴请时，餐桌上的菜不是用来夹给别人的。我国很多地区的人特别热情，喜欢向他人劝菜，甚至为对方夹菜。劝菜不为过，但夹菜就是过度热情了。可以向客方介绍此地、此饭店菜品的特点，吃不吃由客方决定。尤其对外宾更不要反复劝菜。外宾没这个习惯，他们的思想比较直接。你要是一再客气，没准他会反感。以此类推，参加外宾举行的宴会，也不要指望主人会反复给你夹菜。你要是等别人给自己夹菜，那只好饿肚子了。

2. 酒桌礼仪五大"技或忌"

菜不是用来夹给客人的，那么酒是用来劝的吗？中国人好客，商务宴请敬酒时，往往都想劝对方多喝点酒，以表示自己尽到了主人之谊。客人喝得越多，主人就越高兴，说明客人看得起自己；如果客人不喝酒，主人就会觉得有失面子。酒作为一种交际媒介，在推杯换盏中，人与人的感情交流往往得到升华。但在酒桌上往往会遇到劝酒的现象，有的人总喜欢把酒场当战场，想方设法劝别人多喝几杯。遇到这种情况，酒量大的人还可以应付，酒量小的就犯难了。其实，过度强势的劝酒不仅会直接或间接伤害到主、客之间的感情，有时甚至会破坏朋友之间的深厚感情。

所以保险商务宴请也需要关注酒桌文化，了解一下酒桌上的"奥妙"，这样有助于保险商务宴请的成功及商务目的的达成。以下是酒桌礼仪五大"技或忌"。

（1）众欢同乐、切忌私语

保险商务宴请中，尽量谈论大家都能够参与或者都认同的话题，不神侃、不私谈、话题不跑偏、不忽略众人、避免贴耳小声私语，以免影响宴请效果。

（2）瞄准宾主、把握大局

大多数保险商务宴请都有一个主题，也就是喝酒的目的。赴宴时要分清主次，不要单纯为了喝酒而喝酒，失去达成商务目的的机会。

（3）语言得当、诙谐幽默

酒桌上可以看出一个人的才华、知识含量、修养和交际风度。有时，你一句诙谐幽默的语言，会给客人留下很深的印象，使人无形中对你产生好感。所以，你应该清楚什么时候该说什么话，语言得当，诙谐幽默很关键。

（4）劝酒适度、切莫强求

对于喜欢饮酒的宾客，敬酒、劝酒都不为过，但是对于不善饮酒的宾客应适当照顾。无论敬酒还是劝酒，都应该以达成商务宴请的商务目的为基本出发点。

（5）敬酒有序、主次分明

敬酒是一门学问。一般情况下，敬酒应以年龄大小、职位高低、宾主身份尊卑等为序。敬酒前一定要充分考虑好敬酒的顺序，分清主次。与不熟悉的人一起喝酒，要先打听一下对方的身份或者留意别人如何称呼，以避免出现尴尬或伤感情的局面。

酒桌文化代表了中餐文化，而中餐礼仪与文化凝结了中华文化千百年的积淀。相信只要我们多一些尊重和细心，善加运用中餐礼仪与酒文化技巧，一定能圆满达成我们的商务宴请目的，而我们的用餐心情也会更愉快，气氛也会更和谐。

二、西餐礼仪

20多年前，西餐对于大多数中国人来说是十分陌生的，通常只是在影视、小说里才能看见那些刀刀叉叉的纷繁花样和西餐场景。如今，用西餐已经不是少数人的特权，也不再是身份地位的一种炫耀。不过，当我们离西餐越来越近的时候，对西餐的文化和礼仪又了解多少呢？无论是追求高尚的情调还是出于保险商务社交的需求，当你坐在铺着洁净桌布的餐桌前，多会有这样的感受：中餐和西餐的差距，绝不仅仅是筷子与刀叉的不同。

（一）西餐的女主人真的那么牛吗？

西餐顾名思义是西方人吃的餐，西方人吃的餐也分快餐和正餐。假如有一天你出国公干。到了中午，外国朋友说："我请你去吃 Business lunch（业务午餐）吧。"这时你可一定不要想："啊，请我吃饭呀，那我得赶紧去换一套正式一点的衣服，整整头发，把自己弄得精神点。"吃 Business lunch 不会在多么正式、多么隆重的地方，很有可能他会带你去某个快餐店买个汉堡、买杯可乐，然后和你一起坐在办公室外的台阶上，边晒太阳边啃汉堡。你心里郁闷吧。这个环境，浪费你这身行头了。到了晚上，你的这个外国朋友又说了："晚上和你一起 Dinner。"记住，"Dinner"代表西餐的正餐，是一种隆重的晚宴，是要穿礼服去赴宴的。你可千万不要因为他中午请你在台阶上啃过汉堡，就报复性地穿着牛仔裤而去，那样的话，不仅不给你这个外国朋友面子，你自己也一定会糗大发的，切记切记！

Dinner，是我们所说的正式宴会，它是清晰地有别于 Business lunch 的。Dinner 基本上都安排在晚上 8 点以后举行，中国一般在晚上 6～7 点开始。环境应该是在很高档的饭店，或私密高档的主人别墅中，大部分是正宗的法式或美式大餐，而参加的每一个人都应着正式礼服出席。

举行 Dinner 这种正式宴会，说明主人对宴会的主题很重视，或为了某项庆祝活动等。一般会排好座次，并在请柬上注明对着装的要求。晚宴期间有祝词或祝酒，有时会安排席间音乐，有小型乐队现场演奏。按西方人的习惯，晚宴女主人一般会邀请夫妇同时出席。如果你收到邀请，要仔细阅读你的邀请函，上面会说明你是一个人还是携带伴侣出席。如果是携带伴侣出席，在回复邀请函时，你最好能告诉主人伴侣的名字。

在西方正式西餐 Dinner 宴请中，西餐的女主人真的很牛。西方讲究女士优先、女士为尊，所以从开餐准备到宴会结束，从宾客到服务员，一切都要听从女主人的指令语。开餐前接待，女主人会迎宾，而迎的都是最重要的宾客，也就是主宾；即将开餐时，女主人会示意大家走向餐桌，女主人落座，各位宾客才能落座；女主人将餐巾拿起摆在腿上，是暗示服务生可以开始上菜；女主人中间敬酒，每一位宾客都要举杯应和；当女主人用餐布擦擦嘴，把餐布放回桌子上，带着主宾起身离开餐桌，是代表宴会结束，餐桌上无论是吃完还是没吃完的宾客都要跟着起身离席，进入下一个咖啡环节。所以参加 Dinner 时，了解女主人的指令语是非常有必要的。

（二）我的刀叉分里外，我的水杯分左右

正式西餐 Dinner 的一大特点就是餐具多，水杯、酒杯、大小盘子、各类银器多。这么多的东西摆在眼前，往往会让不熟悉西餐礼仪的人不知所措。开餐前这么多刀叉摆在桌子上，我到底该用哪一个？这些大小不一的杯子摆在面前，我到底该端哪一个？我恰好坐在中间的位置，两边都有一大堆的杯子，两边都有盐瓶、胡椒粉瓶，到底哪一个是我的？

别着急，千万别着急！吃西餐最大的好处就是可以磨炼性情，让急躁的你沉静下来，让大大咧咧的你精致起来，让休闲惯了的你高雅起来。

首先我们来说说餐具的正式使用：正式西餐 Dinner 的餐具是根据一道道不同菜的上菜顺序精心排列起来的。在你面前的餐桌上放食盘（或汤盘），左手边放叉，右手边放刀、

汤匙。食盘往前略靠右放酒杯，餐巾叠放在食盘里。正餐的刀叉数目要和菜的道数相等，按上菜顺序由外到里排列，刀口向内，用餐时顺序由外向中间排着用，依次是喝汤的、吃鱼用的、吃肉用的。说了这么多，如果你嫌太复杂的话，就简单地记住：右手边放液体的餐具，包括汤勺、水杯，酒杯等（Drink Right 原理）；而左手边放固体的餐具，包括黄油瓶、胡椒粉瓶和盐瓶等。

图 11-10　西餐餐具的摆放

关于西餐的两个小常识

其一：正式西餐 Dinner 一般不提供热水，招待客人时也不会把热水倒在玻璃杯里，这样既不科学，又不安全，因为玻璃杯容易烫手，玻璃杯是用来装冰块或冷水的。所以招待客人的热茶都会盛在瓷杯里。

其二，西方喝茶的方式和中国不一样。中国一般是把茶叶直接放在茶杯里，用开水冲着喝，茶叶仍在杯子里。西方是用袋泡茶或把茶叶先放在茶壶里泡，然后把茶水倒出来喝，茶杯里不留茶叶。

（三）西餐的餐桌仇恨

"西餐的餐桌仇恨"，看到这个题目你是不是觉得有点耸人听闻？

你一定想："吃西餐是愉快的事，我会跟西餐的餐桌结下什么仇恨呢？"是啊，西餐与你、与餐桌没什么仇恨，但是我想表达的是参与正式西餐 Dinner 时，你真的要试着跟餐桌结仇，远离餐桌。"远离餐桌？远离它，怎么吃饭呢？"远离餐桌不是让你这个人跑得离餐桌远远的，而是告诫你，参与正式西餐 Dinner 有一个不成文的礼仪规范，就是在就餐的整个过程中，要保持你的整个身体，包括前胸部、胳膊肘、大腿部与餐桌有一定的距离。也就是说，你的整个身体在就餐时都不可以触碰餐桌。这是吃西餐最累人的环节，也是最显示优雅、高贵的细节。

接下来让我们来总结一下参与正式西餐 Dinner 与餐桌结仇的三样东西，也就是过程中不能碰触餐桌的三样东西。

1. 餐桌仇恨一：刀叉

西餐的刀叉在开餐前是规规矩矩地放在餐盘旁边等待你这个主人使用的，而一旦你拿起刀叉开始使用，这个餐具就永远不要再放回到餐桌上了。那放在哪里呢？只有一个位置就是餐盘。

图 11-11　刀叉一旦开始使用就不能再放回餐桌

2. 餐桌仇恨二：餐布

餐布同刀叉一样，开餐前是被叠放整齐放在餐盘中的，餐布是开餐的重要信号。当看到你把餐布从餐盘中拿起摆在腿上（最好用双手打开餐巾，切忌来回抖动地打开餐巾，不要将餐布别在领口上、皮带上或夹在衬衣的领口处）之后，服务员就开始按顺序上菜了。就餐期间，如果暂时离开座位，可以把餐布放在椅子上。前面讲过，女主人要是把餐布放在桌子上，就是宴会结束的标志，所以你千万不要把餐布放在桌上，否则就意味着你已吃完或不想再吃，让服务员不再给你上菜了。如果在进餐一半时离开，回来后还要接着吃，餐布有一个最标准的放法，就是放在你座椅的椅面上，此举表示一个含义——占地儿，就等于告诉在场的其他人，尤其是服务员，自己到外面有点事，回来还要继续吃。直到最后真正吃完了，餐布才能悄悄地回到桌子上。

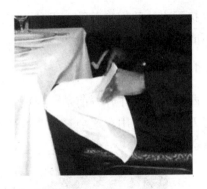

Step1：开餐前餐布叠放整齐　　　　　　Step2：就餐时餐布放大腿上

Step3：餐布放回餐桌上代表用餐完毕

图 11-12　西餐餐布所传达的涵义

餐巾可以擦什么东西呢？

它可以用来沾沾嘴。西餐跟中餐不太一样，中餐的菜品调料都放到菜里面去了，而西餐调料如胡椒、盐、调料汁等，往往是根据口味轻重，在现场自己来搭配的，所以吃东西搞不好就会花了嘴。有经验的人都知道，吃正式西餐 Dinner 的时候，如果需要交谈，需用餐巾先把嘴沾一沾再开始说话。所以西餐餐布可以用来擦嘴，但是不能擦刀叉，也不能擦汗。

图 11-13　西餐餐布可以用来擦嘴

3. 餐桌仇恨三：你的身体及胳膊肘

参与正式西餐 Dinner，是需要搭配礼服的，人们一穿上礼服，气质就会显得优雅高贵起来。坐在餐桌前，不能有一点点颓废状，所以弯腰驼背、手拄、胸贴餐桌的行为在西餐中都是被禁止的。

标准的仪态姿势应该是：你的胸口、大腿与餐桌一直保持一拳的距离；你拿刀叉的体态应一直保持夹肘悬腕状态（夹肘就像你的腋窝下一直夹着一个生鸡蛋且不能让它掉落，悬腕是拿刀叉就像中国古人写毛笔字提肘一样）；不能动不动身体就趴向餐桌，也不能动不动就把整个胳膊摆放在餐桌上，更不能把胳膊肘拄在餐桌上，拖着腮帮子。

图 11-14　吃西餐的标准仪态姿势

（四）西餐餐具语言

有没有发现，在西餐厅里，我们一般只能听到人们的低语交谈声和使用餐具的轻响，很少见到客人总是呼叫服务员忙这忙那的。的确，在大多数情况下是不需要多费口舌的，你进餐时的一举一动都在告诉服务员你的意图，训练有素的服务员会按照你的意愿为你服务。"西餐餐具语言"最典型的例子，体现在刀叉的摆放上。

这顿西餐，我还没吃完呢！

我有一个朋友，在一次西餐宴会的中间出去上了一趟厕所，回来后发现自己的桌子被收拾得干干净净。他落座后，服务员迅速为他端来一杯咖啡。我的那个朋友等了很久也不见有服务员招呼他，为他上其他任何菜品。他感觉很纳闷，就叫来服务员质问："我的菜呢？"服务员很淡定地回答："您不是用餐完毕了吗？"我的朋友听后很生气，说："谁说我吃完了？我只是去了趟厕所而已。"服务员听完赶紧解释说："对不起，先生！可能是弄错了，我们是看见您的刀叉摆成了用餐结束的状态，以为您是用餐完毕，不想再用餐了。"我的朋友听完后明白是怎么回事了，很尴尬地笑了笑。除了笑他也没别的办法，因为确实是他放错了刀叉的位置。他把应该放在"我在休息"位置的刀叉放到了"用餐完毕"的位置，误导了服务员。这个美丽的错误的结果只能是他饿着肚子回家补吃方便面了。

——杨路著《高端商务礼仪》

可见，西餐中的刀叉除了将食物切开送入口中之外，还有另一项非常重要的功用，就是其放置的方式可以传达出"用餐中"或是"结束用餐"的信息。而服务生就是利用这种方式，判断客人的用餐情形，以及是否收拾餐具准备接下来的服务等，所以希望大家能够记住西餐餐具正确的摆放方式，以免在用餐中出现不必要的误会与麻烦。

那么，接下来让我们一起来学习正式西餐中刀叉的正确摆放方式及注意事项。

1. 欧式刀叉摆放暗语

欧式西餐中表示"暂停吃食"，可以将刀叉放在盘子中央摆成 V 字形，餐叉的尖齿和餐刀的刀叶相触，叉背向上、刀刃向内放在碟内。而用餐结束时，刀叉都需要并排平行放置在餐盘中，叉背朝上摆左方，刀刃朝左摆右放刀叉头朝向钟表的 10 点处，刀叉尾部摆向 4 点处，也就是呈 10:20 的摆放方式。具体放置方式如下图所示：

图 11-15　欧式西餐中"暂停吃食"　　图 11-16　欧式西餐中"我已用完"
的刀叉摆放　　　　　　　　　　　　　的刀叉摆放

如果给了一套沙拉的刀叉，但吃沙拉的时候只使用了叉子，没有使用刀，那么在吃完的时候也应该将对应的沙拉餐刀跟叉子一起摆放到碟子里，好让服务员一起收走。

2. 美式刀叉摆放暗语

美式西餐中表示"暂停吃食"，可将餐刀放在盘子的右上方，餐叉则斜放在附近的位置（餐叉尖端朝上）；而表示"用餐结束"，则需将餐叉尖端朝上、刀刃向内以 10:20 方向平衡放在碟内。这时，服务员可以来收走餐碟刀叉。具体摆放方式如下图所示：

图 11-17　美式西餐中"暂停吃食"　　图 11-18　美式西餐中"我已用完"
的刀叉摆放　　　　　　　　　　　　　的刀叉摆放

3. 西餐中"谈话中"的刀叉使用方式

如果在谈话，可以拿着刀叉，无须放下，但若需做手势就应放下刀叉；千万不可手持刀叉在空中挥舞摇晃；不要一手拿刀或叉，而另一只手拿餐巾擦嘴；也不要一手拿酒杯，另一只手拿叉取菜。另外应当注意，不管任何时候，都不可将刀叉的一端放在盘上，另一端放在桌上。

4. 西餐刀叉的使用方法

摆在碟子上的西餐一般都使用刀叉吃（finger food 除外），如果桌上有好几套刀叉，则会按"由外往内"的顺序使用。

使用刀叉时，应将刀柄或叉柄的尾端置于手掌之中，以拇指抵住刀柄或叉柄的一侧，食指按在刀柄或叉柄上，其余三指则顺势弯曲，右手持刀，左手持叉（左撇子除外），先用叉子把食物固定住，然后用刀切成小块，再用叉送入嘴内（如下图所示）。

图 11-19　刀叉的正确握法

美国人使用刀叉的传统习惯跟欧洲人不同，所以餐桌上的刀叉使用方式又分为美式和欧式两种，在美国这两种使用方式都被接受。

（1）欧式使用方法

欧式可能是大家更习惯的，使用刀叉时不需要换手，每次切出小块后，右手继续拿着刀，手腕停放在桌边上，左手叉起食物放嘴里，跟着继续切，继续吃。

美国人则切割后将刀放下，换右手持叉顺势入口。

（2）美式使用方法

美式是先将菜切出一小块，然后将刀放到碟子上方边缘，刀刃向自己的方向，将左手的叉子转到右手，将食物如勺子一样拿法（铅笔拿法）叉起来吃。每次切一小块，把刀放下，叉子换手吃，再换回来，拿起刀，继续切一小块⋯⋯

图 11-20　美式刀叉使用方法

请注意，图 11-20 里的第二个示意图不够严谨，用右手拿叉子吃食的时候，左手应该放到桌下，而不应该留在桌上。当然，现在的人们可能也没讲究得太细致，所以很多时候手腕或手臂搁在餐桌上的姿势也是被接受的，但是手肘绝不能放桌上。

西餐中使用刀叉切肉时的禁忌

西餐中用刀叉切肉时，不可将肉一口气切成十几块，然后用叉子一块一块地叉着吃。这样一来口感没有切一块吃一块那么好，二来这样的切法是给小朋友的切法。

总之，西餐餐具的摆放和使用是有一定规律的，明白了这些规律可以让商务人士在越来越多的涉外西餐宴会活动中得心应手，游刃有余。

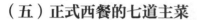

（五）正式西餐的七道主菜

品尝西餐，首先必须要清楚西餐的菜序问题。西餐的菜序，指的是正式西餐用餐的先后顺序问题。与中餐、日餐等东方国家的餐食相比，西餐的菜序明显不同。比如享用正式西餐时，首道菜是汤；而在中餐里，汤则大都是用来演奏用餐的"结束曲"的。另外，正式西餐的最后一道菜也是喝的，不走完这个程序正式西餐不算结束。而这最后一道菜就是很多中国人熟悉但并不怎么爱喝的"咖啡"。

正式西餐标准是七道菜。正式西餐与洋快餐、休闲西餐最大的区别是没有诸如炸鸡翅、洋葱圈等开胃菜，只有配菜的开胃酒。接下来让我们一一走进正式西餐的这七道菜。

1. 正式西餐第一道菜：汤

西餐的汤，口感芬芳浓郁，具有很好的开胃作用。汤是西餐的"开路先锋"，只有开始喝汤，才算正式开始吃西餐。西餐的汤大致分为四类：清汤、奶油汤、蔬菜汤和冷汤。品种有牛尾清汤、各式奶油汤、海鲜汤、美式蛤蜊汤、意式蔬菜汤、俄式罗宋汤、法式焗葱头汤等。冷汤的品种较少，有德式冷汤、俄式冷汤等。

喝汤的勺子通常是放在餐盘右手边最大最深的那个勺子，而西餐的汤大多是放于"汤盘"（较浅又带有宽边的碗，如图11-21）上的。

图 11-21　汤盘

喝汤时，需要注意使用勺子的礼仪：

喝汤时要用勺子往12点钟方向从内向外舀一勺子，在碟边轻刮掉勺底多余的汤，然后再将勺子带到嘴边，从勺子侧边边缘喝掉，不要从勺尖的位置喝。

图 11-22　喝汤时勺子的舀向

不要将汤盘捧起来喝。

快到底的时候，可以稍微向外倾斜汤盘，方便将最后的汤舀到勺子里，喝完汤之后，汤勺应该要留在汤盘里，凹面向上，手柄指向 4 点钟方向。

如果汤是盛在汤碗（较深的并没有宽边的碗沿，如图 11-23）上的话，通常底下还会配一个碗托碟子，这种情况下在中途停下或者喝完汤之后，都应将勺子（凹面向上）放在碗下的托碟之上，因为直接放在碗上的话容易被打翻。

图 11-23　汤碗

2. 正式西餐第二道菜：海鲜类

海鲜类包括各种海水鱼类、贝类及软体动物类。因为鱼类等菜肴的肉质鲜嫩，比较容易消化，所以放在肉类菜肴的前面，叫法上也和肉类菜肴主菜有区别。

图 11-24　小鱿鱼、海虹配大蒜酱和墨鱼汁

3. 正式西餐第三道菜：清口类

西餐清口类的菜，主要是在海鲜与肉菜之间的菜品，作用是清除海鲜类菜较重的腥味，为吃油腻的主菜肉菜做准备。

图 11-25　清口类菜

4. 正式西餐第四道菜：肉类

肉类菜肴是西餐的第四道菜，也称为主菜。肉类菜肴的原料取自牛、羊、猪等，其中最有代表性的是牛肉或牛排。牛排按其获取部位分为沙朗牛排（也称西冷牛排）、菲力牛排、"T"骨形牛排、薄牛排等，烹调方法常用烤、煎、铁扒等。肉类菜肴配用的调味汁主要有黑胡椒汁、西班牙汁、浓烧汁、蘑菇汁、班尼斯汁等。

图 11-26　牛排

5. 正式西餐第五道菜：蔬菜类

蔬菜类菜肴在西餐中称为沙拉，一般安排在肉类菜肴之后，也可以和肉类菜肴同时上桌，因此可以算为一道菜，或称为一种配菜。和主菜同时上桌的沙拉，称为生蔬菜沙拉，一般用生菜、西红柿、黄瓜、芦笋等制作。沙拉的主要调味汁有醋油汁、法国汁、千岛汁、奶酪沙拉汁等。

图 11-27　蔬菜沙拉

6. 正式西餐第六道菜：甜品

甜品是在主菜后食用的，是西餐的第六道菜。从真正意义上讲，它包括所有主菜后上桌的食物，如布丁、煎饼、冰淇淋、奶酪、水果等。

图 11-28　加泰罗尼亚式甜奶油吐司

7. 正式西餐第七道菜：咖啡、茶

西餐的"最后好戏"是热饮，即咖啡或茶。它们主要是帮助消化。最正规的热饮，是红茶或什么都不加的黑咖啡。二者只能选择其一，不能同时享用。热饮可以在餐桌上喝，也可以换一个地方，到客厅或休息厅里喝。

图 11-29　咖啡

西餐的正餐，尤其是在正式场合所享用的 Dinner，其菜序既复杂多样，又有很多讲究。在大多数情况下，一顿内容完整的 Dinner，一般要吃上一两个小时，甚至更长时间。你做好优雅、温婉、耐心地吃一顿 Dinner 的准备了吗？

（六）西方人到底有哪六样食品不能入口

在多年的职业生涯中，我接待过无数的外国友人，最初只是听说西方人在吃饭上有很多禁忌，但接触了一些外国友人之后，逐渐明确地知道大部分西方人有六样东西不吃，称为"西人六不食"。随着中国国门的逐渐开放，中国经济的不断繁荣，更多的外国友人走进中国，也入乡随俗地抛开了他们西方人关于"西人六不食"的底线，在中国开心快乐地享受中国美味了。但是关注和了解外国友人的饮食文化禁忌，了解各国的风俗、社会习惯，是作为一个走向国际化的商务人士的必修课。

接下来，让我们共同探讨一下关于"西人六不食"的具体内容。

"西人六不食"之一：不吃动物内脏

因为嫌不干净和出于自身信仰，所以西方人不接触肺、肚、肠等动物内脏，但有一个例外就是吃自己做的法式鹅肝。

"西人六不食"之二：不吃动物头和脚

嫌不干净和清洗麻烦，另外夸张地认为鱼眼睛瞪着、鸡嘴张着是破坏食欲的现象，这都是他们不吃动物头和脚的原因。

"西人六不食"之三：不吃淡水鱼

西方人认为淡水鱼土腥味重、刺多，另外又缘于吃进嘴里的东西不能随便吐出来的规矩，他们会回避吃淡水鱼。海鲜方面他们会选择肉厚刺少的海鱼。

"西人六不食"之四：不吃无鳞无鳍的鱼

西方人比较排斥蛇及鳝、鳅、鲶等无鳞无鳍的鱼，他们会认为这些都是旁门左道，上不了正席。

"西人六不食"之五：不吃宠物

猫和狗，在他们看来，都是人类的一员，都是朋友，所以不能吃。

"西人六不食"之六：不吃珍稀野生动物

对于西方人来说，他们的环保意识与珍稀动物保护观念非常强，所以对于烹饪珍稀的野生动物他们会说"不"。其实我更希望更多中国人也能有这样的意识，毕竟"没有买卖就没有杀戮"，为了我们的地球，请珍惜我们的朋友与伙伴。

综上所述，凡是西方人认为不卫生、吃了可能会生病的东西，难以清理的东西，还有一些在感情上有障碍的东西，都是西方人的饮食禁忌。了解了这些后，我们就可以胸有成竹地、愉快顺利地安排好每一顿涉外宴请。

（七）西餐与餐酒的爱慕关系

前面我们分享了正式西餐 Dinner 的七道菜和每一道菜的特点，而正式西餐除了环境、菜品比较讲究外，与每道菜相搭配的餐酒也是非常讲究的。西方人在长期的饮食实践中总结出了一套搭配的规律：即口味清淡的菜式与香味淡雅、色泽较浅的酒品相配；深色的肉类菜肴与香味浓郁的酒品相配；餐前选用旨在开胃的各式酒品；餐后选用各式甜酒以助消化。所谓美人伴英雄，佳肴配美酒。

接下来，就让我们分别认识一下这些与佳肴互为爱慕关系、与完美佳肴相配的美酒吧。

1. 西餐佳肴与酒的搭配

（1）汤配开胃酒

在正式享用西餐佳肴之前或者第一道菜"汤"上来之后，很多西方客人喜爱饮用一杯烈口的、味道稍苦的、具有开胃功能的酒品。与汤类相配的酒有西班牙生产的雪利葡萄酒（Sheery）或者法国波尔多产区的 22° 酒精强化型葡萄酒波特酒（Port），这些都是最佳选择。

图 11-30　餐前开胃酒

（2）海鲜配白葡萄酒

因为白葡萄酒中的酸可以解腥味，增加口感的清爽，所以海鲜一般配半干型口味的白葡萄酒。如德国的莱茵（Rhin）白葡萄酒，法国的波尔多（Bordeaux）白葡萄酒，美国的加州（California）白葡萄酒，中国的张裕、王朝白葡萄酒等。

图 11-31　海鲜配白葡萄酒

（3）肉类配红葡萄酒

一般来说干红葡萄酒味道较浓郁、涩度高，适合调味较重的红肉（如猪、牛、羊肉）。

干红葡萄酒中的单宁（Tannin）与红肉中的蛋白质结合可使单宁柔顺，使肉质更加细嫩。红肉最适合选用法国浓味干型波尔多红葡萄酒、法国博若莱新鲜红葡萄酒（Beaujolais）。

图 11-32　牛排配红葡萄酒

（4）甜点配气泡酒

气泡酒不仅能帮助你消化，更能使你充分享受餐后的愉悦气氛。在此环节，大部分朋友喜欢选择法国的香槟酒等。

图 11-33　各种甜品搭配气泡酒

2. 各种酒与特定酒杯的搭配

西餐中除了佳肴与美酒的爱慕关系之外，还有一种更加缠绵悱恻的爱慕关系，那就是每一款酒都有与之相配的特定酒杯。不同的酒杯，大小不同、形状不同、手柄长短不同、持杯的方法也不相同。同一瓶酒用不同的杯子来盲品，可能会令人以为是完全不同的酒。你是否已懂得如何为自己的葡萄酒选杯子呢？

20 世纪 60 年代以来，人们还没考虑过酒杯对葡萄酒的影响，最好的酒杯便是最漂亮、最昂贵的那一只。直到后来，奥地利 Riedel 酒杯家族第九代传人 Claus J.Riedel，花了 16 年的时间研究葡萄酒传达到嘴内与舌头味蕾的物理反应，并以不同产区、品种及年份的葡萄酒做试验，令酒杯摆脱了注重华丽雕饰的古典美学，而趋于简约和功能化。也就是说，现在的酒杯能让葡萄酒得到更好的表现和鉴赏。

葡萄酒杯一般为郁金香造型，腹大口小，这样便能留住酒的香气，让酒的香气聚集于杯子上面。足够的大腹可以让酒液在杯子里转动，和空气充分结合，杯脚要足够高，让手能握住，避免让手碰到杯腹而影响酒温。红葡萄酒杯更是细分为圆肚郁金香型杯、盛开郁金香型杯和含苞待放郁金香型杯。因为酒杯形状有微妙变化，所以酒入口后第一时间接触舌头的位置会产生变化，而口味也就随之有了小小的不同。酒杯的形状为什么能对味觉有这么大的影响？这跟舌头的味觉分布有关。舌头的不同部位，对味道的感觉是不同的。舌尖对甜味最敏感，舌头内侧、外侧对酸味和咸味最敏感，舌后则对苦味最敏感。所以当酒液流进口里时，它接触舌头面积的大小和位置都能影响你的味觉。

酒面呈鸡蛋形入口，酒先接触舌后部，适合饮用酸度弱、果味浓的酒。

图 11-34 圆肚郁金香型杯

酒面呈水滴状入口，酒先接触舌尖，适合饮用酸度高、果味重的酒。

图 11-35 盛开郁金香型杯

酒面入口为变形的圆，酒先接触舌尖中部，适合饮用自身酸甜协调、酸度适中的酒。

图 11-36 含苞待放郁金香型杯

（八）白葡萄酒到底是不是白葡萄酿的？

1. 了解葡萄酒家族

白葡萄酒到底是怎么酿出来的？很多人的回答是"白葡萄酒是葡萄去皮酿的"，有一小部分人会回答"白葡萄酒是白葡萄酿的"。其实，这两个答案都是正确的。

葡萄分三个品种。第一个品种是红皮红瓤的葡萄。这个品种的葡萄不去皮、不去籽酿红葡萄酒。第二个品种是红皮白瓤。这个品种的葡萄不去皮、不去籽酿红葡萄酒；去皮、去籽酿白葡萄酒。第三个品种是白皮白瓤的葡萄。这个品种的葡萄不去皮、不去籽酿白葡萄酒。

另外，关于白葡萄酒还有一个不成文的规矩，就是去皮的葡萄酿制的白葡萄酒比不去皮的葡萄酿制的白葡萄酒要贵"。这听起来像是一句绕口令，但说明去皮的葡萄酿的酒因为多了一道工序，所以市场价会贵一些。

另外，从葡萄发酵的角度来说，"白葡萄酒是葡萄去皮酿的"描述同样正确。酿造白葡萄酒时，白葡萄是先带皮榨汁再过滤皮后发酵，葡萄皮并没有一起发酵，因为白葡萄连皮发酵的话会产生青草味和烂白菜味。因为去皮发酵，所以白葡萄酒是基本不含单宁的，白葡萄酒口感上也就无涩味。

白葡萄酒家族进入中国比红葡萄酒家族晚，再加上大家都觉得白葡萄酒的色泽甚至口感都很像香槟酒，所以最初都没有关注到它。随着近年来中国人逐渐增加对葡萄酒的热爱，除了更多的认知、品饮和收藏红葡萄酒之外，也爱屋及乌地开始接受并喜爱白葡萄酒了。

葡萄酒其实是一个庞大家族。因为葡萄酒有颜色之分、酒精发酵过程有一次和两次之分、糖分转化有彻底和不彻底之分、发酵过程有自然结束或干预终止之分，所以葡萄酒又被细化为静止型葡萄酒、酒精强化型葡萄酒和气泡葡萄酒。而平时我们最熟知的白葡萄酒、红葡萄酒及玫瑰红葡萄酒都属于静止型葡萄酒。对于静止型葡萄酒，专业的定义是对葡萄汁进行一次酒精发酵，且葡萄酒中的酒精来自葡萄汁中的糖分。白葡萄酒的酿造方法是使用白葡萄或只将红葡萄的汁液发酵，且培养期通常在一年内，口味清爽、单宁低、有水果香。红葡萄酒的酿造方法是将红葡萄的果皮、果肉、种子和汁液一起发酵，且培养期通常在一年以上，口味浓郁、单宁带涩味、不甜。而玫瑰红葡萄酒，一般是用去皮后的红葡萄酿制，以缩短红葡萄浸皮时间而得。

2. 葡萄酒对身体的益处

适当喝点葡萄酒对身体有很大益处。葡萄酒中含有的酒精和单宁，本身就有抑制细菌生长的作用。它所含的维生素 C、维生素 E、胡萝卜素都具有抗氧化功能，可以有效防止人体机能老化、白内障、免疫障碍、动脉粥状硬化、心血管和脑血管病变及癌症。特别是红葡萄酒中由葡萄皮和籽释放出来的酚类物质，如单宁、红色素、黄烷醇类物质是比维生素 E 还强的抗氧化剂，不仅能降低糖尿病的发生概率，而且对高血压、脑中风、心肌梗死、癌症、关节炎等疾病的患者也有一定益处。

对脑部的益处：适量饮用葡萄酒能帮助预防脑部老化的疾病，如老年痴呆症，并能有效降低中风的风险。

对眼睛的益处：很多研究都指出喝葡萄酒能降低眼睛黄斑退化而导致中央视野逐渐丧失的病变。

对心脏的益处：适量饮酒能有效降低心脏病和缺血性心衰竭风险，饮用红葡萄酒更能预防心脏病发作。

对乳房的益处：实验室研究发现葡萄皮内的多酚类（Polyphenols）可以有效杀死乳癌细胞。

对肺脏的益处：葡萄酒中丰富的白藜芦醇（Resveratrol）能有效降低炎症和慢性肺部疾病的发生率。

对胃部的益处：饮用葡萄酒可降低胃溃疡的风险，并能有效杀死幽门螺旋杆菌。

对卵巢和子宫的益处：研究显示饮用葡萄酒的女性得卵巢癌和子宫癌的几率较低。

对血液循环系统的益处：葡萄酒能让血管保持健康，降低脑部和腿部动脉硬化的风险。

对皮肤的益处：葡萄皮里的某些成分能预防晒伤、皮肤癌和减少疤痕组织。

我们可以把葡萄酒当保健品、药酒来饮用。尤其是职场男士和女士，建议每天晚上9:00前饮用50毫升的葡萄酒来有效预防在我国发病率高、患者逐年年轻化的脑血栓和脑溢血。当然建议毕竟是建议，因个人体质的差异，不能饮酒或者对酒精过敏的人不建议使用这种方法。

（九）如何品鉴葡萄酒

终于走到品酒的细节部分。对于品鉴葡萄酒，很多朋友会比较陌生，对于参与商务宴请时被主人突然点名品酒的这一举动会吓得不知所措，直接的反应是："不好意思，我不会品酒。"此话说出来，这名客人的品位在主人心中被大打折扣。那么如果再遇到这样的情形怎么办？没别的办法，赶紧恶补品鉴葡萄酒的知识吧。

1. 品鉴葡萄酒第一步：看

如果说葡萄酒液是血肉，味道是灵魂，那么葡萄酒瓶就是葡萄酒的躯体，而在这个躯体上真真切切记录了丰富的信息，透露了专业的秘密，显露了深厚的文化。接下来让我们了解与酒瓶相关的五大概念。

（1）与酒瓶相关的第一大概念：瓶帽

瓶帽是罩在瓶口与瓶颈处的保护罩。其作用不是密封，而是防灰、防尘、防菌。有的瓶帽上会标上酒商的商号、产地或年份。瓶帽通常由金属材料、塑料做成，或有少量蜡封。

图 11-37　葡萄酒的"瓶帽"

（2）与酒瓶相关的第二大概念：软木塞

软木塞是葡萄酒封瓶之物，其关系到葡萄酒被存放的时间和质量。软木塞干燥开裂或软木塞发霉说明酒已坏或无法再保存。软木塞的标准长度为 40～50 毫米（葡萄酒越好，软木塞越长）。制作软木塞的材料一般为橡木皮整体切割的碎小软木或塑料。

图 11-38　葡萄酒的"软木塞"

（3）与酒瓶相关的第三大概念：缺量

"缺量"在葡萄酒瓶中有的时候也被称为填充量，指"竖立的葡萄酒瓶中，葡萄酒的上表面到瓶塞的下表面之间的空间容量"。酒厂在装瓶的时候都会给品种留有 0.2 ~ 0.4 英寸（5 ~ 10 毫米）的缺量。合理的缺量，可避免环境温度变化给软木塞造成过大的向外压力，导致酒瓶的密封性降低。缺量是酒保存环境好坏的重要衡量标准。

由于橡木塞的通透性，少量氧气得以进入瓶中，促进酒液的成熟，因此在储藏的过程中会有因为蒸发等原因而损耗葡萄酒的现象，除非葡萄酒被打开喝掉、重新装满，否则缺量会随着葡萄酒的储存越来越大。如果葡萄酒是卧放的，那么塞子也会吸收部分葡萄酒，长塞子比短塞子吸收的更多。

图 11-39　葡萄酒瓶的"缺量"

（4）与酒瓶相关的第四大概念：瓶底

瓶底的凹凸可将瓶中酒渣沉淀，越需要长时间存放的酒，瓶底凹凸越深。民间俗话说"瓶底洞越深，酒越陈年越好"。

图 11-40　葡萄酒瓶的"瓶底"

（5）与酒瓶相关的第五大概念：酒标

酒标是酒的一张脸，酒标内容包括产酒国、传统产酒区的分级体制、新兴产酒区的葡萄品种、产地和产区、酒厂名、年份、葡萄酒类型、容量及酒精含量等。

《视野》（2009 年第 15 期）上的一篇文章《酒瓶上的表情》中说道："酒标也有气质。酒标虽多，但人以群分，标以类聚。笼统地说，从气质上看，同葡萄酒一样，酒标也分属新世界、旧世界两大阵营。传统世界的酒标，图案含蓄平和，文字中规中矩、严谨复杂，全是历史传承。法国 AOC、意大利 DOC、西班牙 DO，俨然自成世界；新世界酒标，简洁随意、通俗易懂，抑或标新立异。

说到这里，你对葡萄酒瓶有一个简单的了解了吧。这其中与葡萄酒原始质量最相关的是酒标信息。而葡萄酒后期的质量与保存、窖藏有密切关系，最能侦测出问题的是小小的软木塞和瓶口缺量。请在品鉴葡萄酒时认真观察以上细节，以保证得到一瓶高质量的葡萄酒。

2. 品鉴葡萄酒第二步：闻

我们普通人与专业闻酒师所闻的内容不同、闻的级别不同、闻出的门道不同，当然闻酒的姿势也应该不同。

首先说说我们普通人闻酒。我问过很多刚闻完酒的朋友，我问他们都闻到什么了，大部分朋友很认真地告诉我闻到了酒的果香味。我又接着问他们闻到什么果香时，大部分朋友的回答是葡萄香，只有少部分朋友说除了葡萄香，还有些许木瓜香和哈密瓜香。说实话，能够闻出葡萄酒除了本的葡萄香外，还有木瓜香和哈密瓜香的朋友，已经算是鼻子很灵敏的闻酒发烧友了，但是与专业的闻酒师一比，都还处在闻酒婴儿时期。

其实，葡萄酒香味的复杂和丰富超乎我们普通人的想象，一瓶好的葡萄酒可能会有超过 600 种甚至 1000 种以上的香味。而专业的闻酒师之所以专业，就是因为他灵敏的鼻子能够闻出比普通人多得多的味道。

瑞丽女性网的《闻香识美酒，春天"喝花酒"》中说："一位专业闻酒师将葡萄酒'一生'中千变万化的香味总结为三种：一是初味，也就是葡萄本身的香气，即由不同葡萄品种的特征，以及产地土壤、气候影响形成的香气；二是酿酒时葡萄经发酵产生的气味；三是陈年的香味。就拿一瓶白葡萄酒来说吧，大部分白葡萄酒在'年轻'的时候，呈现出浓郁的花香和古香，宛若朝气蓬勃的青春少女；而一些优质耐久存的白葡萄酒在经过数年贮藏后，它的花香和果香会减少许多，酒体则变化出胡桃、杏仁等干果香，仿佛浑身散发着成熟女人香的美少女；而那些更'老'的白葡萄酒则常带有肉桂、肉豆蔻的香料味，让人感觉持重而风韵犹存。难怪有人说，闻香识美酒——如闻香识美女。"

当我们普通人的鼻子还停留在闻葡萄酒的酒香味道之时，一个专业闻酒师，却已经闻出了葡萄酒错综复杂的味道。

闻酒师闻得最多的八大味道：

花香：这是"年轻"的葡萄酒中常有的香味。

水果香：葡萄酒的果香通常使人忆起的不是新鲜的葡萄，而是如果酱般的"甜味"。

干果味：陈酿葡萄酒中常有的香味。橡木桶中酿制的葡萄酒有英果和桂皮的气味。

香料香味：来自橡木桶的香味，大部分则属于葡萄酒成熟后发出来的香味。

蔬菜和植物气味：用未完全成熟的葡萄酿制的红葡萄酒中有生的和煮熟的蔬菜气味，新酿的赤霞珠葡萄酒有辣椒气味，上等的白葡萄酒中有青草味，劣质的葡萄酒散发出类似葱、大蒜的气味。

动物性香：耐久存的红酒经长年的瓶中培养之后，浓郁腥烈的动物性香味会开始出现。一些优质的成年红葡萄酒中有酸奶和新鲜奶酪的气味，劣质酒中会有老鼠和生肉的气味。

熏烤烘焙香：此类香味和橡木桶在制造时熏烤程度有所关联。通常很好闻，有面包店烤面包的香味。

其他类酒香：如焦糖、蜂蜜等香味。

看完了这些内容，你是不是要深深地吸一口气说："这也太专业了吧！"是啊，术业有专攻，专业的就是专业。所以，我们只能不去与专业的对决，就站在我们普通百姓的角度去老老实实地闻酒的果香吧。

3. 品鉴葡萄酒第三步：尝

品鉴葡萄酒的第三大步骤是"尝"。在西餐礼仪的课堂上，我经常看到学员品酒就像喝水一样，飞快地倒入嘴里，又很快地咽下。当我问道："品出什么味道了吗？"学员就会很尴尬地说："没品，不知道。"是呀，那么快酒已经进入胃里了，根本没有留下品的时间和过程，怎能尝出是什么味道呢？所以确切地说，尝酒、品酒不是喝水，喝水只为解渴，而尝酒、品酒是需要真真切切地去感受和尝出酒的味道的。因此尝酒最需要注意的就是：将酒呷入口中时，不要急着吞下去，而要将酒在口中含一会儿，轻吸一口气，让酒香扩散到口腔的各个部位，让整个舌头上下前后左右及整个口腔上颚、下颚充分与酒液接触，去感觉葡萄酒的酸甜、苦涩、浓淡、厚薄、均衡协调与否，再吞下以体会它的余韵。

优质的葡萄酒入口会感到细腻丝滑。有人形象地把这种味道形容成"天鹅绒般的丝滑"。将酒液啜入一小口放于口腔前部，让舌头相关部分把酒液温热，使各种香味缓缓溢出，渐入佳境。通常会感到下列味道相互糅合。

（1）葡萄酒的甜味

葡萄酒中的甜味物质有两大类：一类是糖，另一类是包括酒精在内的醇类和甘油等。大部分红葡萄酒和某些白葡萄酒属于干性酒，也就是没有甜味。若舌尖明显感触到糖分，则该酒便属于微甜至十分甜的葡萄酒。

（2）葡萄酒的酸味

葡萄酒中的酸味可于舌头两侧和下颚部位感觉到。葡萄酒中的酸是由一系列的有机酸引起的，大多数以游离状态存在，从而构成葡萄酒的总酸。"酸"是葡萄酒的灵魂，喝缺少酸味的葡萄酒会感到"没劲儿"。

（3）葡萄酒的涩味

红葡萄酒喝到口中有一种微微的涩感，这是因为葡萄的皮和籽皆含有单宁。单宁会让口水和口腔黏膜失去润滑的效果，产生涩味。单宁主要来自葡萄皮。红葡萄酒单宁含量最高，白葡萄酒最低。涩味为红葡萄酒的骨架，是构成红葡萄酒口感结构的主要元素。

（4）葡萄酒的酒精度

红葡萄酒、白葡萄酒的酒精度大都在 8%～15%，酒精强化型葡萄酒会达到 22% 左右。一般来说，如果葡萄的含糖量高，转化出的酒精度就相应的高；而含糖量低，则转化出的酒精度就低。酒精度过高或过低，都会影响葡萄酒的口味。过高会掩盖葡萄酒的天然芳香，过低则导致葡萄酒口味不足。当酒液流进喉咙时，会弥漫一股暖气。酒精越多，温暖感越强。酒精成分高，对口腔的刺激力度亦较大。

（5）葡萄酒的余味

将葡萄酒含在口中所获得的感觉是在变化的。而当我们将葡萄酒咽下后，口腔中的感觉并不会立即消失，因为在口腔、咽部、鼻腔中还充斥着葡萄酒的余味。余味存在的时间长短和舒适度因葡萄酒的不同而变化。实质上，葡萄酒的余味取决于葡萄酒的质量。质量一般的酒余味很短或者根本没有余味；质量中等的酒的余味，可以持续几分钟，使你体会到葡萄酒的味道；而高质量的葡萄酒余味绵长，你可以感觉到千变万化的味道。正是这种感官体验使得品尝葡萄酒令人着迷。

➤ **知行合一**

1.假如今天你做东，要邀请好几位商务合作伙伴吃中餐，以感谢一年来他们对你工作上的支持。请谈谈你需要注意哪些中餐餐饮礼仪。

2.今天，你和一位异性共进西餐，请你谈谈西餐餐厅礼仪，包括进餐厅之前的准备、西餐餐具的使用、西餐佳肴的吃法、饮酒礼仪等方面的内容。

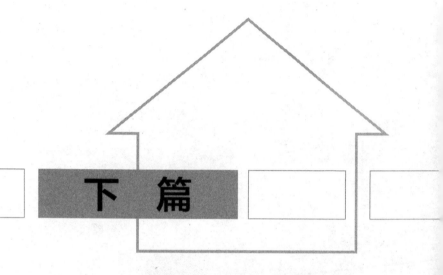

下 篇

保险职业能力

第十二章
提高时间的使用质量

一、提高时间的使用质量——要事第一

现在请准备好纸和笔，用几分钟的时间简要回答下面两个问题，你的回答对学习我们即将深入探讨的时间管理来说十分重要。

在你目前的生活中，有哪些事情能够彻底使你的个人生活得到改观，但是你一直没有去做？

在你目前的生活中，有哪些事情能够彻底使你的工作局面得到改观，但是你一直没有去做？

我们稍后再来讨论这两个问题。现在，我们先来探讨一下本章的具体内容。

提高时间的使用质量可以让人受益匪浅，是积极主动和以终为始习惯的具体实践。

积极主动的习惯告诉你："你是创造者，你掌控自己的人生。"这个意识的基础是人类特有的四大天赋，既想象力、良知、独立意志，以及最为重要的自我意识。这个习惯让你能够大声宣布："虽然那是我从小见惯了的事情，整个社会也都是这个样子，但是那根本就行不通，我不喜欢这种没有任何实际效果的解决方法，我能够改变它。"

以终为始的习惯是关于第一次的创造或者智力上的创造的习惯，其原则基础是想象力和良知这两大天赋。想象力是一种超前感知的能力，是对目前无法亲眼看到的潜力和创造力的认识，而良知则是发觉每个人身上独有特性的能力。良知，在伦理道德方面担当对个体进行指导的责任。以终为始的习惯同我们的基本思维定式和对自己的最高期望值、价值观密切相关。

而这一章我们要探讨的是如何提高时间的使用质量，即如何养成"要事第一"的习惯。"要事第一"的习惯是关于第二次的创造或者体力上的创造的习惯，是对"积极主动""以终为始"这两个习惯的养成、执行和自然流露。它要求我们运用独立意志努力实现一个目标——以原则为基础安排人生。

对养成"要事第一"的习惯来说，"积极主动""以终为始"这两个习惯是不可或缺的前提条件。但是仅仅有基础还远远不够，你还必须时刻都实施有效的自我管理，将"要事第一"的习惯付诸实践。

要牢记管理与领导迥然不同。从本质上说，领导是一种高效率的右脑型活动，常被人们称为一门艺术，其基础是一种哲学理念。如果你需要解决一些个人领导方面的问题，通常都要先自问一些人生最本质的问题。

一旦确定了人生方向，你就应该对自己进行有效的管理，让生活与设想一致。相对于自我领导来说，有效的自我管理所涉及的大都是左脑所擅长的能力：分解、分析、排序、具体运用及在规定时间内完成任务等。关于提高个人效能的方法，我总结出一句话：左脑进行管理，右脑进行领导。

二、独立意志：有效管理的先决条件

除了自我意识、想象力和良知之外，要想真正实现成功的自我管理，就必须发挥人类的第四大天赋——独立意志。独立意志指的是做出决定和主动选择，并根据这些决定和选择采取具体行动的能力。有了独立意志，我们就可以主动作为，而不是被动听命，而且在发挥其他三大天赋拟定出计划之后，就能够积极实施这些计划。

人的意志十分神奇，总能战胜命运，这已被事实一再证明。在这个世界上，有无数人像海伦·凯勒一样战胜了命运，身体力行地证明了独立意志所具有的价值和潜力。

海伦·凯勒的故事

海伦·凯勒是美国著名作家和教育家。1882 年，在她一岁多的时候，因为发高烧，脑部受到伤害，从此以后，她的眼睛看不到，耳朵听不到，后来，连话也说不出来了。她在黑暗中摸索着长大。7 岁那一年，家里为她请了一位家庭教师，也就是影响海伦一生的苏利文老师。苏利文在小时候眼睛也差点失明，了解失去光明的痛苦。在她辛苦的指导下，海伦用手触摸学会手语，摸点字卡学会了读书，后来用手摸别人的嘴唇，终于学会说话了。

苏利文老师为了让海伦接近大自然，让她在草地上打滚，在田野中跑跑跳跳，在地里埋下种子，爬到树上吃饭，还带她去摸一摸刚出生的小猪，到河边去玩水。海伦在老师爱的关怀下，竟然克服失明与失聪的障碍，完成了大学学业。

1936 年，和她朝夕相处将近 50 年的老师离开人间，海伦非常伤心。海伦知道，如果没有老师的爱，就没有今天的她。她决心要把老师给她的爱发扬光大。于是，海伦跑遍美国大大小小的城市，周游世界，为残障人士到处奔走，全心全力为那些不幸的人服务。最终海伦以优异的成绩毕业于哈佛大学拉德克利夫女子学院，成为了一位学识渊博，掌握英语、法语、德语、拉丁语、希腊语 5 种语言的著名作家和教育家。

她走遍世界各地，为盲人募集资金，把自己的一生献给了盲人福利和教育事业。她获得了世界各国人民的赞扬，并得到许多国家政府的嘉奖。

　　但是如果将独立意志这种天赋放在有效自我管理这个大环境中来看，我们就会知道，这种天赋通常并不能产生戏剧性的即时效果，并非一朝成功就可享用一世，更不能单纯依靠自己的力量取得永久性的成功。我们要做的，就是平常做出每一个决定的时候合理地运用独立意志。

　　在日常生活中，个人品行是否端正通常能够衡量一个人是否拥有独立意志。诚信的人格是个人价值的体现，具体表现为信守承诺、言行一致。这是对自己的尊重，是品德的重要组成部分，也是成长的核心内容。

　　有效的管理指的就是要事第一，先做最重要的事情。领导者首先要决定的，就是哪些事情是重要的；而作为管理者，就是要将这些重要的事务优先安排。从这个意义上说，自我管理的实质就是自律和有条理，是对计划的实施。

　　换言之，如果你能够成为高效率的自我管理者，那么你的自律就是由内而外形成的，是独立意志的具体表现。你所信奉与追随的就是内在的价值观及在此基础上形成的人生要旨。有了独立意志和诚信人格，你就可以控制自己的感情及情绪，服从这些价值观的约束。

　　《成功的普遍共性》一文的作者格雷（E.M.Gray）一直致力于研究所有成功人士身上普遍存在的共性。他发现成功的决定因素并非辛勤的工作、不凡的运气和良好的人际关系，虽然这些因素对于一个人的成功有举足轻重的影响，但是都比不上另外一个更加重要的因素，那就是"要事第一"的习惯。格雷说："成功者能为失败者所不能为，纵使并非心甘情愿，但为了理想与目标，仍可以凭毅力克服心理障碍。"

　　克服心理障碍首先要有明确的目标和使命，要有明确的人生方向和价值观，内心要有燃烧的激情，让自己对所有其他不相关的事情大声说"不"。克服心理障碍还需要有独立意志，愿意为自己所不愿为之事，能够做到在特定时刻始终坚持自己的既定价值观，不屈服于一时的冲动与欲望。这种能力会让你成为一个诚信的人，让你忠于自己积极的第一次的创造。

三、四代时间管理理论的演进

　　关于人生管理与时间管理的问题，最关键的是如何分辨轻重缓急与培养组织能力，这是时间管理的精髓。

　　有关时间管理的研究已有相当历史。犹如人类社会从农业革命演进到工业革命，再到资讯革命，时间管理理论也可以分为四代。

　　第一代理论着重利用便条与备忘录，在忙碌中调配时间与精力。

　　第二代理论强调行事日历与日程表，反映出时间管理已注意到规划未来的重要性。

　　第三代是目前正流行、讲求优先顺序的观念，也就是依据轻重缓急设定短、中、长期目标，再逐日订立实现目标的计划，将有限的时间、精力加以分配，争取最高的效率。

　　第三代时间管理理论有它可取的地方。但也有人发现，过分强调效率，把时间绷得死死的，反而会产生反效果，使人失去增进感情、满足个人需要及享受意外惊喜的机会。

于是许多人放弃这种过于死板拘束的时间管理法，回复到前两代的做法，以维护生活的品质。

现在，又有第四代理论出现。与以往截然不同之处在于，它根本否定"时间管理"这个名词，主张关键不在于时间管理，而在于个人管理。与其着重于时间与事务的安排，不如把重心放在维持产出与产能的平衡上。

四、第四代时间管理理论具体内容

（一）第四代时间管理理论的重点

表 12-1 可以详细阐释第四代时间管理理论的重点。

表 12-1　时间管理矩阵

	紧急	不紧急
重要	I 危机 迫切问题 在限定时间内必须完成的任务	II 预防性措施、培育产能的活动 建立关系 明确新的发展机会 制定计划和休闲
不重要	III 某些访客、某些电话 某些信件、某些报告 某些会议 迫切需要解决的事务 公共活动	IV 琐碎忙碌的工作 某些信件 某些电话 消磨时间的活动 令人愉快的活动

这张表告诉我们，紧急意味着必须立即处理，比如电话铃响了，尽管你正忙得焦头烂额，也不得不放下手边工作去接听。一般来说接电话总要优先于私人工作。

你不会让电话那头的人苦等，但却会让办公室里的人干坐着等到你打完一通长长的电话。

紧急之事通常都显而易见，推托不得；也可能较讨好、有趣，却不一定很重要。

重要性与目标有关，凡有价值、有利于实现个人目标的就是要事。一般人往往对燃眉之急立即反应，对当务之急却不尽然，所以更需要自制力与主动精神，急所当急。

从本质上看，我们对时间的使用方式不外乎以下四种。

1. 偏重第一类事务

在时间管理矩阵中，第一类事务既紧急又重要，需要立即处理，通常被称为"危机"或"问题"。有人觉得，这类事物会消耗大部分的时间和精力，他们整天都在处理危机，满脑子都是问题，忙于应付各种紧迫任务（见图 12-1）。

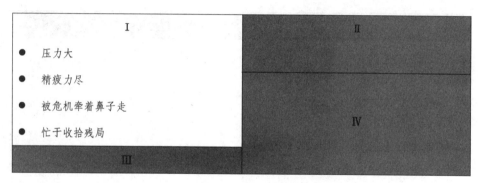

图 12-1　偏重第一类事务

　　如果你过分注重第一类事务，那么它们的范围就会变得越来越大，最终占据你全部的时间和精力。这就像是冲浪一样，来了一个大问题，把你从冲浪板上打到水里，你好不容易爬上去，但是下一个问题又来了，于是你又重重地摔了下来。

　　有些人每天都在应付各种各样的问题，疲于奔命，因此只能借助第四类既不重要也不紧急的事务来逃避现实，稍微放松一下。在这些人的时间管理矩阵中，他们把90%的时间花在第一类事务上，而余下的10%中的大部分则用在第四类事务上，用在第二类和第三类事务上的时间则少之又少，几乎可以忽略不计。这就是大部分时间精力都用于处理危机的人所过的生活。

2. 偏重第三类事务

　　还有一些人将大部分时间花在紧急但并不重要的第三类事务上，却自以为在致力于第一类事务。他们整天忙于应付自认为十分重要的紧急事件，殊不知紧急之事只是别人的要事，对别人重要，对自己就不一定了（见图 12-2）。

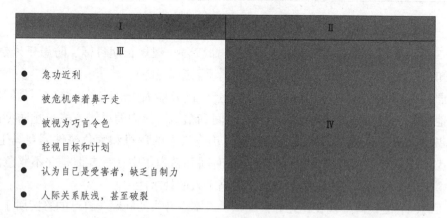

图 12-2　偏重第三类事务

3. 偏重第三、第四类事务

　　有些人几乎将所有的时间都用在第三和第四类事务上，可以说他们过的是一种不负责任的生活（见图 12-3）。

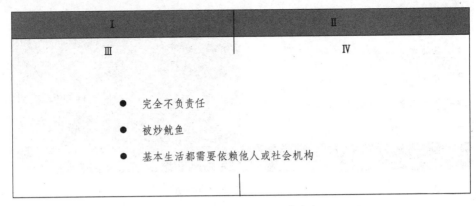

图 12-3　偏重第三、四类事务

4. 偏重第二类事务

高效能人士总是避免陷入第三和第四类事物，因为不论是否紧急，这些事情都是不重要的。他们还通过花费更多时间在第二类事务上来减少第一类事务的数量（见图12-4）。

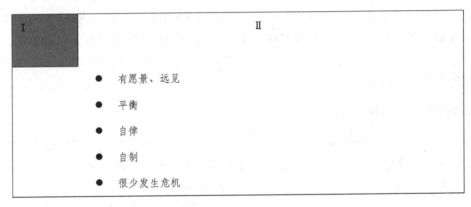

图 12-4　偏重第二类事务

第二类事务包括建立人际关系、撰写使命宣言、规划长期目标、防患于未然等等。人人都知道这些很重要，却因尚未迫在眉睫，反而避重就轻。

按照彼得·德鲁克（Peter Drucker）的观点，高效能人士的脑子里装的不是问题而是机会。他们不会在各种各样的问题上浪费时间和精力，他们的思维方式是预防型的，总是能够做到防患于未然。当然，他们也有真正意义上的危机和紧急事件需要马上处理，但是这类事件的数量相对来说很少。他们将时间和精力集中在重要但是并不紧急的事务上，即第二类事务上，完成这些活动能够提高个人的处事能力。

有了时间管理矩阵，现在花几分钟回顾一下本章开头的问题。自己的答案属于以上哪一类事务？重要且紧急吗？依我推测，答案多半是第二类。因为重要，才会使生活大为改观，却因为不够紧急，所以受到忽略。但是只要我们立即着手进行，效能便会大为增进。

我曾问过一家购物中心的经理人员类似的问题，他们一致认为，与承租购物中心的各商店老板建立良好关系，最有助于业绩进展。这属于第二类事务。

但经过调查发现，他们只有不到 5% 的时间用在这上面。这也难怪，太多的事情使他们分身乏术：开会、写报告、打电话等第一类事务已经使人精疲力竭。纵使难得与各商店老板接洽，也不外乎收账、讨论分摊广告费等令对方不快的事。

至于承租业主则各有一本难念的经，他们希望购物中心的管理人员能帮助解决问题，而不是制造问题。

于是购物中心方面决定改弦更张，在理清经营目标与当务之急后，就以 1/3 的时间，改进与各商店的关系。施行了一年半左右，不但业绩提高 4 倍多，经理人员也成为各商店的倾听者、训练者与顾问，不再是监督者或警察。

——史蒂芬·柯维《高效能人士的七个习惯》

因此，不论大学生、生产线上的工人、家庭主妇，抑或企业负责人，只要能确定自己的第二类事务，而且即知即行，就都可以做到事半功倍。在时间管理领域称之为帕累托原则（Pareto's Principle）——以 20% 的活动取得 80% 的成果。

（二）勇于说"不"

若要专注于要务，就得排除次要事务的牵绊，此时需要有说"不"的勇气。

人各有志，各有优先要务。必要时应该不卑不亢地拒绝别人，在紧急与重要之间知道取舍。

我妻子曾经受邀担任一个社区主席。其实有很多别的重要事务等她完成，但是迫于压力她最终还是接受了邀请。

之后她打电话给一位闺蜜，询问对方是否愿意参加委员会。对方认真听了很久后说："桑德拉，这个计划听起来很不错，确实值得一试，我非常感激你让我参与，但是我现在确实不能参加，我想让你知道我真的非常感谢你邀请我。"

桑德拉本已做好了一切准备，但只欠一个礼貌的拒绝，她告诉我她真希望自己当时也能拒绝。

——史蒂芬·柯维《高效能人士的七个习惯》

我绝不是说你不能参加公共事务，那很重要。但是你要了解当务之急，然后对其他事不卑不亢、有礼貌地说"不"。你这样做是因为内心清楚，要做更紧急的事。"最好"的敌人其实是"不错"。

时刻牢记你要拒绝，有可能是拒绝生活中紧急的事情，甚至是很重要的事。虽然它们还不错，却会阻碍你把其他事情做到最好。

我在一所规模很大的大学任师生关系部主任时，曾聘用一位极有才华又独立自主的撰稿员。有一天有件急事想拜托他。

他说："你要我做什么都可以，不过请先了解目前的状况。"

他指着墙壁上的工作计划表，表上显示超过20个计划正在进行，这都是我俩早已谈妥的。

然后他说："这件急事至少占去三天时间，你希望我放下或取消哪个计划来空出时间？"

他的工作效率一流，这也是为什么一有急事我就会找上他。但我无法要求他放下手边的工作，因为比较起来，正在进行的计划更为重要，我只有另请高明了。

——史蒂芬·柯维《高效能人士的七个习惯》

我们一天中可能会同意或拒绝很多次。因此以原则为中心和关注个人使命宣言，我们就有足够的智慧做出判断。

在训练课程中我十分强调分辨轻重缓急及按部就班行事的能力。我常问受训人员，你的缺点在于：

无法辨别事情重要与否？

无力或不愿有条不紊地行事？

缺乏坚持以上原则的自制力？

答案多半是缺乏自制力。我却不这么认为，我认为，那是"确立目标"的功夫还不到家使然。而且不能由衷接受"事有轻重缓急"的观念，自然就容易半途而废。

这种人十分普遍。他们能够掌握重点，也有足够的自制力，却不是以原则为生活中心，又缺少个人使命宣言。由于欠缺适当的指引，他们努力休假，努力做到符合原则的态度和行为，却没有想过去检验一下作为根基的基本思维定式，因而他们带着伪面具，外在的表现也许内心并不认同。

以配偶或金钱、朋友、享乐等为中心，容易受第一与第三类事物羁绊。至于自我中心者难免被冲动情绪所误导，陷溺于能博人好感的第三类事物，以及可逃避现实的第四类事务。这些诱惑往往不是独立意志所能克服，只有从至诚的信念与目标出发，才能够产生坚定说"不"的勇气。

按照建筑学来说，功能决定外观。同样道理，领导决定管理。你对待时间和要事的方式决定了你怎么利用时间。如果你的要事基于原则和个人宣言，那么它们就会入心入脑，你会乐于把时间花在第二类事务上。

如果内心不够坚定，很难拒绝第三、第四类事务的诱惑，那么只有当你有意识检查日程，有想法重新确立以原则为中心的事情，你才会拥有足够的独立意志真诚地拒绝。

（三）第四代时间管理理论与前三代时间管理理论的区别

第二类事务已经清楚明确地列在高效个人管理计划中，那么如何围绕第一类事务展开工作呢？

第一代的时间管理理论丝毫没有"优先"的观念，固然每做完备忘录上的一件事，会带给人成就感，可是这种成就感不一定符合人生的大目标。因此，所完成的只是必要而非重要的事。

然而好此道者不在少数，因为阻力最小，痛苦与压力也最少。而且随大溜让人感到安全和兴奋。组织纪律和备忘录让人们有种错觉，就是他们不必对结果负责。

但是第一代经理人不是高效能人士。成果稀少，生活方式无助于提高工作能力。一旦外界出现阻力，他们就会变得无助、缺乏责任感，无法控制行为。

第二代经理人自制力增强了，能够未雨绸缪，不只是随波逐流，但是对事情仍没有轻重缓急之分。他们很少有重大成就，总是受到计划的限制。

第三代经理人则大有进步，讲究理清价值观与认定目标。可惜，拘泥于逐日规划行事，视野不够开阔，难免因小失大。第一、第三类事务往往占据所有的时间，这是第三代时间管理理论最严重的缺失。

另外，第三代经理人不能平衡地规划不同角色。而且每天的安排过于密集，难以实现，导致人们常想抛开计划去做第四类事务。这种时间管理无助于人际关系，反而加剧矛盾。

前三代每一代时间管理理论都有各自的价值，但是都没有成为培养以原则为中心、关注第二类事务的生活方式的工具。第一代理论的便条和备忘录不过是让人们注意紧急事务，不要忘记。第二代的计划本可以记录未来目标，但是人们只有时间合适才会去实现。第三代尽管教人们逐日规划事务，但是主要强调第一、第三类事务。尽管很多受训者、咨询者意识到第二类事务的重要性，却无法从第三代时间管理理论中找到对其进行管理和实施的计划工具。

不过以上三代理论的演进，仍有可资借鉴的地方。第四代理论便在旧有基础上，开创新局面。以原则为重心，配合个人对使命的认知，兼顾重要性与急迫性；强调产出与产能齐头并进，着重第二类事务的完成。

（四）第四代时间管理方法六标准

以第二类事务为生活中心的时间管理方法只有一个目标，那就是有效地管理生活。这需要我们有完善的原则，对个人使命有明确的认识，能兼顾重要的和紧急的事情。

让第二类事务成为生活中心的有效工具必须满足以下六个重要标准。

1. 和谐一致

个人的理想与使命、角色与目标、工作重点与计划、欲望与自制之间，应和谐一致。

2. 平衡功能

管理方法应有助于生活平衡发展，提醒我们扮演不同的角色，以免忽略了健康、家庭、个人发展等重要的人生层面。有人以为某方面的成功可以补偿其他方面的遗憾，但那终非长久之计。难道成功的事业可以弥补破碎的婚姻、孱弱的身体或性格上的缺失？

3. 围绕中心

理想的管理方法会鼓励并协助你，注重于虽不紧急却极重要的事。我认为，最有效的方法是以星期为周期制订计划。一周7天中，每天各有不同的优先目标，但基本上7天一体，互相呼应。如此安排人生，秘诀在于不要就日程表订立优先顺序，应就事件本身的重要性来安排行事。

4. 以人为本

个人管理的重点在人，不在事。行事固然要讲求效率，但以原则为中心的人更重视人际关系的得失。因此有效的个人管理偶尔需牺牲效率，迁就人的因素。毕竟日程表的目的在于协助工作，并不是要让我们为进度落后而产生内疚感。

5. 灵活变通

管理方法并非一成不变，视个人作风与需要而调整。

6. 便于携带

管理工具必须便于携带，随时可供参考修正。

第二类事务的活动是进行有效自我管理的核心内容，因此你需要一个有效的工具将生活中心转移到第二类事务上。以下按照上述各项标准专门设计了一个工具以实现第四代时间管理的方法。当然很多第三代时间管理的工具也不错，只要稍加修改就可以应用。原则都是相通的，但实际做法和具体运用却因人而异。

（五）第四代时间管理方法的优点

人们拒绝使用第三代时间管理方法，通常是因为不愿生活变得死板，缺乏灵活性。第三代时间管理的方法总是为了坚持原定的日程安排不顾及个人感受，与一个根本的原则相左，即不管什么时候，人总是比事情更加重要。

第四代时间管理方法做到了充分尊重这个原则。同时，这种方法还认识到，就效用而不是效率而言，你首先要考虑的人就是你自己。它鼓励你将时间用于第二类事务，根据原则去认识你的生活，将你的生活建立在原则的基础上，明确表达出你的目标和价值观，并且用这些目标和价值观来指导你的日常决定。

第四代时间管理的方法比之前三代的管理方法都要先进，这种先进性体现在以下五个重要的方面。

（1）它以原则为基础，切实地创造出一个核心模式，让你能够在一个更大的范围内分配自己的时间，看清楚什么是真正重要的和有效的。

（2）它接受你内心良知的指导。这种方法，让你有机会更好地安排自己的生活，并且最大限度地同你既定的价值观保持一致。同时，它也给你自由和变通，让你在牺牲既定日程安排，服从更重要的价值观的时候心平气和，不必内疚。

（3）这种方法确认了你的个人使命，包括价值观和长期目标。这样你在度过每一天的时候都有明确的目标和方向。

（4）这种方法帮助你明确自己的角色，平衡自己生活中的各个方面。每个星期为每个关键角色确定要达到的目标，并做出具体的日程安排。

（5）这种方法以一个星期为单位计划生活（需要的时候可以对每天的安排做适当的

调整），这让你拥有了更广阔的视野，不必局限于短暂的一天时间。通过审视自己的主要角色而让自己保持清醒，经常想到自己内心深处的价值观。

有一条主线贯穿这五个方面，那就是将人际关系和结果放在第一位，将时间放在第二位。

五、第四代时间管理理论的实践

（一）自我管理四步骤

如果能够以原则为基础，以第二类事务为生活中心，对一个星期内的事务进行具体安排，将有助于更好地理解第四代时间管理方法的原则及巨大潜能。

以第二类事务为中心的日程安排，需要以下四项关键步骤：

第一步：确认角色。第一步就是要写出你自己的关键角色。如果你还没有认真思考过这个问题，那么可以把自己想到的先记下来。做一个个体，你有属于自己的各种角色。你可以先写下自己在家庭中的角色，丈夫或妻子、父亲或母亲、儿子或女儿；在大家族中的角色，祖父母、外祖父母、叔舅、姨婶或者表堂兄弟姐妹；等等。然后再写下自己在保险行业工作中的角色，列举自己想要持续投入时间和精力去做的一些事情，还可以将自己在党组织或者社区事务中的角色也写出来。

你不必想得太复杂，好像在确立终身志向一样，只要考虑自己下一周的角色和任务，记下这 7 天时间里需要专注的领域即可。

第二步：选择目标。第二步就是思考下一个周计划中每一任务栏下你最想做的一两件要事，作为你选定的目标（见图 12-5）。

图 12-5　周计划中 12 个重要目标

这些目标中一定要有几个第二类事务，最好让这些短期目标与使命宣言中的长期目标相关联。即使你还没有撰写个人使命宣言，你也可以根据自己的感觉来判断每个角色中哪件事情是比较重要的，并为每个角色确立一个或两个目标（见图12-6）。

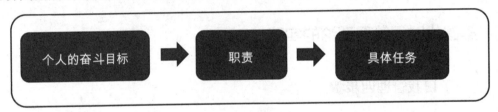

图12-6　规划目标

第三步：安排进度。第三步是为每一项目标安排具体的实施时间。如果你的目标是起草自己的个人使命宣言，那就不妨在星期天安排2个小时专门做这件事情。通常星期天（或根据自己的信仰、生活方式、工作安排选择其他某个适当的时间）是进行个人思考和制订个人成长计划（包括周计划）的理想时间，因为这时候你有充足的时间思考、反省，寻求灵感，并根据各项原则和价值观来审视自己的生活（见图12-7）。

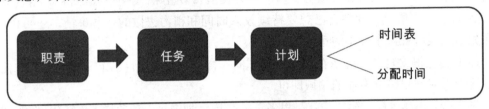

图12-7　规划每周目标

如果你给自己定的目标之一是通过锻炼增强体质，那么你就可以安排一周三到四天，每天一小时的锻炼，当然也可以每天锻炼，以确保达到既定目标。有些目标可能必须在工作时间完成，有些要等到孩子们都在家的星期六才能实现。现在你知道我为什么说周计划比日计划好了吧？

确定角色并制定目标后，你就可以把每项任务分配到一个星期中某个具体的日子去做了，或者将它列为一项重要活动，或者列为一个特别约会。你也不妨查看一下自己的年历或月历，看一下是否有事先定好的约会，并根据自己的既定目标确定这些约会是否重要。如果你决定参与这些约会，那么就为它们安排具体的时间；如果你认为它们无关紧要，那么取消就好。

图12-5的周计划中的12个重大目标大多属于第二类事务，请注意看对它们的时间安排及具体的行动计划。此外，请留心标有"不断更新"这样的方框，这里列举的都是如何从四个最基本的层面让自己休整、充电和更新。

即使为12个重要目标中的每一个都安排了具体时间，日程表的右侧也还留有很多空白让你去安排别的事情。这种以周为单位、以第二类事务为中心的日程表不仅能让你做到"要事第一"，还能让你有充分的自由和灵活性应付突发事件，让你在必要的时候更改约会时间，让你从事一些联络感情和与他人交往的活动，让你享受到发自内心的乐趣。你会感觉很踏实，因为你知道自己已经安排好了一周的要务，照顾到了生活工作中的每一个重要领域。

表 12-2　周计划

周计划	
角色	目标
个体：个人成长	起草使命宣言① 研讨会注册②
子女	母亲节给妈妈准备礼物③ 定期打电话问候父母④
保险客户经理：维护客户	拜访两位重要客户⑤ 整理客户资料⑥
保险客户经理：员工培训	制作、整理员工培训资料⑦ 给员工做现场培训⑧
保险客户经理：行政管理	改善团队激励方案⑨ 招募新员工⑩
朋友	与大学同学聚会⑪ 去医院看望朋友⑫

不断更新

身体 ______________________

智力 ______________________

精神 ______________________

社会/情感 ______________________

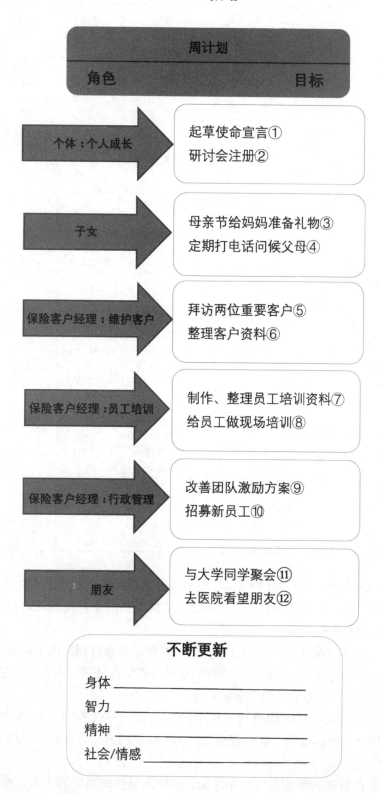

续表

本周起始日期	周日	周一	周二	周三	周四	周五	周六
本周要务	本日要务						
		⑩招募新员工	⑦制作、整理员工培训资料	②研讨会注册		⑧给员工做现场培训	
						⑪与大学同学聚会	
时间	约会 / 任务						
8：00	①起草使命宣言				⑨改善团队激励方案		
9：00							⑫去医院看望朋友
10：00		⑤拜访两位重要客户			⑤拜访两位重要客户		
11：00							
12：00							
13：00							
14：00							
15：00							
16：00		⑥整理客户资料			⑥整理客户资料		
17：00							
18：00				③母亲节给妈妈准备礼物			
19：00							
20：00		④打电话问候父母		④打电话问候父母		④打电话问候父母	
	晚上	晚上	晚上	晚上	晚上	晚上	晚上

第四步：每日调整。使用这种以第二类事务为中心的周计划之后，你就会发现原来的每日计划变成了每日调整，即根据突发事件、人际关系的意外发展及崭新机会对每天的要务安排进行适当调整。

当你每天早晨审视自己一天的日程安排的时候，你会看到，由于内心的平衡，自己已经为角色和目标进行了合适的优先排序，这种日程安排是灵活的，是右脑运作的结果，是建立在自己对个人使命的认识的基础上的。

你也可以运用第三代时间管理方法中的"A、B、C"或者"1、2、3"来为每天的事务排序。在周计划的框架下，这种按重要性优先排序的方法可以让每天的事务安排有所侧重。

但是如果在为这些事务进行排序之前，不知道具体的事务同个人使命之间的关系，不清楚这些事务同人生各个领域的平衡之间的关系，那么优先排序只能是徒劳无益。

从以上的实例中，你是否已心领神会这种做法的可贵之处？依据我个人的心得，以及许多人受益的经验，我深信这种做法确实不同凡响。

第四代时间管理的方法重在身体力行。就仿佛程序设计员设计出程序后，计算机必须加以执行。

顺从别人的意愿，完成他人眼中的要务，或无牵无挂地享受既不紧张又不重要的活动，岂不轻松愉快？去执行自己依理性原则设计出的程序，则或多或少考验着自制力，此时就得靠诚心正意的修养功夫，坚定意志。

第四代时间管理理论的特点，在于承认人比事更重要。芸芸众生，首要顾及的便是自己。它比第三代理论高明之处在于：强调以原则为中心，以良知为导向，针对个人独有的使命，帮助个人平衡发展生活中的不同角色，并且全盘规划日常生活。

（二）授权——高效能的秘诀

授权是提高效率或效能的秘诀之一，可惜一般人多吝于授权，总觉得不如靠自己更省时省事。

其实把责任分配给其他成熟老练的员工，自己才有余力从事更高层次的活动。因此授权代表成长，不但是个人也是团体的成长。已故著名企业家潘尼（J.C.Penney）曾表示，他这一生中最明智的决定就是"放手"。在发现独木难支之后，他毅然决然授权让别人去做，结果造就了无数商店、个人的成长与发展。

授权是事必躬亲与管理之间的最大分野。事必躬亲者凡事不假外求。不重视团队建设的保险客户经理，自己打字的执行秘书，不放心子女、宁可自己洗碗的父母，都属于事必躬亲者。

反之，管理者注重建立制度，然后汇集群力共同完成工作。比如重视团队建设的保险客户经理，监督其他秘书与行政人员的执行秘书，或分派子女洗碗的父母都是管理者。假定事必躬亲者花 1 个小时可产生 1 单位的成果（见图 12-8），那么管理者经由有效的授权，每投入 1 小时便可产生 10 倍、50 倍，甚至 100 倍的成果，其中诀窍不过是将杠杆支点向右移而已（见图 12-9）。

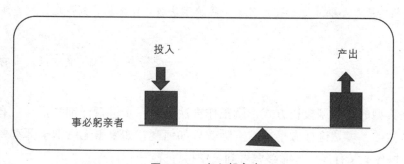

图 12-8　事必躬亲者

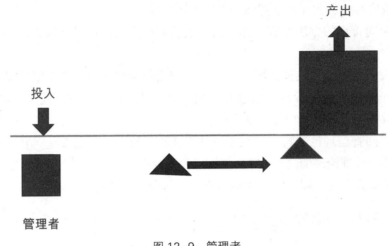

图 12-9 管理者

授权基本上可以划分为两种类型：指令型授权和责任型授权。

1. 指令型授权

指令型授权是让别人"去做这个，去做那个，做完告诉我"。大部分生产者都具有这种指令型授权的行为模式。还记得丛林中那些挥舞大砍刀的人吗？他们就是典型的生产者，挽一挽衣袖，然后手脚麻利地干活。就算让他们去担任监督或者管理工作，他们仍然会沿用这种思维定式，什么事情都亲力亲为。他们不知道应该怎样充分授权，让别人负责完成原定的任务。因为他们的关注重点是方法，他们自己为最后的结果负责。

> 有一次，我们全家去滑冰。擅长滑冰的儿子由我驾车拖着滑行，我的妻子负责拍下他的精彩动作。起先我叮嘱她慎选镜头，因底片所剩不多。后来发现她对相机性能不熟，就频频面授机宜：要等太阳落在船的前方，且儿子表现精彩动作时再按快门。
>
> 可是越担心底片不够或妻子技术欠佳，我越无法放手让她拍。到最后，演变成我下口令，妻子才按快门。
>
> ——史蒂芬·柯维《高效能人士的七个习惯》

这就是典型的指令型授权方式，就工作方法的每一步进行详细的指导。有不少人一直就是这么做的。可是这样做事情的实际效果如何呢？如果事无巨细全部都要一个人来指导的话，世界上又有多少人能够做得到、做得好呢？

有一种方法比这好得多，也更加有效。这种方法的理论基础就是充分认可他人的自我意识、想象力、良知及独立意志。

2. 责任型授权

责任型授权的关注重点是最终的结果。它给人们自由，允许自行选择做事的具体方法，并为最终的结果负责。起初这种授权方式费时又费力，但却十分值得尝试。通过责任型授权，可将杠杆的支点向右移动，提高杠杆的作用。

这种授权类型要求双方就以下五个方面达成清晰、坦诚的共识并做出承诺。

预期成果。双方都要明确并理解最终的结果。要以"结果"而不是以"方法"为中心。要投入时间、耐心、详细地描述最终的结果，明确具体的日程安排。

指导方针。确认适用的评估标准，避免成为指令型授权，但是一定要有明确的限制性规定。不加约束的放任，其最终结果只能是扼杀人们的能动性，让人们回到初级的指令型要求上："告诉我你想要我做什么，我照做就是了。"

事先告知对方可能出现的难题与障碍，避免无谓的摸索，但不要告诉他做什么。要让他们自己为最后的结果负责，明确指导方针，放手让他们去做。

可用资源。告知可使用的人力、财务、技术和组织资源以取得预期的成果。

任务考核。制定业绩标准，并用这些标准来评估他们的成果。制定具体的时间表，说明何时提交业绩报告、何时进行评估。

奖惩制度。明确告知评估后的一个结果——好的和不好的——包括财务奖励、精神奖励、职务调整及该项工作对其所在组织使命的影响。

有一年，我们开家庭会议讨论共同的生活目标及家务分配事项。结果可想而知，因为孩子还小，我与妻子分担了大部分工作。当时7岁的史蒂芬已懂事，自愿负责照顾庭院，于是我认真指导他如何做个好园丁。

我指着邻居的院子对他说："这就是我希望的院子——绿油油而又整洁。除了上油漆外，你可以自己想办法用水桶、水管或喷壶浇水都行。"

为了把我所期望的整洁程度具体化，我俩当场清理了半边的院子，好给他留下深刻的印象。

经过两星期的训练，史蒂芬终于完全接下了这个任务。我们协议一切由他做主，我只在有空时从旁协助。此外，每周两次，他必须带我巡视整个院子，说明工作成果，并为自己的表现打分。

当时并未谈到零用钱的问题，不过我很乐意付这笔钱。我想，7岁大的孩子应该已有责任感，足以负担这个任务。

接任务的那一天是星期六，一连过了三天，史蒂芬毫无动静，星期六才做的决定，我不奢望他立即行动，星期天也不是工作日，可是星期一他依然毫无动静。到星期二，我有些按捺不住。不幸的是，院内脏乱依旧，史蒂芬却在对街的公园里玩。

我感到极度失望，忍不住想要唤他过来整理院子。这么做虽可收到立竿见影之效，却会给孩子推卸责任的借口。于是我勉为其难忍耐到晚餐用毕，才对他说："照前几天的约定，你现在带我到院子里，看看工作成绩，好不好？"

才出门他就低下头，过不多久便抽泣起来。

"爸爸，这好难哟！"

很难？我心里想：你根本什么都没做。不过我也明白，难的是自动自发，于是我说："需不需要我帮忙呢？"

"你肯吗？爸爸！"

"我答应过什么？"

"你说有空的时候会帮我。"

"现在我就有空。"

他跑进屋去拿来两个大袋子，一人一个，然后指着一堆垃圾说："请把那些捡起来好不好？"

我乐于从命，因为他已经开始负起照顾这片园地的责任了。

那年暑假我总共又帮了两三次忙，之后他就完全独立作业，悉心照顾一切，甚至他的哥哥姐姐乱丢纸屑，立刻就会受到指责，他做得比我还好。

——史蒂芬·柯维《高效能人士的七个习惯》

信任是促使人进步的最大动力，因为信任能够让人们表现出自己最好的一面。但这需要时间和耐心，而且还有可能需要对人员进行必要的培训，让他们拥有符合这种信任水平的能力。

我坚信，只要方法得当，这种责任型授权绝对能够让双方都受益，并且最终能够使善于分配工作的人用很少的时间做成很多事情。

比起孩子来，你当然更有能力迅速把一间房子收拾得干净整齐，但是问题的关键是你想要授权孩子做这件事情。而这就需要时间。你需要花时间和精力对孩子进行培训，但是你最终会发现这样做绝对是值得的。

这是一种关于授权的全新思维定式，它改变了人际关系的性质：因为分得工作的人成为自己的老板，受自己内心良知的指引，努力兑现自己的诺言，达到既定的目标。同时，这种方法还能释放其创造能力，激励他在正确原则的基础上尽一切可能达到既定的目标。

授权的大原则不变，权限却因人而异。对不够成熟的人，目标不必太高，指示要详尽，要充分提供资源，监督考核要频繁，奖惩要更直接；对成熟的人，可分配挑战性高的任务，精简指示，减少监督考核次数，考评标准可较为抽象。

成功的授权也许是有效管理的最好体现，因为不管是对个人还是对组织，有效授权都是发展成长的最基本因素。

➤ **知行合一**

（一）我的时间是怎样度过的

问题	很不同意	不同意	略不同意	略微同意	同意	非常同意
1.我花了很多时间在重要而且需要立刻关注的活动上，例如危机、紧迫问题、截止日期将至的项目。	1	2	3	4	5	6
2.我总觉得在"到处救火"，不断处理危机。	1	2	3	4	5	6
3.我觉得自己浪费了好多时间。	1	2	3	4	5	6

问题	很不同意	不同意	略不同意	略微同意	同意	非常同意
4. 我花了很多时间在虽然紧迫但与我的第一要务毫无关系的事情上（诸如无端的干扰、不重要的会议、非紧急的电话和电子邮件）。	1	2	3	4	5	6
5. 我花了很多时间在重要但不紧迫的事务上，例如做计划、准备、防范、改善人际关系、恢复和修整。	1	2	3	4	5	6
6. 我花了很多时间在繁忙的工作、强制性习惯、垃圾邮件、过多的电视节目、琐事和玩游戏上。	1	2	3	4	5	6
7. 我觉得由于防范得当、精心准备和周密计划，一切由我掌控。	1	2	3	4	5	6
8. 我觉得自己总是在处理对他人重要但却对我并不重要的事情。	1	2	3	4	5	6

以上表格可以用来帮你快速评估自己花在时间矩阵的每个象限中的时间和精力各有多少。针对上面的 8 个问题圈出你的自我评价。

得分操作指南：

1. 针对这 8 个问题圈出与你相符的数字，从 1 到 6。

2. 把你在每个象限中的得分相加。

3. 在每个象限中用阴影画出 1/4 圈，其半径等于你在该象限的得分。

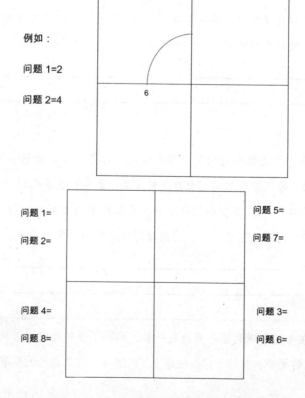

例如：

问题 1=2

问题 2=4

画一个时间管理的矩阵，按照百分比将你的时间分配给每一类事务，然后以15分钟为计时单位连续记录3天自己的日常活动。对照一下自己的计划，看是否有很大出入。你对自己这样使用时间感到满意吗？你认为需要做哪些改变呢？

（二）我的周任务

回顾你的使命宣言、角色、目标及目前的每周计划。本周最优先的三项事务是什么？它们在你的第二象限活动中吗？把它们写在下面。

1. _____

2. _____

3. _____

时间管理矩阵		
	紧急的	不紧急的
重要	I	II
不重要	III	IV

记录下周的时间将怎样度过，并把各项活动填入上面时间管理矩阵的相应象限中。
你满足了第二象限优先的准则了吗？如果没有，为什么？

_____

（三）我的目标

你已经知道了自己的大部分时间用在哪些领域。你是否有兴趣排除障碍？你是否有兴趣让自己摆脱第一象限、第三象限和第四象限并转向第二象限？让我们设想你能做到。

你的生活把你引向何方？哪些小问题正影响着你力量的发挥？你的目标是什么？你对于自己在生活中的现状有何看法？请花几分钟的时间把它们的答案写下来。

_____

_____

如果你不时会在生活中遇到困难并挣扎一番，那并不说明你有什么问题，很多人都这样。经常思考什么是自己的要事，有助于你在旅途上不断进步。想着自己的要事，回答下述问题：

1. 你是否确实想努力实现自己的目标，满足自己的意图？若是，为什么？若不是，又为什么？

_____

_____

2. 什么东西在你的生活中能起作用，什么东西不起作用？

_____

_____

3 你希望自己的生活有何改变？

_____

_____

4. 在你被各种大小事务淹没之前，列出几项你目前就能做出的小改变，暂不涉及全面的重大变革。

_____

_____

5. 你已写下几项你目前就能做出的小改变了，现在请列出几项有助于你在生活上取得进步的长期目标和战略。你不妨回过头看一下第四章中制定的目标。

_____

_____

6. 你准备怎样为贯彻自己的目标和战略负起责任？

_____

_____

（四）我的价值观

你在回答有关目标的问题的时候，是否发现自己的价值观有时会突然冒出来？这并不奇怪，因为在某种意义上，目标是由价值观决定的。时间管理（第四代时间管理理论）和生活管理承认，人比物更重要。它有助于确定你每天的方向和目标，以及你的生活是否符合你的信仰。

回答下述问题，对你自己有更深的了解。

1.你想致力于什么事业?

_____

_____

2.你对什么事情最感兴趣?

_____

_____

3.你对什么事情热情最高?

_____

_____

4.什么事情对你最重要?

_____

_____

5.你想成就什么事业?

_____

_____

6.你信仰什么?

_____

_____

7.你的潜力是什么?

_____

_____

8.你赞成什么?

_____

_____

9.什么价值观对你最重要？

_____

_____

对于你的现状、关注重点及生活目标，你现在是否有了一些认识？严肃深入地考察自己的生活，绝非易事。信仰能给你力量，虽然不一定能让生活变得容易。坚持这个过程有助于你清晰地认识并理解自己将什么事情列在最优先的位置。下一步是审视你的各种角色及思考怎样让它们取得平衡。

（五）我的角色

列出关键角色的清单，记下你想在下周为每个角色安排的活动。请记住，你不一定为每个角色分配具体的任务或约会。你可以列出一般性的要求，例如在保险客户经理的角色下写下"换位思考：站在客户的角度上思考保险需求"。关键问题是"在这个角色上本周我能做的最重要的事是什么"。

1. _____

2. _____

3. _____

4. _____

5. _____

6. _____

把你所写的妥善保存。

（六）我的优先

围绕优先事务来安排自己的生活，这似乎是个会令人畏缩和气馁的任务。实际上，这是个简单而清晰的过程，它能帮你在生活中不断前行，只是你要清楚自己的优先事务是什么。

你的最重要的5个优先事务是什么？把它们写在下面。

1. _____

2. _____

3. _____

4. _____

5. _____

你认为自己能全部完成上述5个优先事务的想法是否现实？你是否想过将有些事授权他人去做？

回头再看你列出的5个优先事务。思考几分钟，然后按重要性给它们排出先后顺序，并写在下面。

1. _____
2. _____
3. _____
4. _____
5. _____

现在来看第4个和第5个优先事务，决定一下你怎样授权，至少授权每件事务的一小部分给其他人，这样你就能花最少的精力而仍然让它们有所进展。写下你的计划。

_____
_____

在前3个优先事务中，有些部分是否也可以授权他人？请记在下面。

_____

（七）建立我的信任

你在做上述练习的时候，脑子里是否想着没有什么能信任的人？你可能认为还不如自己做来得更快、更容易，这样做只是为了让他人得以成长和发展？

回头看你准备授权他人的事务。你选择的是哪一种授权——"责任型授权"还是"指令型授权"？

_____
_____

现在从责任型授权的角度来看这个清单。通过提供成长的机会来培养相互信任。你想对自己的授权做怎样的改变？把要做的改变记录在下面并付诸行动。

_____
_____

（八）每天和每周计划

到现在为止，你已经确定了自己的目标、价值观、角色和要务。你怎么能保证自己的要务一直得到应有的重视和落实呢？我们发现，最好的办法就是做每周计划。

周计划可以帮你实现第四代时间管理和生活管理。与简单的一天相比，它提供了更宽广的背景。要真正给优先事务安排进度计划，以一周为视角效果最好。

为了在要事第一方面取得进步，每周应投资二三十分钟做一个周计划。做计划时，可遵循下述步骤：

1.写下你的关键角色；

2.选择一个或两个优先事务；

3.以一周为背景，为自己的任务和约会安排进度计划；

4.利用 A、B、C 或 1、2、3 给优先事务排顺序，逐日做一些调整。

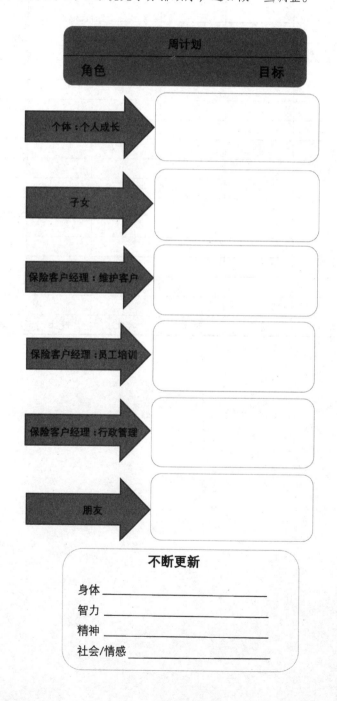

续表

本周 起始日期	周日	周一	周二	周三	周四	周五	周六
本周要务	本日要务						
时间	约会 / 任务						
8：00							
9：00							
10：00							
11：00							
12：00							
13：00							
14：00							
15：00							
16：00							
17：00							
18：00							
19：00							
20：00							
	晚上	晚上	晚上	晚上	晚上	晚上	晚上

第十三章
构建和谐的人际关系

有一次，我应邀去一家公司，解决员工们缺乏合作精神的问题。

总裁说："问题的关键就是他们都太自私，不愿意合作，否则效率会大大提高。你能不能制定一个解决方案？"

我问他："到底是人还是模式的问题？"

"自己观察吧。"他回答。

我发现，员工的确自私，抗拒合作，抵制命令，沟通保守，情感账户的巨额支出已经造成了信任缺失的企业文化。

我提醒总裁："员工为什么不愿意合作？难道不合作会被奖励吗？"

"当然不会"他肯定地说，"相反，我们奖励合作。"

他指着办公室墙上一幅赛马图，每个跑道上的赛马代表一位经理，跑道终点的奖品是风光明媚的百慕大群岛之旅。每星期他都会召集全体经理，一边训示合作的重要性，一边却以百慕大之旅作饵。换句话说，总裁口头上高唱互助合作，实际上鼓励彼此竞争，因为胜利者只有一位。

——史蒂芬·柯维《高效能人士的七个习惯》

归根结底，这家公司的问题在于它的模式有误，这在很多商业、家庭和其他关系中十分常见。该总裁想用竞争模式实现合作，却发现这并不奏效，于是寄希望于一些技巧、计划或者措施。

结果是治标不治本，只关注态度和行为无异于隔靴搔痒，关键是要建立一种能突出合作价值的信息和奖励机制，激励个人和部门创造佳绩。

不论你是总裁还是门卫，只要已经从独立自主过渡到相互依赖的阶段，你就开始扮演领导角色，影响着其他人，而有助于实现有效的人际领导的习惯就是双赢思维。

一、人际交往的六种模式

双赢不是什么技巧，而是人际交往的哲学，是六个交往模式之一，这六个模式分别是：利人利己（双赢）、损人利己（赢／输）、舍己为人（输／赢）、两败俱伤（输／输）、独善其身（赢）、好聚好散（无交易）。

（一）利人利己（双赢）

这种模式会促使人不断地在所有的人际交往中寻求双边利益。双赢，就是双方有福同享，皆大欢喜，这种结果会让所有人都愿意接受决定，完成计划。双赢者把生活看作合作的舞台，而不是竞技场。但是大多数人都用非此即彼的方法看问题，非强即弱，不胜则败。实际上这种想法是站不住脚的，它以力量和地位，而非原则为准绳。其实，世界之大，人人都有足够的立足空间，他人之得不必就视为自己之失。

（二）损人利己（赢／输）

损人利己是和利人利己相对的另外一种模式，前面提到的百慕大之旅竞争就是这种，意思是"我赢就是你输"。秉持这种信念的人习惯利用地位、权势、财力、特权或个性来达到目的。

大多数人从小就被这种模式浸染。在家里，大人总是喜欢将孩子进行比较，好孩子会得到更多的爱、理解和耐心，这就营造了赢／输模式的氛围。一旦爱被附加条件，孩子们就会认为自我价值只有通过比较和竞争才能实现。

"如果我做得比哥哥好，爸爸妈妈就会爱我多一点。"

"爸爸妈妈还是更喜欢妹妹，我一定没有她好。"

同龄人之间也容易衍生这种模式。好孩子首先想被父母认可，然后是被同龄人认可，不管是兄弟姐妹还是朋友。同龄人有时完全根据自己的期望和标准来选择接受还是拒绝一个人，这让赢／输模式更加根深蒂固。

学校是赢／输模式的另一个温床。"正态分布曲线"主要说明的是：你之所以得 A，是因为有人得了 C；一个人的价值是通过与他人比较才得以实现的，内在价值毫无意义，外在表现才最重要。

学校的等级制度只强调竞争和比较，完全忽视学生的潜能和天赋，而这种等级又是社会价值的载体，它可以让你一路畅通，也可以让你处处碰壁。教育的核心就是竞争，不是合作，即便有合作也往往少不了尔虞我诈。

运动比赛也强化竞争的观念，提醒观众与选手，人生同样是一场零和游戏，必须分出胜负，而且唯有击败别人才能成就自己。

法律则硬把人区别为敌对双方，打官司就为分出我是你非。所幸，目前司法界鼓励当事人庭外和解，这表示兼顾双方利益的观念已逐渐受到重视。

诚然，在竞争激烈和信任薄弱的环境里，我们需要赢／输模式。但是竞争在生活中只是少数，我们不需要每天都和配偶、孩子、同事、邻居、朋友竞争。"你和爱人谁说了算（谁是赢家）？"这是一个很荒唐的问题，如果没有人赢，那就两个都输。

现实生活需要依赖，而不是单枪匹马，你的很多梦想都需要通过与他人合作才能实现，而赢／输模式是形成这种合作的最大障碍。

（三）舍己为人（输／赢）

有些人则正好相反，他们信奉输／赢模式。

"我认输了，你赢了。"

"就这样吧，我听你的。"

"我是个和事佬，只要能息事宁人，我做什么都行。"

这种人没有标准，没有要求，没有期望，也没有将来。他们通常喜欢取悦他人，喜欢满足他人的希望。别人的认同和接受能够给他们力量，他们没有勇气表达自己的感受和信念，总是服从于别人的意志。

在谈判时，他们常常不是放弃就是退让。如果成为领导，他们对属下也极端纵容。输／赢模式意味着做老好人，然而"好人不长命"。

输／赢模式颇受赢／输模式欢迎，因为前者是后者的生存基础，前者的弱点恰是后者的优势和力量来源。

可是，被压抑的情感并不会消失，累积到一定程度后，反而以更丑恶的方式爆发出来，有些精神疾病就是这样造成的。

若是一味压抑，不能把愤怒情绪加以升华，自我评价将日趋低落。到最后依然会危及人际关系，使原先委曲求全的苦心付诸流水，得不偿失。

赢／输和输／赢模式都存在人格缺陷。短期来看，赢／输模式的人较有效率，因为他们通常在能力和智力方面高人一筹，而输／赢模式自始至终都居于劣势。

许多主管、经理和家长都在这两种模式间左右摇摆，当他们无法忍受混乱无序、缺乏目标、纪律松散的状态的时候，就会倾向于赢／输模式。之后，随着内疚感日增，又会回到输／赢模式，而新一轮的愤怒与挫败感再次将他们推向赢／输模式。

（四）两败俱伤（输／输）

两个损人利己的人交往，由于双方都固执己见，以自我为中心，最后一定是两败俱伤，因为他们都不服输，都想报复，扳回局面，但其实谋杀等于自杀，报复是一把双刃剑。

为了报复，不惜牺牲自己的利益，却不问是否值得。只有不够成熟、掌握不了人生方向的人，才会这样。比如同行之间恶性竞争，展开价格战，利润越来越低；客户压价压得越来越低，以至于行业圈内产品质量也越来越差；厂家的信誉越来越低，以至于走向破产。

极具依赖性的人也会倾向于两败俱伤模式。他们的人生没有方向，生活痛苦，于是认为所有人都该如此——"大家都不赢的话，做个失败者也没什么"。

（五）独善其身（赢）

另一种常见的模式就是独善其身，别人输不输都无所谓，重要的是自己一定要得偿所愿。

当竞争和对抗意义不大的时候，独善其身是多数人的处事方法。他们只在意自己的利益，别人的就留给他们自己去保护吧。

（六）好聚好散（无交易）

如果实在无法达成共识，实现双赢，就不如好聚好散（无交易）。

好聚好散的意思是，如果不能利益共享，那就商定放弃交易。道不同，不相为谋，所以我们之间没有期望，没有订立合约，没有雇佣和合作关系，这比明确期望后再让对方希望破灭要好得多。

心中留有退路，顿觉轻松无比，更不必要手段、施压力，迫使对方就范。坦诚相见，更有助于发掘及解决问题。即使买卖不成，仁义尚在，或许日后还有合作的机会。

二、最好的人际交往模式

如果赢要以过多的时间和精力为代价，以至于得不偿失，那么还是"退一步海阔天空"的好。

但有些情况并非如此。比如说，当你的孩子面临生命危险的时候，对你来说，拯救孩子高于一切，自然无暇顾及他人。

因此，最好的选择必须依情况而定，关键是认清形势，不要教条式地把某一种模式应用于每一种情况。

实际上，多数情况都只是相互依赖的大环境的一部分，于是只有双赢模式才是唯一可行的。

输/赢和赢/输模式不合适，因为一方赢了，对方的态度、情感和双方之间的关系一定会受到影响。举例来说，我是你们公司的供应商，虽然在某次谈判中处处占上风，事事得所愿，但是此后，你还会再来光顾我吗？因此，从长远看，这两种模式的结果必定是两败俱伤。

如果我只想独善其身，对你毫不理会，那就根本无法建立起合作互助的关系。

长远来看，不是双赢，就一定是两败俱伤。所以我们才说，只有双赢才是在相互依赖的环境中唯一可行的交往模式。

我有一个客户，是一家大型连锁商店的总裁。他说："双赢的观念的确不错，可惜太理想化。商场现实无情，不与人争，只有被淘汰。"

我说："那好，难道让你盈利，让顾客吃亏就现实了吗？"

"当然不行！那样我会失去所有的顾客。"他回答。

"那让你做赔本生意现实吗？"

"也不行，无利可图还叫什么生意？"

我们考虑了各种选择，结果只有双赢才是唯一可行的交往模式。

最后他承认："也许同顾客的关系的确如此，但和供货商的关系就不一样了。"

我提醒他："对供货商来说，你不就是顾客吗？道理不一样吗？"

他说："最近我们在同商场的经营者和业主洽谈新租约的时候，就是以双赢为目的的。我们开诚布公，有礼有节，可他们却理解为软弱可欺，把我们当成冤大头，让我们无利可图。"

"可你们为什么要选择输/赢模式呢？"我问。

"没有啊，我们是想要双赢的。"

"可你刚才说，他们让你们无利可图。"

"就是这样。"

"换句话说，你们输了。"

"是的。"

"他们赢了。"

"嗯。"

"那这不是输/赢模式是什么？"

——史蒂芬·柯维《高效能人士的七个习惯》

当意识到他所谓的双赢实质上是输/赢模式时，他很震惊。我们对这种模式的长期效应进行了分析。结论是：平静的关系下面涌动着的是压抑的情感、被践踏的价值和隐藏的怨恨，它们最终将导致两败俱伤。

如果他真的抱着双赢的态度，就会多与业主交流，听取意见，并有勇气表达自己的观点，直到结果让双方都满意。这"第三条道路"的解决方法所产生的协同效应可能会让双方都大吃一惊。

不能双赢就好聚好散

有一家小型电脑公司的负责人就有过双赢的体验。他接受了我建议的双赢的观念，并且身体力行。

他说："本公司曾受聘为一家银行设计全套新软件，合约一签就是5年。"没想到1个月后，总裁换人。新总裁对我们的产品有意见，员工也感到新软件难以适应，于是他们要求我们更改合约。"

当时本公司的财务状况其实很不好，为了求生存，我大可坚持依约行事。可是这种做法损人却不一定利己，既然产品不能令顾客满意，我同意取消合约，退回定金，但也告诉对方，日后若还有软件方面的需要，欢迎再光顾。"

就这样，我放弃了一笔48000美元的生意，这简直是自断财路。可是我相信，坚持原则一定会有回报。"

"3个月后，那位新总裁果真又打电话给我，带来另一笔总价24万美元的生意。"

——史蒂芬·柯维《高效能人士的七个习惯》

在相互依赖的环境里，任何非双赢的解决方案都不是最好的，因为它们终将对长远的关系产生这样那样的不利影响，你必须慎重对待这些影响的代价。如果你无法同对方达成双赢的协议，那么最好选择放弃。

在家里，"不能双赢就干脆放弃"这个原则也能让大家感到轻松自由。如果在看什么电影的问题上僵持不下，那么不如放弃看电影，做些别的事情，这样总比这个夜晚有人欢喜有人愁要好。

我有一个朋友，她们家的家庭演唱会举办了很多年。当孩子们还小的时候，她要负责安排曲目、制作演出服装、担任钢琴伴奏及导演节目。

随着孩子们渐渐长大，他们的音乐品位发生了变化，对节目及化装有了自己的主张，不再对母亲言听计从。

我这位朋友演出经验丰富，对观众的需求也十分了解。她认为孩子们的很多建议都不合适，不过也认识到孩子们需要参与活动的决策。

于是她选择"不能双赢就干脆放弃"，告诉孩子们理想的决定是被所有人认可的，否则不如各自在其他领域发挥才智。结果每一个人都畅所欲言，努力达成一致意见，不管这个目标是不是能实现，至少他们不再有情感的束缚。

——史蒂芬·柯维《高效能人士的七个习惯》

业务关系或者企业建立之初，这种"不能双赢就干脆放弃"的模式是最现实可行的，而对于持续性的业务关系，放弃未必可行，有时还可能产生严重问题，特别是对那些家族式的或者建立在友谊基础上的生意来说，问题更严重。

为了维持关系，人们有时要不停地妥协让步，嘴上说的是双赢，脑子里想的却是赢/输或者输/赢，这会引发很多问题。如果竞争不建立在双赢模式和协同合作的基础上，问题就尤为严重。

如果不选择"放弃"，许多生意将每况愈下，不是关门大吉就是转手他人。经验表明，在家族式或者建立在友谊基础上的生意启动之前，最好先就"不能双赢就好聚好散"这一点达成协议，这样事业的繁荣才不会导致关系的破裂。

当然，有时候这个模式并不适用，比如我不会放弃我的孩子和妻子（如果有必要的话，妥协会更好，这是双赢的较低模式）。但多数情况下，还是可以用"不能双赢就好聚好散"的模式协商的，因为这一模式意味着宝贵的自由。

三、双赢思维的五个要领

双赢可使双方互相学习、互相影响及共谋其利。要达到互利的境界必须具备足够的勇气及与人为善的胸襟，尤其与损人利己者相处更得这样。培养这方面的修养，少不了过人的见地、积极主动的精神，并且以安全感、人生方向，智慧与力量作为基础。

双赢的原则是所有人际交往的基础，包括五个独立的方面："双赢品德""双赢关系""双赢协议""双赢体系"和"双赢过程"。"双赢品德"是基础，接着建立起"双赢关系"，由此衍生出"双赢协议"，需要"双赢体系（结构）"作为培育环境，通过双赢的"双赢过程"来完成，因为我们不能用赢 / 输或输 / 赢的手段达到双赢的目的。

图 13-1 说明了这五个方面是如何相互关联的。

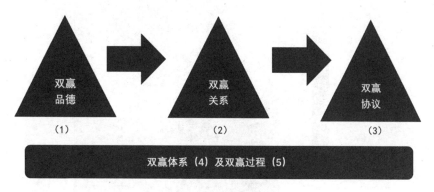

图 13-1　双赢思维的五个要领

现在我们来依次研究这五个方面。

（一）双赢品德

双赢品德有三个基本特征。

1. 诚信

我们将诚信定义为自己的价值观。如果我们在日常生活中有明确的价值观，能积极主动地以此为核心安排活动，信守承诺，就能够逐渐培养起自我意识和独立意志。

如果我们不了解"赢"的真正含义及其与我们内心价值观的一致性，那么就不可能做到"赢"。没有了诚信这一基础，双赢不过是一种无效的表面功夫。

2. 成熟

这是敢作敢为与善解人意之间的一种平衡状态。"成熟就是在表达自己的情感和信念的同时又能体谅他人的想法和感受的能力。"这是赫兰德·萨克森年（Hrand Saxenian）教授多年研究得出的结论。

如果你认真研究那些用于招聘、升职及培训的心理测试，就会发现不管他们的主题是个人意志、同理心平衡，还是自信、尊重他人平衡，抑或是关心人、关心任务平衡，其目的都是考察成熟度；而那些沟通分析和管理方式的训练术语或评语也是在衡量一个人在敢作敢为与善解人意之间的平衡能力。

这种能力是人际交往、管理和领导能力的精髓，是产出 / 产能平衡的深度表现。敢作敢为的目的是拿到金蛋，而善解人意可以保障其股东的长远利益，领导的根本任务就是要提高所有股东的生活水平和生活质量。

很多人用非此即彼的两分法看问题，认为一个温和的人一定不够坚强，但是只有温和与坚强并重，才能实现双赢。这种坚强的作用甚至双倍于赢 / 输模式的那种强硬的作用。双赢模式要求你不但要温和，还要勇敢；不但要善解人意，还要自信；不但要体贴敏感，还要勇敢无畏。做到这些，在敢作敢为与善解人意之间找到平衡点，才是真正的成熟，这是双赢的基础（见图13-2）。

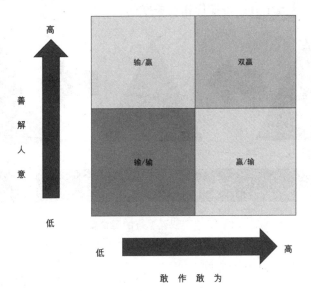

图 13-2 不同人际观的成熟度

如果我勇气十足，却不懂体谅他人，我的交往模式就是赢 / 输——我强硬而自私，勇于坚持自己的信念，却漠视旁人。

如果我的内心不够成熟，情感有些脆弱，为了弥补这些不足，我可能要借助地位、势力、证书、资历和关系来获取力量。

如果我体贴有余，而勇气不足，我的交往模式就是输 / 赢。我事事以你的想法和愿望为先，却羞于表达和实现自己的想法与愿望。

敢作敢为和善解人意是双赢的必备条件，其间的平衡点是成熟的重要标志。如果我足够成熟，我就会乐于聆听、善于沟通并勇于面对。

3. 知足

知足即相信资源充足，人人有份。一般人都会担心资源稀缺，认为世界如同一块大饼，并非人人得而食之。假如别人多抢走一块，自己就会吃亏，人生仿佛一场零和游戏。难怪俗语说："共患难易，共富贵难。"见不得别人好，甚至对至亲好友的成就也会眼红，这都是"匮乏心态"（Scarcity Mentality）作祟。

保持这种心态的人，甚至希望与自己有利害关系的人小灾小难不断，疲于应付，无法安心竞争。他们时时不忘与人比较，认定别人的成功等于自己的失败，纵使表面上虚情假意地赞许，内心却妒恨不已，唯独占有能够使他们肯定自己。他们又希望四周环境中都是唯命是从的人，把不同的意见视为叛逆、异端。

相形之下，富足的心态（Abundance Mentality）源自厚实的个人价值观与安全感。由于相信世间有足够的资源，人人得以分享，不怕与人共名声、共财势，从而开启无限的可能性，充分发挥创造力，并提供宽广的选择空间。

公众领域的成功并非意味着压倒旁人，而是通过成功的有效交往，让所有参与者获利，大家一起工作，一起探讨，一起实现单枪匹马无法完成的理想，这种成功要以知足心态为基础。

一个诚信、成熟、知足的人在人际交往中很少或者根本不需要用到什么技巧。

赢／输模式的人想要做到双赢，最好找到一个双赢模式的榜样或者顾问，因为非双赢模式的人的身边往往是同道中人，少有机会真正了解和体验双赢模式。因此，我建议大家多读一些文学作品，如埃及前总统安瓦尔·萨达特（Anwar Sadat）的传记《寻找自己》，多看励志影片，如《烈火战车》和《悲惨世界》。

当你超越环境、态度和行为，将触角探寻到自己的内心，就会发现双赢和所有其他正确原则一样，本就深植在我们的生活中。

（二）双赢关系

以双赢品德为基础，我们才能建立和维护双赢关系。双赢的精髓就是信用，即情感账户。没有信用，我们最多只能妥协；缺乏信用，我们就无法开诚布公，彼此学习，互相交流和发挥创造性。

但是如果情感账户储蓄充足，信用就不再是问题，已有的投入让我们相知相敬，我们可以全神贯注于问题本身，而不是性格或者立场。

因为我们彼此信任，所以才能坦诚相待，不管看法是否一致。不论哪一方阐述什么样的观点，另一方都会洗耳恭听，力求知彼解己后共同寻找第三条道路，这种协作的解决办法让彼此都受益。

充足的情感账户储蓄和对双赢模式的共识不会让问题虚化或者弱化，也不会让意见上的分歧消失，但能够除去那些分散精力的消极因素，如对性格和立场差异的过分关注，从而为实现双赢创造出有利于理解和解决问题的积极合作氛围。

如果这种关系并不存在呢？如果你的合作对象听都没听过双赢，而且深受赢／输或其他模式的影响呢？

和赢／输模式的人打交道如何实现双赢

和赢／输模式的人打交道是对双赢的最大考验。双赢从来就是很难实现的，需要解决深层问题和本质差异。但如果双方都能认识到这一点并为之努力，而且情感账户储蓄充足，事情就容易得多。

同赢／输模式的人打交道，关系很重要。你要以影响圈为核心，通过以礼相待，尊重和欣赏对方及其不同观点来进行感情投资。这样你们的交往就得以维持，你有更多的机会聆听和深入了解对方，同时也更勇于表达自己，而不再是被动的，你的潜力和积极性会被激发出来。你的努力最终让对方相信你希望实现真正的双赢，而交往过程本身就是很棒的投资。

你对双赢的态度越坚持，你越真诚，越积极，越投入，你对他人的影响力就越大。这是对人际领导能力的真正考验，它超越了交易式（Transactional）领导的范畴，升华至转换式（Transformational）领导的层面，后者能让个人和关系发生转变。

何为"交易式领导"？何为"转换式领导"？

交易式领导：贺兰德 (Hollander) 于 1978 年所提出，指建立在上下级之间某种交易基础上的领导。领导者通过明确角色和任务来指导部下，以某种奖励和利益作为下级努力工作的交换条件。

交易式领导的特征是强调交换，在领导者与部下之间存在着一种契约式的交易。在交换中，领导给部下提供报酬、实物奖励、晋升机会、荣誉等，以满足部下的需要与愿望；而部下则以服从领导的命令指挥，完成其所交给的任务作为回报。伯恩斯认为，这种领导的效果要视领导者与下属之间的心理契约的状况而定。交易型领导建立在一个人在组织中的与位置相关的官僚制权威和合法性基础上。它强调任务目标、工作标准和产出，往往关注任务的完成和员工的顺从，更多地依靠组织的奖励和惩罚手段来影响员工。

转换式领导：指能使部下看到美好前景并激发其积极性和创造性的领导。领导者关怀下属，帮助下属用新观念来看问题，鼓励下属为组织的利益奉献更大的努力。有证据表明，转化型领导优于交易型领导，与低离职率、高生产率和高员工满意度之间有更高的相关性。

正因为双赢是能被人们在自己的生活中验证的原则，所以你应该帮助更多的人认识到，为双方谋福利会让自己得到更多。不过沉溺于赢／输模式，拒绝双赢的尚有人在，这时候请记住，好聚好散也是一种选择，有时候也可以选择双赢的较低形势——妥协。

并非所有决定都一定要以双赢为目的，即便是情感账户储蓄充足，认识这一点也很重要。再说一次关系很重要。举例来说，你我共事，你来对我说："我知道你不赞成这个决定，但我实在没时间向你解释，不管你是否参与，你会支持吗？"

如果你在我这里的情感账户储蓄充足，我当然会支持，我希望自己是错的，而你是对的，并努力将你的决定付诸实施。

但是如果我们之间根本不曾有过情感账户，而我又持反对态度，我就不会真正支持。也许我当面答应了你，但是私下里毫无热情，无心为这个决定做出努力。我会说："本来就行不通，你让我怎么办？"

如果我是个过激的人，甚至还可能破坏你的决定，并想方设法怂恿别人也这样做。我可能会"恶意服从"——依你指示行事，但绝不多做，对结果毫不负责。

没有双赢品格和双赢关系作为后盾，书面协议就形同虚设。只有真诚的感情投资，才能有助于实现双赢。

（三）双赢协议

1. 双赢协议的五个基本要素

双赢关系确立之后，就需要有协议来说明双赢的定义和方向，这种协议有时被称为"绩效协议"或"合作协议"，它让纵向交往转化为水平交往，从属关系转为合作关系，上级监督转为自我监督。

这类协议在相互依赖的交往中应用相当广泛。在第十二章中史蒂芬协助儿子清理庭院的故事就是一例。当时我们列举的五个基本要素，适用于所有相互依赖的合作关系，如雇主与雇员、个人与个人、团体与团体、企业与供应商。这些要素帮助人们有效地明确并协调彼此期望。

在双赢协议中，对以下五要素应该有明确的规定。

预期结果：确认目标和时限，方法不计。

指导方针：确认实现目标的原则、方针和行为限度。

可用资源：包括人力、财力、技术或者组织资源。

任务考核：建立业绩评估标准和时间。

奖惩制度：根据任务考核确定奖惩。

这五个要素赋予双赢协议重要意义。对此的理解和认可使人们在衡量自己业绩的时候有据可依。

传统权威型监督以赢/输为模式，是情感账户透支的结果。正因为对预期结果缺乏信任和共识，才不得不一遍遍地检查和指示，没有信任，就想对下属时时操控。

如果信任存在，你会怎样做呢？对他们放手。只要事先制定双赢协议，让他们知道你的期望，接下来你只要扮演好协助与考核的角色就好。

自我评估更能激励人上进。在高度信任的文化氛围里，自我评估的结果更精确，因为当事人往往最清楚实际进度，自我洞察远比旁人的观察和测量要准确。

双赢管理培训案例

几年前，我参与了一个大型金融机构的咨询项目。这家公司有几十个分支机构，他们想让我们对公司的管理培训计划进行评估，并提出改良建议。这是一项年度预算高达75万美元的大型培训计划，具体内容包括从高等院校毕业生中招聘员工，然后在6个月的时间里让他们去12个部门实习，一个部门实习2个星期，目的是要他们对整个公司的运作有一个全面的了解。6个月的培训结束之后，他们就会被分配到分行去担任助理经理。

这个公司原先的培训计划注重的只是方法，而不是最终结果。因此我们建议他们以另一种模式为基础，先搞一个培训计划的试点，由受训者本人掌握具体的培训过程（可称之为"由受训者控制的培训"）。这就是一种双赢协议，必须首先确认培训的目标和标准，管理人员可以根据这些目标和标准来评判受训人员的成绩。管理人员还必须明确指导方针、可用资源、任务考核和奖惩制度。当然，对于这个特定的培训项目来说，最后的奖励就是被提升为助理经理，他们可以继续接受在岗培训，薪水也将大幅提高。

我们一直追问："你们究竟想让他们学到什么？"就这样逐项问下去，最后得到一个长长的清单，上面列了100多个具体的培训目标。在此基础上，我们进行简化、删减和提炼，最后总结了39个特定的培训目标，每一项后面都有相应的评估标准。

接受培训的人员干劲十足，因为他们看到了机会，也清楚地意识到尽快达标就能提高薪水。对于他们来说，提拔和高薪就是很大的成功，对于公司来说这同样也是很大的成功，因为未来的分行助理经理将不再是仅仅出现在 12 个不同部门里的摆设，他们在接受培训之后全都会符合一定的标准。

我们向受训人员解释了什么是由受训者自己掌握进度的培训，什么是由管理人员控制的培训，以及这两者之间的差别。最后说："这些是我们总结的目标和标准，这些是你们可以使用的资源，包括学员间的相互学习。开始干吧。只要你们能够达到这些标准的要求，你们就会被提升为助理经理。"

结果他们用 3 周半的时间就完成了培训。经过改变的培训模式释放了他们身上的无穷潜力和创造性。

正如其他转换过程一样，这一次我们也遭遇了不小的阻力。几乎所有的高层管理人员根本就不相信我们的做法。后来看到受训人员这么快就达到了既定标准的要求之后，他们还是说："这些人缺乏经验，缺乏锻炼。我们认为一名分行助理经理应该具有随机应变的能力，而这正是他们所缺乏的。"

在后来同他们的交谈中，我们发现这些人其实真正想要说的是："我们都是这么熬过来的，凭什么这些家伙就不用这样？"当然，这些话是不能摆到桌面上说的。"他们缺乏锻炼"之类的话听上去冠冕堂皇得多。

此外，由于众所周知的理由，人事部门的人也很不高兴（原先 6 个月培训计划的 75.5 万美元预算当然也是一个很重要的原因）。

而我们对此回答是："很好，让我们再来增加一些目标及相应的评估标准。不过有一点一定要坚持，那就是仍然由受训者自己掌握整个培训过程。"就这样，我们又增加了 8 个目标及相应的评估标准。高层管理人员这下放心了，因为这些新增加的目标和标准足以让受训人员做好充分的准备，能够胜任助理经理一职，并保证他们在今后的工作岗位上仍能继续接受新的培训。亲自参加了几次制定标准的讨论会后，几名高层管理人员终于承认，如果受训者真的能够达到这些严格标准的要求，那么就担任助理经理来说，他们将比以前任何参加过 6 个月培训计划的人都更合格。

在此之前，我们已经向受训者预言过这次培训不会一帆风顺，阻力一定存在。现在，我们带着额外增加的目标和要求回来，对他们说："就像我们当初预料的那样，管理层希望你们能够再完成这些更严苛的项目。但是他们保证，这一次，只要你们能够达到这些要求，就一定会任命你们为助理经理。"

他们继续努力，充分发挥积极性。比如，他们会直接找到财务部门的行政管理人员，并坦率地说："您好，先生，我参加了公司的一个让受训者自己掌握整个培训过程的培训计划，而您曾经参与制定这些目标和标准。在您这个部门我要达到 6 个标准的要求，现在我只剩下最后一个要求没有完成。不知道您或者部门里的其他人是否有时间教我一下。"就这样，他们根本不需要在这个部门里花上 2 个星期的时间，只要半天就可以了。

这些受训者互相帮助，彼此激励，只用了一周半的时间就完成了新增加的任务。6 个月的培训计划压缩到了 5 个星期，而且这次培训出来的人员素质也比以往都要高。

——史蒂芬·柯维《高效能人士的七个习惯》

如果人们能够认真思索，将双赢定为最终目标，不论在业务上，还是生活上每个领域都可以大有作为。我自己经常会为某个人或某个组织的积极转变成果感叹不已，其实领导者所要做的就是放手，让有责任心、积极处事及具有自我领导能力的人独立完成任务。

2. 双赢绩效协议

双赢绩效协议的前提是模式转换，注意力要放在结果而不是方法上，但大部分人都重方法轻结果。双赢协议注重的是结果，要释放个人潜力，将协作效应最大化，产出与产能并重。

人们可以用双赢标准进行自我评估。传统的评估方式使用不便，而且浪费精力，双赢协议则让人们根据自己事先参与制定的标准进行自我评估。只要方法得当，结果就是可靠的。即使使用双赢绩效协议的是一个 7 岁的小男孩，他也可以判断自己在清理庭院方面做得怎样。

管理哲学家兼顾问彼得·德鲁克（Peter Drucker）建议，经理和员工之间可以用"给经理的信"这种形式来表述绩效协议的要点。首先就预期结果、指导方针和可用资源深入探讨，保证其与组织的总目标相一致，然后写在"给经理的信"中，并提议下一次绩效协议计划和讨论的时间。

这种双赢绩效协议是管理的核心内容。有了这样一个协议，员工就可以在协议规定的范围内进行有效的自我管理，而经理就像是赛跑中的开路车一样，待一切顺利开展后悄悄退出，做好后勤工作。

一旦老板成为每一个属下的得力助手，他们的控制范围将会大大扩大，层层管理和操控的方式反而无用。这样，他所能够管理的就不再只是六七个人，而是 20 个、30 个、50 个，甚至更多。

使用双赢绩效协议后，员工努力的结果和得到的奖惩就是业绩的自然成果，而不再是由负责人说了算。

管理者或家长都可以掌握掌控的奖惩方法有四种：金钱、精神、机会及责任。其中金钱奖惩包括薪资、股份、补贴的增减；精神奖惩包括认同、赞赏、尊敬、信任或者相反——除非温饱没有保障，不然精神奖励的价值通常超过物质奖励；机会奖惩包括是否给予培训、进修等机会；责任奖惩一般同职务有关，比如升职或者降职。双赢协议对此都有明确规定，当事人一开始就一清二楚，因此这并不是暗箱操作，而是完全做到了透明化。

除此之外，说明个人表现对集体的影响也很重要，例如迟到早退、拒绝合作、违反协议、打压下属、赏罚不明等给公司带来的损失。

我女儿16岁的时候，我们曾就家里汽车的使用问题签订了一个双赢绩效协议。根据协议，她必须遵守交通规则；负责清洁和保养汽车；在我们的许可下将车做正当用途；必要时担任父母的司机；自觉完成分内的事情，不需别人提醒。这让我们受益颇多。

而我负责提供资源，如汽车、汽油和保险；我们每周碰面一次，通常在周日下午，评估她的一周表现。事实证明这种方法十分有效。只要她能够完成协议规定的任务，她就可以使用汽车。如果她没有完成，就会失去使用权。

协议从一开始就明确了双方对彼此的期望。使用汽车，满足交通需要让女儿受益；我和桑德拉则不必再操心汽车的清洁和保养，自己的交通需要也偶被满足。女儿的诚信、善良和判断力，加上我们之间充足的情感账户储蓄，足以让她进行自我管理，我们不需要时刻监督她的一举一动，费神怎么处置她。协议让我们三个人都得到了解放。

——史蒂芬·柯维《高效能人士的七个习惯》

双赢协议意味着自由，但必须以诚信作为支撑，否则即便已经签订协议，也只能半途而废。

真正的双赢协议是双赢模式、双赢品德和双赢关系的产物，它以相互依赖的人际交往为对象，起着规范和指导的作用。

（四）双赢体系

双赢只能存在于体系健全的组织机构中。如果提倡双赢，却奖励赢/输模式，结果注定失败。

一般来说，你鼓励什么就会得到什么。如果你想要实现既定的目标，就应该建立配套的奖励体系，但如果这个奖励体系与目标背道而驰，自然无法实现愿望，就像那个提倡合作，却用"百慕大之旅"来激励员工的经理一样。

我曾为中东一家大型房地产公司工作，第一次接触是在他们的年度表彰大会上，有800多名销售人员参加。现场热闹非凡，还有乐队助兴，不时传出兴奋的尖叫声。

在参会的800多名员工中，有大约40人因为业绩出色而获得奖励，奖项包括"销售最多""收入最多""佣金最高"奖等等，在掌声雷动和欢呼雀跃中，这40个人无疑是赢家，而另外760多人则在品味失败。

我们马上着手制定以双赢为目标的体系，并邀请基层职员参与，提出意见，还鼓励他们互相合作，让尽可能多的人通过这种量身定制的协议达成各自的目标。

一年后的表彰大会有1000多名销售人员参加，获奖者达800人。虽然有些个人奖项仍以比较为基础，但更多的奖项是给那些实现了自定目标的个人和团体。这一次虽然没有乐队和诸多花样，但是人们热情高涨，分享着彼此的喜悦，作为奖励的度假旅行则成了一个集体活动。

更重要的是 800 名获奖者中，每个人的业务量和赚得的利润都与前一年那 40 名得奖者的一样多。双赢精神既提高了金蛋产量，又呵护了那只鹅，人类的潜能和智慧得到了大量释放，参与的每一个人都为这种协同效应而惊喜。

——史蒂芬·柯维《高效能人士的七个习惯》

市场竞争必不可少，年度业绩也要互做比较，甚至不相关的部门和个人都可以竞争，但合作精神对解放和提高生产力而言，同竞争一样重要。双赢精神无法存在于你争我夺的环境中。

双赢必须有相应的体系支撑，包括培训、规划、交流、预算、信息、薪酬等，而且所有体系都要建立在双赢原则的基础上。

还有一家公司，想要我提供人际关系方面的培训服务，言下之意是说公司的问题出在人身上。

总裁对我说："每一家店的员工都是这个样子，问一句，答一句，毫不主动，根本就不知道怎么吸引顾客。他们对店里的商品一无所知，既没有销售知识，也没有销售技巧，不知道怎么把产品卖到需求者手里。"

于是我去观察了几家店，果然如此，可是原因却始终是个谜。

总裁说："我要求店长以身作则，把 2/3 的时间用于销售，剩下的 1/3 用于管理，他们的业绩远远超过手下，所以我们的培训对象是这些店员。"

我察觉到了什么，于是说："我们还是再研究一下吧。"

他不以为然，觉得自己已经知道了问题的症结，应该直接开始培训。

但是我一再坚持，结果两天之内就发现了真正的病源，在他们的职责分配和薪资体系下，店长总是先己后人，把收银机里的所有业绩都归给自己。通常营业时间是一半冷清，一半火爆，于是店长就把费力不讨好的工作交给店员去做，如库存、备货和清扫等，自己则在收银机后忙着收钱，难怪业绩会超过店员。

因此我们调整了薪资体系，结果问题迎刃而解。新的薪资体系的核心是：只有店员赚到钱，店长才可能有钱赚。将店长的需求和目标同店员结合起来以后，人际关系的培训问题不复存在，关键是建立真正双赢的奖励体系。

——史蒂芬·柯维《高效能人士的七个习惯》

通常情况下，问题都源于体系，而不是人。再好的人，置身于一个糟糕的体系中，也不会有好结果。想赏花就要先浇水。

当人们真正学会双赢思维后，就能够建立并遵守相应的体系，于是竞争变为合作，产出产能并重，工作效率大幅提高。

在企业里，主管可以调整体系，组建高产能的团队，与其他对手竞争；在学校里，教师可以因材施教，根据个人表现制定评分体系，并鼓励学生互相帮助，共同进步；在家里，家长可以帮孩子培养合作意识，如在打保龄球的时候计算全家分数，并齐心合力打破以前的家庭纪录，还可以用双赢协议分配家务，这样孩子不再满腹牢骚，家长也可以专心做自己的事情。

双赢赋予个人明确的任务，说明预期结果、指导原则和可用资源，个人要对结果负责，并完成自我评估。双赢体系要为双赢协议创造有利环境。

（五）双赢过程

赢/输的方法不可能带来双赢的结果。你总不能要求别人："不管你是不是喜欢，都要以双赢为目标。"问题是怎样找到双赢的解决方案。

原则性谈判的关键是要将人同问题区分开来，要注重利益而不是立场，要创造出能够让双方都获利的方法，但不违背双方认同的一些原则或标准。

本书建议不同的人和机构采用以下四个步骤完成双赢过程：

首先，从对方的角度看问题。真正理解对方的想法、需要和顾虑，有时甚至比对方理解得更透彻。

其次，认清主要问题和顾虑（而非立场）。

再次，确定大家都能接受的结果。

最后，找到实现这种结果的各种可能途径。

需要指出的是，双赢过程同双赢结果密不可分，只有经由双赢过程才能实现双赢结果，这里的目的与手段是一致的。

双赢并非提升性格魅力的技巧，而是人类交往的一种模式。双赢来自诚信、成熟和知足的人格，是高度互信的结果，它体现在能有效阐明并管理人们的期望和成就的协议中，在起支持作用的双赢体系里蓬勃生长，经由必要的双赢过程来实现。第十四章和第十五章将对这种过程进行深入研究。

➤ 知行合一

（一）培养双赢思维

请你选择两个重要的关系以评估自己在双赢方面的能力，评估自己在每个关系中如敢做敢为和善解人意的平衡上做得怎样。例如，如果你认为自己在敢做敢为上得分低而在善解人意上得分高，那就在相应的象限中画上一个"√"，等等。

现在可以判断你是否在这两个关系中失去了平衡。下一步，判断你是否能做些什么来加以改进，并把自己的决定写在"需要采取的行动"处。

关系1：

_____

_____

_____

_____

关系中的平衡情况：

_____

需要采取的行动：

_____

_____

关系2：

_____

_____

_____

_____

关系中的平衡情况：

_____

_____

需要采取的行动：

_____

_____

（二）换位思考

从上面的练习中选择一个你想达到双赢的关系，完成下述步骤：

把自己放在对方的位置，明确写下你认为对方对于目前情况是怎样理解的。

_____

_____

从你的角度，写下你认为你赢的结果是怎样的。

_____

_____

直接找到他 / 她，问他 / 她是否愿意与你沟通，直到找到一个双方受益的解决方案。

_____

_____

第十四章
实现高效的人际沟通

假设你的眼睛不太舒服，去看眼科医生，而他只听你说了几句话，就摘下自己的眼镜给你。

"戴上吧"他说，"我已经戴了10年了，很管用，现在送给你，反正我家里还有一副。"

可是你戴了之后看到的东西都扭曲了。

"太可怕了！"你叫道，"我什么都看不到了。"

"怎么会呢？"医生说，"我戴的时候很好啊，你再试试。"

"我试过了，可是眼前一片模糊。"

"喂，你这个人怎么回事？往好处想不行吗？"

"那好，我现在郑重地告诉你，我什么都看不见。"

"我对你多好啊！"医生恼羞成怒，"真是好心不得好报！"

下一次你还会再去找这个医生吗？我想一定不会。一个不诊断就开药方的医生怎么能信任呢？

但与人沟通时，我们常常这样不问青红皂白就妄下断言。

"宝贝儿，跟我说说你怎么想的。我知道不容易，可我会尽量理解。"

"可是，妈妈，我不知道该怎么说。你一定会觉得我很傻。"

"不会的。告诉我吧，宝贝儿。这个世界还有谁会比妈妈更关心你呢？妈妈就是想让你开心，可你为什么不高兴呢？"

"那好，说实话，我不想上学了。"

"什么？"妈妈简直不敢相信自己的耳朵，"你说什么？你不想上学了？为了让你上学，我们做了那么大的牺牲！接受教育是为你的将来打基础。如果你像你姐姐那样用功的话，成绩一定会好起来，那样你就喜欢上学了。我们跟你说过多少次了，一定要安心学习。你有这个能力，可就是不愿意用功。要努力，要积极向上才行啊！"

沉默。

"说吧，跟我说说你到底是怎么想的！"

我们总是喜欢这样匆匆忙忙地下结论，以善意的建议快刀斩乱麻地解决问题。不愿意花时间去诊断，深入了解一下问题的症结。

如果让我用一句话总结人际关系中最重要的原则，那就是：知彼解己。这是进行有效人际沟通的关键。

一、你真的听懂了吗

你在阅读我写的书，就是在运用读和写两种交流模式。读、写、听、说是最基本的沟通方式。计算一下你有多少时间用于这四种交流模式，能够运用得当对你的效能至关重要。

沟通是生活中最重要的技能。人们在清醒的时候大多数时间都在交流。但是从小到大，我们接受的教育多偏向读写的训练，说也占其中一部分，可是从来没有人教导我们如何去听。然而听懂别人说话，尤其是从对方的立场去聆听，实在不是件容易的事。

接受过倾听训练的人少之又少，多数训练是关于个人魅力的，这样反而妨碍了建立真正理解他人最需要的性格和交往基础。

如果你要和我交往，想对我有影响力，你首先要了解我，而做到这一点不能只靠技巧。如果我察觉到你在使用某种技巧，就会有受骗和被操纵的感觉。我不知道你为什么这样做，有什么动机。你让我没有安全感，自然我也不会对你敞开心扉。

你的影响力在于你的榜样作用和引导能力，前者源于你的品德，是你的真我。别人的评论或者你希望别人如何看你没有意义，我在同你的交往中已经清楚了解了你。

你的品德时刻发挥着影响力，并起着沟通的作用。久而久之，我就会本能地信任或者不信任你这个人及你对我所做的事情。

如果你与人交往忽冷忽热，时而刻薄时而亲切，或者表里不一，很难让人敞开心扉，那当我需要收获爱和影响力，我觉得把想法、经历和真实感受暴露在你面前没有安全感。谁能预料会发生什么呢？

除非我开诚布公，或者你真的理解我及我的特殊处境和感受，否则你也不知道如何建议和开导我。尽管你说的是对的，但是无法引起我的共鸣。

你会说你真的在意、欣赏我，我也极想相信，但是假如你不了解我，又怎么会欣赏我？这种空洞无物的赞美是不可信的。

即便内心知道我需要你的劝解，我仍对被人影响感到愤怒和抵触，或是觉得自责和畏惧。

除非你被我的个性所影响，不然我不会理你的建议。因此，如果你想养成真正有效的人际沟通习惯，就不能单靠技巧。首先你要有能让他人信任和开怀的人格，在此基础上培养移情聆听（Empathic Listening）的技巧，然后建立情感账户来实现心与心的交流。

二、移情聆听

"知彼"是交往模式的一大转变，因为我们通常把让别人理解自己放在首位。大部分人在聆听时并不是想理解对方，而是为了做出回应。这种人要么说话，要么准备说话，不断地用自己的模式过滤一切，用自己的经历理解别人的生活。

"是的，我知道你的感受。"

"我也有过类似的经历，我的经验是……"

我们总是把自己的经验灌输给别人，用自己的眼镜给每一个人治疗。

如果同儿子、女儿、配偶或者雇员之间的沟通出现了问题，我们的反应通常是："他就是不理解我。"

有一个父亲对我说过："我不了解我的儿子，他就是不愿意听我说话。"

我说："我来重复一下，你说你不了解你的儿子，因为他不愿意听你说话？"

"是的。"他回答。

我问："你是说，因为孩子不肯听你说话，所以你不了解他？"

"对啊。"

我提示他："如果你想明白一个人，那就要听他说话。"

他愣了一下，好一会儿才恍然大悟："噢，没错！可是，我是过来人，很了解他的状况。唯一让人想不透的，就是他为什么不听老爸的话。"

实际上，这个人根本就不知道他儿子在想些什么，他用自己的想法揣摩全世界，包括他的儿子。

事实上，大部分人都是这么自以为是。我们的聆听通常有层次之分。一是充耳不闻，压根就不听别人说话；二是装模作样，"是的！没错！"；三是选择性接收，只听一部分，通常学龄前儿童的喋喋不休会让我们采取这种方式；四是聚精会神，努力听到每一个字。但是很少人会达到第五个层次，即最高层次——移情聆听。

主动型和回应型聆听是一种技巧，本质是以自我为中心，就算行为没有显露出，动机已经不言而喻，会让说话的人有受辱的感觉。应用回应型聆听技巧的目的不过是要做出回应，操控对方。

移情聆听，是指以理解为目的的聆听，要求听者站在说话者的角度理解他们的思维模式和感受。

移情（Empathy）不是同情（Sympathy）。后者是一种认同和判断形式，更适合用来表达感情和做出回应，却容易养成对方的依赖性。移情聆听的本质不是要你赞同对方，而是要你在情感和理智上充分而深入地理解对方。

移情聆听，不只是理解个别的词句而已，据专家估计，人际沟通仅有10%通过语言来进行，30%取决于语调与声音，其余60%则得靠肢体语言。所以在移情聆听的过程中，不仅要耳到，还要眼到、心到；用眼睛去观察，用心灵去体会。

如此聆听效果显著，它能为你的行动提供最准确的信息。你不必以己度人，也不必费心猜测，你所要了解的是对方的心灵世界。聆听是为了理解，是心和心的深刻交流。

移情聆听还是感情投资的关键，因为只有对方认同，你的投资才有意义，否则就算你费尽心机，对方也只会把它看作一种控制、自利、胁迫和屈就，结果是情感账户被支取。

移情聆听本身就是巨额的感情投资，它能够给人提供一种"心理空气"，极具治疗作用。

如果现在房间里的空气被突然抽走，你就不会对这本书感兴趣了。因为生存是你的唯一动力。

除了物质，人类最大的生存需求源自心理，即被人理解、肯定、认可和欣赏。

你的移情聆听等于是给了对方"心理空气"，满足了对方这个基本需求后，你就可以着重于施加影响力和解决问题了。

这种对"心理空气"的需求对我们生活中每一个领域的交流都有影响。

我曾经在芝加哥的一个研讨会上讲授过这个概念，并让与会者在晚上练习移情聆听。第二天上午，一个人激动地跑来告诉我：

"我来芝加哥是要谈成一大宗房地产交易的，昨天我和主要负责人及他们的律师见了面，在场的还有另一家房地产代理，带着他们的候选方案。

我为这个项目付出了6个月的心血，几乎是孤注一掷。可是形势对我越来越不利。这是大势所趋，而且他们已经厌倦了这漫长的过程。

于是我对自己说，既然如此，不如试一试今天刚学的方法——先知彼，再解己。

我告诉他请先听听看我是不是真正理解他的立场和他对我的提案的顾虑，如果是，再来看一下我的提案是否合适。

我觉察到了他的担心和对结果的预想，并如实表达出来，我说得越多，他就对我越坦诚。

结果谈到一半的时候，他站起来，走到电话旁，拨通了太太的电话，然后捂住话筒，对我说，这个项目是你的了。"

——史蒂芬·柯维《高效能人士的七个习惯》

材料中的"我"给了主要负责人"心理空气"，从而在情感账户上存了一大笔钱。就这一点来说，人为因素比技术因素更重要。

要做到先理解别人，先诊断、后开方并不容易。

短期来看，直接把帮了自己多年的"眼镜"给别人容易得多。但是长远来看，这样会严重弱化产出和产能。如果不能准确理解对方的背景，就无法使相互依赖性产出最大化；如果别人感觉不到被你真正理解，你就不具备人际关系的产能，即高额情感账户。

移情聆听是有风险的。只有当你做好了被对方影响的准备，你才能深入到移情聆听的阶段，而这是需要足够的安全感的，因为这时候的你会变得很脆弱。从某种意义上说，这很矛盾，因为在影响对方之前，你必须先被影响，即真正理解对方。

所以说养成积极主动、以终为始、要事第一的习惯是基础，它帮你保持核心不变，即以原则为中心，从而平和而有力地应对坚实内心之外的脆弱。

三、先诊断、后开方

尽管要面对风险和困难，先诊断、后开方的确是在生活中被多方证实的正确原则，是所有真正的专业人士的标志，不管是对验光师还是内科医生来说都很重要。只有当你相信了医生的诊断，你才会相信他的处方。

　　我的女儿詹妮在还只有两个月大的时候，有一天生病了。那是一个星期六，正好社区有一场重要的橄榄球赛，几乎所有人都很关注。桑德拉和我也想去，但又不想丢下上吐下泻的小詹妮。

　　当时医生也去看比赛了，他虽然不是我们的家庭医生，但却随叫随到。詹妮的情况越来越糟，于是我们决定咨询一下医生。

　　桑德拉拨通了体育场的电话，让人帮忙呼叫医生。那时比赛正进行到关键时刻，医生的声音中有一种急切："喂，什么事？"他语速很快地问。

　　桑德拉说了詹妮的症状，医生爽快地答应马上给詹妮开个处方。

　　挂电话后，桑德拉又觉得她在慌乱中其实并没有把情况完全讲清楚，也许医生不知道詹妮还是个新生儿呢。

　　于是我拨通了电话，医生又一次被叫了出来。我说："医生，你告诉药店药方的时候，知不知道詹妮只有两个月大？"

　　他惊叫起来："不！我没想过这个问题，幸亏你又打了这个电话，我这就去改药方。"

　　　　　　　　　　　　　　　　——史蒂芬·柯维《高效能人士的七个习惯》

　　如果你对诊断本身没什么信心，那么也就不会对据此开的药方有信心。

　　销售方面也是一样。平庸的业务员推销产品，杰出的业务员销售解决问题、满足需求之道。万一产品不符合客户需要，也要勇于承认。

　　律师在办案前一定会搜集所有的资料，研判案情，再上法庭。称职的律师甚至事先模拟对方律师可能采取的策略。产品设计前，必先进行市场调查；工程师设计桥梁时，一定先预估桥身所需承受的压力；老师在教学前，应先了解学生掌握知识的程度。

　　首先理解别人是在生活领域里广泛适用的正确原则，具有普遍性，但是它在人际关系领域的作用是最大的。

四、四种自传式回应

　　我们在听别人讲话时总是会联系我们自己的经历，因此自以为是的人往往会有四种"自传式回应"（Autobiographical Response）的倾向：

　　价值判断——对旁人的意见只有接受或不接受；

　　追根究底——依自己的价值观探查别人的隐私；

　　好为人师——以自己的经验提供忠告；

　　自以为是——根据自己的行为与动机衡量别人的行为与动机。

　　价值判断令人不能畅所欲言，追根究底则令人无法开诚布公，这些都是经常影响亲

子关系的几大障碍。

　　青少年与朋友讲电话可以扯上一两个小时，跟父母却无话可说，或者把家当成吃饭睡觉的旅馆，这是为什么呢？如果父母只知训斥与批评，孩子怎么肯向父母吐真言？

　　在无数研讨会中，我曾与成千上万的人讨论这个问题，我发现人们常常自以为是，却习焉而不察。无怪乎每次角色扮演时，许多人都意外地发现，自己居然也有这种通病。好在只要病情确定，治疗并不难。

　　请看以下一对父子的谈话，先从父亲的角度来看：

　　儿子："上学真是无聊透了。"

　　父亲："怎么回事？" ◀━━ 追根究底

　　儿子："学的都是些不实用的东西。"

　　父亲："我当年也有同样的想法，可是现在觉得那些知识还挺有用的，你就忍耐一下吧。" ◀━━ 好为人师

　　儿子："我已经耗了 10 年了，难道那些'X+Y'能让我学会修车吗？"

　　父亲："修车？别开玩笑了。" ◀━━ 价值判断

　　儿子："我不是开玩笑，我的同学乔伊辍学修车，现在月收入不少，这才有用啊。"

　　父亲："现在或许如此，以后他后悔就来不及了。你不会喜欢修车的。好好念书，将来不怕找不到更好的工作。" ◀━━ 好为人师

　　儿子："我不知道，可是乔伊现在很成功。"

　　父亲："你尽了全力吗？这所高中是名校，应该差不到哪儿去。" ◀━━ 好为人师、价值判断

　　儿子："可是同学们都有同感。"

　　父亲："你知不知道，把你养到这么大，你妈和我牺牲了多少？已经读到高二了，不许你半途而废。" ◀━━ 价值判断

　　儿子："我知道你们牺牲很大，可是不值得。"

　　父亲："你应该多读书，少看电视。" ◀━━ 好为人师、价值判断

　　儿子："爸，唉——算了，多说也没什么用。"

——史蒂芬·柯维《高效能人士的七个习惯》

　　这位父亲可谓用心良苦，但并未真正了解孩子的问题。让我们再听听孩子可能想表达的心声。

　　儿子："上学真是无聊透了。" ◀━━ 我想引起注意，与人谈谈心事

　　父亲："怎么回事？" ◀━━ 父亲有兴趣听，这是好现象

　　儿子："学的都是些不实用的东西。" ◀━━ 我在学校有了问题，心里好烦

　　父亲："我当年也有同样的想法。" ◀━━ 哇！又提当年勇了。我可不想翻这些陈年旧账，

谁在乎他当年求学有多艰苦，我只关心我自己的问题 "可是现在觉得那些知识还挺有用的，你就忍耐一下吧。" ◀ 时间解决不了我的问题，但愿我说得出口，把问题摊开来谈

儿子："我已经耗了 10 年了，难道那些'X+Y'能让我学会修车吗？"

父亲："修车？别开玩笑了。" ◀ 他不喜欢我当修车工，不赞成休学，我必须提出理论依据

儿子："我不是开玩笑，我的同学乔伊辍学修车，现在月收入不少，这才有用啊。"

父亲："现在或许如此，以后他后悔就来不及了。" ◀ 糟糕，又要开始说教 "你不会喜欢修车的。" ◀ 爸，你怎么知道我的想法？ "好好念书，将来不怕找不到更好的工作。"

儿子："我不知道，可是乔伊现在很成功。" ◀ 他没有念完高中，可是混得很不错

父亲："你尽了全力吗？" ◀ 又开始顾左右而言他，但愿爸能听我说，爸，我有要事跟你说 "这所高中是名校，应该差不到哪儿去。" ◀ 唉，又转个话锋，我想谈我的问题

儿子："可是同学们都有同感。" ◀ 我是有根据的，不是信口雌黄

父亲："你知不知道，把你养到这么大，你妈和我牺牲了多少？" ◀ 又是老一套，想让我感到惭愧。学校很棒，爸妈也很了不起，就只有我是个笨蛋 "已经读到高二了，不许你半途而废。"

儿子："我知道你们牺牲很大，可是不值得。" ◀ 你们根本不了解我

父亲："你应该多读书，少看电视。" ◀ 问题不在这里。爸，你根本不明白，讲也讲不通，根本不该跟你谈的

儿子："爸，唉——算了，多说也没什么用。"

——史蒂芬·柯维《高效能人士的七个习惯》

五、有效的沟通

上面这个例子充分显示有效的沟通是多么不易，了解他人又是多么重要。正确的沟通方式也就是移情聆听，至少包括四个阶段。

第一阶段是复述语句，这至少能使人专心聆听。

儿子："上学真是无聊透了！"

父亲："你已受不了了，觉得上学太无聊。"

第二阶段加入解释，完全用自己的词句表达，但仍用左脑的逻辑思维去理解。

父亲："你不想上学啦。"

第三阶段渗入个人的感觉，右脑发挥作用。此时听者所注意的已不止于言语，也开始体会对方的心情。

父亲："你觉得很有挫折感。"

第四阶段是既加以解释，又带有感情，左右脑并用。

父亲："你对上学有很深的挫折感。"

运用第四阶段的方式沟通，不仅能了解对方，更能帮助对方认清自己，勇于表达。再以前面的例子说明。

儿子："上学真是无聊透了！" ⬅ 我想引起注意，与人谈谈心事

父亲："你对上学有很深的挫折感。" ⬅ 对，这正是我的感觉

儿子："没错，学校的东西根本不实用。"

父亲："你觉得读书对你没什么用。" ⬅ 我是那么说的吗？

儿子："对，学校的东西不一定对我有用。你看乔伊，他现在修车技术一流，这才实用。"

父亲："你觉得他的选择正确？" ⬅ 嗯……

儿子："嗯，从某个角度看确实如此。现在他收入不错，可是几年后，或许会后悔。"

父亲："你认为将来他会觉得当年做错了决定？"

儿子："一定会的，现在的社会里，教育程度不高会吃亏的。"

父亲："教育很重要。"

儿子："对，如果高中都没毕业，那一定找不到工作，也上不了大学。有件事我真的很担心，你不会告诉妈吧？"

父亲："你不想让你妈知道？"

儿子："不是啦！跟她说也无妨，反正她迟早会知道的。今天学校进行阅读能力测验，结果我只有小学程度，可是我已经高二了！"

——史蒂芬·柯维《高效能人士的七个习惯》

儿子终于吐露真言，原来他担心阅读程度不如人。此时才是父亲发挥影响力、提供意见的时刻。不过在开导过程中，依然要注意孩子言谈间所传达的信息。若是合理的反应不妨顺其自然，但情绪性反应出现时，必须仔细聆听。

父亲："我有个构想，也许你可以上补习班加强阅读能力。"

儿子："我已经打听过了，可是每星期要耗掉好几个晚上！"

父亲意识到这是情绪性反应，又恢复移情聆听。

父亲："补习的代价太高了。"

儿子："而且我答应同学，晚上另有节目。"

父亲："你不想食言。"

儿子："不过如果补习真的有效，我可以想办法跟同学改时间。"

父亲："你其实很想多下点功夫，又担心补习没用。"

儿子："你觉得会有效吗？"

——史蒂芬·柯维《高效能人士的七个习惯》

孩子又恢复了理性，父亲则再次扮演导师的角色。

六、适时扮演知音（理解和感知）

当你学习认真倾听时，你会发现自己对别人的感知有了天壤之别。在人们互相依靠的环境中，这种差别将带来极大影响。

你看到的画像可能是少妇，我看到的是老妇，但是我们都没错。

你可能以配偶为中心，我则以金钱为中心。

你的精神世界丰富多彩，我的则是一片荒芜。

你看待问题的角度也许高度形象、有整体性和感情色彩，是典型的右脑思维；而我则是逻辑性强、善于分析和表达的左脑思维。

我们感知会非常不同，而且从小便有自己的思维模式，理所当然地认定某些事实，当别人不这么认为时，就会质疑他人的性格或者精神状态。

我们在婚姻、工作及公共服务中要学会求同存异。怎么做到呢？我们需要怎样跳出个人感知局限的范围，以便顺利沟通、共同合作、实现共赢？

知彼解己就是答案，也是双赢的第一步。假如（特别是）人们的思路不同，首先要知彼解己。

我当时在一家小公司工作，正试图与一家国际银行达成合作。银行组成了一个八人的协商团队，包括从洛杉矶飞来的律师、俄亥俄州的协商员，以及两个分行行长。我所在的公司决策是要么双赢要么就不合作。我们想增加服务和报价，但是这家金融机构的要求多得让人喘不过气。

公司总裁在谈判桌上说："希望您能按照您的方式草拟合同，以便我们清楚地了解您的需要和顾虑，之后再谈论价格。"

对方谈判队伍的成员有些吃惊，他们没想到能有机会自己拟定合同。三天之后合同定好了。

总裁看到合同后，为确保了解对方机构的需要，他仔细审阅，理解其中的内容和思路，直到他明白了对方认为最重要的事。

站在对方角度考虑后，总裁提出了自己的一些顾虑，对方认真聆听。因为他们已经做好了准备，而且不想引起冲突，起初严峻的气氛转为平和。

商谈结尾，对方谈判队伍的成员一致表示愿意合作、达成协议，而且只要出价他们就会同意。

——史蒂芬·柯维《高效能人士的七个习惯》

心情不好的时候，最需要善解人意的好听众，如果你能适时扮演这种角色，你将会惊讶对方毫无保留的程度。但前提是，你必须真心诚意为对方着想，不存私心。有时甚至不必形诸语言，仅仅一份心意就足以感动对方。

对于关系亲密的人，和他分享经验将大大有助于沟通："读了这本书才发现，我从未真正聆听你说话，但今后会尽力而为，可能起初不能做得很好，希望你助我一臂之力。"

我相信有人会批评，这种倾听方式太耗费时间。起初的确如此，可是一旦进入状态就会如鱼得水。正如医生不能托词太忙就不经诊断而下处方，沟通也需要投资时间。

人人都渴望知音，所以这方面的投资绝对值得，它能使你掌握真正的症结，大大增加感情存折的储蓄。

七、表达也要讲技巧

了解别人才能获得理解。接下来我们就如何获得理解，展开研究，这也是谋求双赢之道所不可缺少的。

成熟在前面被定义为能掌控勇气和关心之间的平衡，了解别人固然重要，但我们也有义务让自己被人了解，这通常需要相当的勇气。双赢需要熟练地掌握勇气和关心，因此在合作的环境下更需要让人了解自己。

古希腊人有一种很经典的哲学观点，即品德第一、感情第二、理性第三。我认为这三个词集中体现了让他人理解自己及有效表达自己的精髓。

品德指的是你个人的可信度，是人们对你的诚信和能力的认可，是人们对你的信任，是你的情感账户。感情指的是你的移情能力，是感性的，说明你能通过交流迅速理解他人的情感。理性是你的逻辑能力，即合理表达自己的能力。

请注意这个顺序：品德、感情、理性。首先是你本身的品德，然后是你同他人的关系，最后是你表达自己的能力，这是另外一种重要的模式转换。多数人习惯直接用左脑逻辑表达自己，意图说服别人，却从来没把品德第一、感情第二放在心上。

有位朋友曾对我抱怨，他向主管进言，提醒主管改善管理方式，可是对方并不接受。

他问我："那位仁兄对自己的缺点心知肚明，为什么却死不认错？"

"你觉得你的话具有说服力吗？"

"我尽力而为。"

"果真这样吗？天下哪有这种道理，推销不成反而要顾客自我检讨？推销员应该想办法改进销售技术。你有没有设身处地地为他着想？有没有多做点准备，设法表达得更令人信服？你愿意花这么大的功夫吗？"

他反问："我凭什么要这样？"

"你希望他大幅改变，自己却舍不得花费心力？"

他觉得投资太大，不值得付出。

另一位朋友是大学教授，他认为这种投资很值得。有天他告诉我："史蒂芬，我申请研究基金的事毫无成果，因为我的研究不是学院的主要方向。"

详细地分析了他的处境后，我希望他能按照品德、感情、理性的顺序重新准备一下实验介绍。我告诉他："我明白你很真诚，研究确实能带来好处。只是你要描述一下实验能产生的

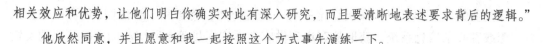

相关效应和优势，让他们明白你确实对此有深入研究，而且要清晰地表述要求背后的逻辑。"

他欣然同意，并且愿意和我一起按照这个方式事先演练一下。

介绍的开头，他首先表达已经了解对方的目标及关于这个实验的担忧，并提出自己的建议。

他慢慢地逐步深入介绍，进行到一半，他表达了自己清晰的思路，并尊重对方的观点。一位教授向另一位教授点点头，告诉他基金申请获得批准。

——史蒂芬·柯维《高效能人士的七个习惯》

当你清晰、具体地表达想法时，最为重要的是，在理解别人思路和担忧的前提下表达，那么可信度会大大增加。

表达自己并非自吹自擂，而是根据对他人的了解来诉说自己的意见，有时候甚至会改变初衷。因为在了解别人的过程中，你也会产生新的见解。

知彼解己这个习惯会帮助你提升表达的准确度和连贯性。人们会明白，你对介绍的内容十分有把握，而且把显而易见的事实和感知都考虑在内，想要双方都获益。

八、一对一沟通

知彼解己的这个习惯非常重要，因为它位于个人影响圈的中心。相互依赖环境的很多因素都属于你的关注圈范围，如问题、分歧、环境、他人行为等。如果把精力都放在这些方面，你很快就会精疲力尽，而且收效甚微。

你应该时刻想着先理解别人，这是你力所能及的。如果你把精力放在自己的影响圈内，就能真正地、深入地了解对方。你会获得准确的信息，能迅速抓住事件的核心，建立自己的情感账户，还能给对方提供有效合作所必需的"心理空气"。

这是一种由内而外的行为方式，看看它给影响圈带来了什么变化。认真聆听让你的影响圈慢慢扩大，并越来越有能力在关注圈中发挥影响。

再看看你自己会发生什么变化。你越深入了解别人，就会越欣赏和尊敬他们。触及对方的灵魂是一件很神圣的事情。

其实你现在就可以练习知彼解己这个习惯。下次同别人交流的时候，你可以试着抛开自己的经验，尽力真正了解对方。就算他们不愿意向你吐露自己的心声，你也要感同身受。你可以聆听他们的心声，感受他们受到的伤害，并做出回应——"你今天心情不好"。也许他们会沉默，但是没有关系，你已经表达了对他们的理解和尊重。

不要太过心急，要有耐心，要尊重对方。在你能够感同身受之前，人们一般不会主动向你吐露心声。你要一直关注他们的行为，并表示理解。你应该睿智、敏感而又头脑清楚，并能够抛开个人经历。

何不从现在起立刻付诸行动，不论在办公室或家中，敞开胸怀，凝神倾听。不要急功近利，即使短期内未获回馈也绝不气馁。

如果你真正爱一个人，那么花时间了解对方将有益于今后的坦诚相待，这样一来，很多困扰家庭和婚姻的问题都将被扼杀在萌芽状态，没有发展壮大的机会。即便有这样的机会，充足的情感账户储蓄也会让问题迎刃而解。

在商业领域，你可以为雇员设定一对一交流时间，聆听和了解他们；还可以建立人力资源或者股东信息系统，获取从客户到供应商再到雇员等不同层次的准确可靠的反馈信息。

先理解别人。在问题出现之前，在评估和判断之前，在你表达个人观点之前，先理解别人，这是有效的相互依赖关系中最有用的习惯。

当我们真正做到深入了解彼此的时候，我们就打开了通向创造性解决方案和第三条大路的大门，我们之间的分歧不再是交流和进步的障碍，而是通往协同效应的阶梯。

➤ 知行合一

（一）嘿，你在倾听吗？

从 1 分到 4 分，你认为下面这些人会给你的倾听技巧打几分。

	低		高	
你最好的朋友	1	2	3	4
你的父母	1	2	3	4
家庭的近亲	1	2	3	4
工作中的一个同事	1	2	3	4
你的老板	1	2	3	4

请回忆某个人没有好好听你说话就准备好回答的例子，你当时的感觉如何？

_____

_____

你什么时候最容易不专心听对方讲话，为什么？

_____

_____

（二）我是怎样倾听的

选择一种你认为对你构成挑战的人际关系，最好是你平时最不愿意交流的那个人。本周内，注意倾听并记下你与他交谈时的回答，判断你的回应是哪一种，是价值判断、追根究底、好为人师还是自以为是？

_____

_____

在本周末，回顾自己的回答。下次你会怎样改进自己的倾听方式？与以前比会有什么不同？

_____

_____

（三）倾听练习

下次有机会观察别人交谈的时候，捂住耳朵几分钟，只观察身体语言，"倾听"他们的手势、姿态及面部表情。哪些感情人们可以不仅仅通过语言来交流？

_____

_____

本周选择两个人，当你听他们谈话的时候，同时"倾听"他们的身体语言。

_____

_____

他们的身体语言是否与他们所说的话一致？

_____

_____

如果不相符，假设这些又发生在你身上，你会怎么做？

_____

_____

（四）培养倾听意识

本周，选择你希望能够重新来一次的谈话。

与谁谈话？

_____

何时进行的交谈？

_____

谈话的主题是什么？

_____

为何你希望能重新再来一次？

_____

_____

发生了什么事?

_____

_____

你能具体做些什么来改进自己在这次谈话中的倾听?

_____

_____

你希望设身处地地倾听并进行的谈话应当是怎样的,请写下来。

_____

_____

（五）我的性格

我的什么让别人信任我?

_____

_____

我的什么让别人不信任我?

_____

_____

我的什么行为过热或过冷?例如,什么时候我过分挑剔?什么时候又过分宽容?

_____

_____

我在私下场合的行为是否与我在公众场合的行为相符?如果不符,为什么?差别是什么?

_____

_____

（六）评价我的交流

回想最近的电话、电子邮件或面谈,其中有哪些你首先说明了自己的需求?
与谁谈话?

_____

何时进行的交谈？

_____

谈话的主题是什么？

_____

发生了什么事？

_____

_____

如果你首先说明对方的需求，那结果可能会有何不同吗？

_____

_____

你是否清楚而具体地表达了自己的想法和逻辑？如果没有，把你的想法写在下面。

_____

_____

如果你清楚而具体地表达了自己的想法和逻辑，那结果可能会有何不同吗？

_____

_____

第十五章
达成创造性的团队合作

一、什么是"统合综效"

"我以胜者的期望自勉:对关键事务——团结,对重大事务——求变,对所有事务——宽大。"这是美国前总统乔治·布什 (George Bush) 就职时的演说词。我们在前面几章分享的几个习惯——积极主动、以终为始、要事第一、双赢思维、知彼解己等都在为"统合综效"这个习惯做准备。

统合综效就是整体大于部分之和,也就是说各个部分之间的关系也是整体的一个组成部分,但又不仅仅是一个组成部分,而是最具激发、分配、整合和激励作用的部分。

统合综效是人类所有活动中最高级的一种,是对所有其他习惯的真实考验和集中体现。统合综效是人类最了不起的能耐,也是前面几个习惯的整体表现与真正考验。唯有兼具人类自我意识、想象力、良知和独立意识四种特有天赋,辅以双赢的动机及移情沟通才能达到统合综效的最高境界。统合综效不但可以创造奇迹,开辟前所未有的新天地,还能激发人类最大潜能,使人类即使面对人生再大的挑战也不足为惧。

自然界到处都是统合综效的影子。如果你把两棵植物种得很近,它们的根就会缠绕在一起,土壤质量就会提高,两棵植物都能比分开时更加茁壮地成长。叠放在一起的两块木片所能承受的重量大于叠放前分别承受的重量之和。1+1 大于或者等于 3。

问题是如何将从自然界中学到的创造性合作原则应用到社会交往中。事实上家庭生活就为我们提供了很多观察和练习统合综效的机会,生儿育女就是一个例子。

统合综效的精髓就是判断和尊重差异,取长补短。男女和夫妻间的生理差异显而易见,那么社会、智力和情感方面的差异呢?不是也可以创造出新的生活形态和环境吗?它能让每一个人都真正实现自我、自尊自强,有机会完成从依赖到独立,再到相互依赖的成熟过程。它不正好能够培养我们下一代的服务和奉献精神吗?让他们少一些防御意识、针锋相对和自私自利,多一些坦诚相待、相互信赖和慷慨大方;少一些自我封闭、自我防御、玩弄权术,多一些仁慈爱心和关心同情;少一些占有欲望和主观臆断。

二、敞开胸怀、博采众议

所谓统合综效的沟通，是指敞开胸怀，接纳一切奇怪的想法，同时也贡献自己的见地。乍看之下，这似乎把"以终为始"的习惯弃之不顾，其实正好相反。在沟通之初，谁也没有把握事情会如何变化，最后结果又如何。但安全感与信心使你相信，一切会变得更好，这正是你心中的目标。

很少人曾在家庭或其他人际关系中，体验过集体创作的乐趣，日常生活中也习惯封闭和多疑。这常常造成一生中最大的不幸——空有无尽的潜力，却无用武之地。

一般人或多或少有过"众志成城"的经验。例如，一场球赛暂时激发了团队精神；或是在危难中共同配合、急人所急，挽回一条生命。不过，这些通常都被视为特例，甚至奇迹，而非生活的常态。其实这些奇迹可以经常发生，甚至天天出现。但前提是必须勇于冒险，肯博采众议。

因为凡是创新就得有担当，不怕失败，不断尝试，即便最后证明是错误的。不愿冒风险的人，经不起此种煎熬。

三、课堂上的统合综效

凭借多年积累的教学经验，我深信最理想的教学状况往往濒临混乱的边缘，同时考验着师生统合综效的能力。

我永远忘不了曾教过一个班的大学生，课程名称是"领导哲学与风格"。记得开学3周左右，有一位同学在口头报告中，坦白道出自己的亲身经历，内容相当感人而且发人深省。全班都深受感动，十分佩服这位同学的勇气。

其他同学受到影响也纷纷发表意见，甚至对内心深处的疑虑也毫无保留，那种依赖与静谧的气氛激发人前所未有的开放。原先准备好的报告被搁置一旁，众人畅所欲言，展开一场脑力激荡。

我也完全投入，几乎浑然忘我。我逐渐放弃原定的教学计划，因为有太多不同的教学方式值得尝试。这绝不是突发奇想，反而给人稳当踏实的感觉。

最后，大家决议抛开教科书、进度表与口头报告，另定新的教学目标与作业，全班兴致勃勃地策划整个课程内容。又过了大约3周，大家强烈渴望公开这一段经历，决定把学习心得汇集成书。于是大家又重新拟定计划，重新分组。

每位学生都比以往加倍努力，而且是为另一个截然不同的目标而努力。这段历程培养出罕见的向心力与认同感，即使在学期结束后也依然持续不衰。后来这个班的学生经常举行同学会，直到现在，我们只要聚在一起，对那个学期的点点滴滴就仍然津津乐道。

我一直很好奇，为什么在极短的时间内，这个班的学生就能够完全互信与合作。据我推测，多半是因为他们已是大四下学期的学生，个性相当成熟，对精彩的课程不再感到新鲜，他们渴望的是有意义的新尝试，所以那门课的转变对他们而言可谓"水到渠成"。

此外，身为老师的我也适时提供了催化剂。我认为纸上谈兵，不如实践演练，与其追随前人的脚步，不如另辟蹊径。

当然我也曾经与人合作失败，弄巧成拙，相信一般人都不乏类似经验。只可惜有人对失败念念不忘，再也不肯做第二次尝试。例如，某些主管为了少数害群之马，而制定更严厉的法则，限制大多数人的自由与发展。又好比企业合伙人互不信任，借严密的法律条文保护自己，反而扼杀了真诚合作的可能性。

回顾过去担任顾问与教学工作的经验，我发现只要鼓起勇气，诚恳地言人所不敢言，总会获得相应的回馈，统合综效的沟通由此开始。在热切的交流中，纵使话不成句、思路不连贯，也不会构成沟通障碍。如此得到的结论，有些虽然不了了之，但多半能发挥不容忽视的力量。

——史蒂芬·柯维《高效能人士的七个习惯》

四、商业领域的统合综效

我曾经与全体同事一起拟定公司的使命宣言。公司集体出游，在壮美的自然景色的环绕中，我们开始起草公司宣言。起先，会议进行得中规中矩，但是当我们讨论未来的选择、前景和机会时，人们变得活跃起来，开始表达自己的想法。制定宣言的过程变成了自由发言、各抒己见的讨论会。人们能运用移情，充满勇气，在互相尊重和理解的基础上进行统合综效的沟通。

每个人都能感受到，实在振奋人心。只见共识逐步成形，最后付诸文字，成为这么一则使命宣言：

本公司旨在大幅提升个人与企业的能力，并且认知与实践以原则为中心的领导方式，达成值得追求的目标。

运用统合综效的方法完成的使命宣言，深深地留在每个人的脑海中。同时也是每个人该做什么和不该做什么的结构框架。

又有一次，我应一家大型保险公司之邀，为该年度的企划会提供新思路和智力支持。几个月前，我见到了委员会成员，他们负责筹划和准备这次为期两天的高层会议。与筹备人员初步交换意见后，我发现以往的筹备方式是，先通过问卷调查或访谈设定四五个议题，然后由与会主管发表意见。

我听说此前与会者在交流的时候通常能够做到彬彬有礼，偶尔也会出现赢/输的争执场面，但多数情况是毫无创造性、乏味无趣，从一开始就知道结果如何。

经我强调统合综效的优点，他们尽管有些不放心，也仍同意改变形式。先由各主管以不记名方式针对主要议题提出书面报告，然后汇集成册，要求主管在会前详细阅读，了解所有的问题与不同的观点。这样一来，主管们在会上只需聆听，无需陈述，关注点也由为自己辩护转向实现创造和统合综效。

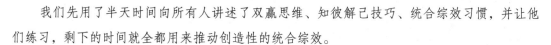

我们先用了半天时间向所有人讲述了双赢思维、知彼解己技巧、统合综效习惯，并让他们练习，剩下的时间就全都用来推动创造性的统合综效。

人的创造力一旦得到释放，结果真是难以置信。兴奋取代了沉闷，所有人都敞开心扉，接受别人的意见，探寻新思路和新方案。会议接近尾声的时候，每个人对公司所面临的挑战都有了全新的认识，书面提议被废弃，意见分歧被重视和升华，新的共识开始成形。

——史蒂芬·柯维《高效能人士的七个习惯》

一旦经历过真正的统合综效，人们就会脱胎换骨，会看到未来有更多这种开阔视野的机会。

人们有时候会刻意重复某个统合综效的经历，却很少成功。然而，这些经历背后的核心目标却是可以重现的。就像流传于东方的一句哲言："我们不应单纯地模仿大师的言行，而应该追求大师所追求的。"同样，我们不应该单纯地模仿，而应该创造。

五、沟通三层次

统合综效和创造会让人热血沸腾，坦诚交流的效果令人难以置信。虽然坦诚往往与风险相伴，但是非常值得，因为你的收获与进步将是不可思议的。

第二次世界大战之后，美国命戴维·利连撒尔接管原子能委员会。他召集了一群很有影响力的社会名流为之工作。

这些背景各异的人有无比坚定的信念，面对繁重的工作日程，都迫不及待地要开始工作，而且媒体也在不断施加压力。

但是利连撒尔却用了几个星期的时间来建立情感账户。他让这些人先花时间彼此了解，比如其他人的兴趣、希望、目标、顾虑、背景、信念及想法等。为此，他承受了很多批评，被指责为浪费时间。

所幸的是，这群人果然相处得十分融洽，彼此非常坦率，相互尊重，即便意见不一，也首先是真心实意地去努力理解对方。由此诞生了一种不寻常的组织文化。

——史蒂芬·柯维《高效能人士的七个习惯》

图 15-1 说明了信任度与合作层次之间的联系。

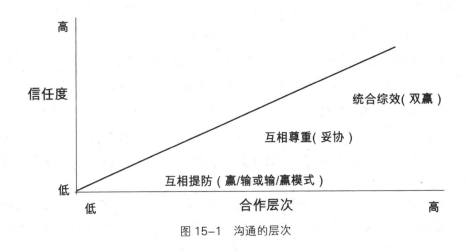

图 15-1　沟通的层次

互相提防式的沟通即低层次的沟通源自低信任度，其特点是人与人之间互相提防，步步为营，经常借助法律说话，为情况恶化做打算，其结果只能是赢／输或者输／赢，而且毫无效率可言，即产出／产能不平衡，最后只能是让人们更有理由进行自我防御和保护。

中间一层是相互尊重的交流方式，唯有相当成熟的人才能办得到。但是为了避免冲突，双方都保持礼貌，但却不一定为对方设想。即使掌握了对方的意向，也不能了解背后的真正原因，不可能完全开诚布公，探讨其余的路径选择。

这种沟通层次在独立的，甚至在相互依赖的环境中尚有立足之地，但并不具有创造性。在相互依赖的环境中，最常用的态度是妥协，这意味着双方都有得有失。这种沟通中没有自我防御和保护，也没有愤怒和操控，有的只是诚实、坦率和尊重。但是，它不具创造性和统合综效的能力，只能引致双赢的低级形式。

统合综效意味着 1+1 等于 8 或 16 甚至 1600。源自高信任度的统合综效，能带来比原来更好的解决方案，每一个参与者都能认识到这一点，并全心享受这种创造性的事业。由此产生的文化氛围即使不能持久，至少也可以在当时促成产出／产能的平衡。

即使在既不能统合综效也不能干脆放弃的情况下，只要用心尝试和努力，通常也都会达成更有效的妥协。

六、寻求第三条道路

下面这个例子很好地解释了不同层次的交流是如何影响相互依赖的人际关系的。

一位父亲想利用假期带全家去露营钓鱼。他策划许久，做好一切安排，两个儿子也兴奋地期待着。然而妻子却打算利用难得的假期，陪伴久病不愈的母亲。一场家庭争端一触即发。

丈夫说："我们已经盼望了一年，而且孩子们到外婆家无所事事，一定吵翻天。更何况她老人家病情并没有那么严重，又有你妹妹就近照顾。"

妻子说："她也是我的母亲，不知道在世上还有多少日子，我要陪在她身边。"

"你可以每晚打电话，反正我们会跟她一起过圣诞节。"

"那还有好几个月，不知那时她是否还在人世。母亲总比钓鱼更重要。"

"丈夫和孩子比母亲更重要。"

——史蒂芬·柯维《高效能人士的七个习惯》

这样争执下去，最后或许会有折中的安排，也许是妻子独自去探望母亲，丈夫带着孩子去度假。可是夫妻俩都会有内疚感，心情不可能愉快，孩子也会察觉到，也不会玩得尽兴。

或者，先生妥协，但心不甘情不愿，有意无意地就想证明如此决定何其错误；反之，妻子顺从先生的心意，却毫无玩兴，倘若母亲不幸在此时病危或撒手人寰，妻子不会原谅丈夫，丈夫也难以原谅自己。

不论是哪一种妥协，都会成为夫妻间挥之不去的阴影。两个人会相互指责对方的无情、不负责任和当初错误的决定。即使多年以后，这件事也还可能会是他们的争论焦点，甚至可能导致整个家庭的破裂。很多家庭都是一开始的时候幸福美满，你侬我侬，最后却因为一点小事火药味十足。

夫妻双方因意见分歧可能产生隔膜，也可能使彼此更加亲近。如果双方都养成了有效的相互依赖的几个习惯，就会以全新的模式来看待他们之间的差异。他们的沟通将处于比较高的层次。

原因在于他们之间的情感账户余额很多，对彼此有充分的信任，能够开放式沟通，并奉行双赢模式，相信有更好的可以互惠互利的第三条道路，而且能够在做决定之前，利用移情聆听技巧，充分理解对方所重视和顾虑的事情。

余额充足的情感账户、双赢模式、先理解别人的原则，所有这些加在一起，就是实现创造性统合综效的理想环境。

通过沟通，丈夫深刻而真实地感觉到妻子陪伴母亲的愿望，知道妻子原来是想减轻妹妹长年照顾母亲的负担，也的确不知道母亲还能在世多长时间，而且母亲确实比钓鱼重要得多。

而妻子理解了丈夫想让家人团聚在一起和让孩子们开心的苦心，知道他为此还花心思去上培训班和购买装备，相信为家人留下一个美好的回忆十分重要。

于是他们试着寻找第三条可行之道。

先生说："也许在这个月找一周，家务请人代劳，其他由我负责，你就可以去看母亲。要不然，到距离母亲较近的地点去度假钓鱼也不错，甚至邀请附近的亲友一起度假，更有意思。"

——史蒂芬·柯维《高效能人士的七个习惯》

他们有商有量，直到找出双方都满意的解决方案，而且比原来的方案和妥协的办法都好得多。

这不是交易，而是变革，两个人都得偿所愿，也使彼此感情更上一层楼。

七、消极协作减效

寻找第三条道路需要从非此即彼的思想中走出来，实现重要的模式转换，前后结果天差地别。

在相互依赖的环境中，人们在解决问题和下决定的时候，往往将太多的时间和精力耗费在玩弄权术、唇枪舌剑、彼此提防、争权夺势和放马后炮等消极无益的事情上。这就像是开车的时候，一只脚踩油门，另一只脚却踩刹车。

有很多人不是把脚从刹车踏板上挪开，而是猛踩油门，想用更多的压力、狡辩和论据来巩固自己的地位。

问题是独立的人都想在相互依赖的环境中取得成功，他们或者借助权势力量实现赢/输模式，或者通过讨好每一个人来实现输/赢模式。可是他们嘴上说着双赢技巧，实际上却不想聆听别人，只想操纵别人。在这样的环境里根本无法实现统合综效。

缺乏安全感的人认为所有的人和事都应该依照他们的模式。他们总想利用克隆技术，以自己的思想改造别人。他们不知道人际关系最可贵的地方就是能接触到不同的模式。相同不是统一，一致也不等于团结，统一和团结意味着互补，而不是相同。相同毫无创造性可言，且沉闷乏味。统合综效的精髓就是尊重差异。

要实现人际关系中的统合综效，首先是实现个人的统合综效。个人的统合综效在"积极主动""以终为始""要事第一"的原则中都有体现，这些原则赋予人们足够的安全感，让他们变得开放、坦率、不惧风险。只有将这些原则内化，我们才能有双赢所必需的知足心态，才能真正做到"知彼解己"。

以原则为中心会让我们变得真正完整起来。一个偏重于语言和逻辑、惯用左脑思维的人会发现自己在面对要求极高创造力的问题时常常无能为力，于是开始醒悟，并调动右脑来接受新的模式。我并不是说他们原来没有右脑，而是那时候右脑正在休眠，尽管细胞还在，但可能已经萎缩，因为从他们小时候起，接受的所有学校教育和社会教育就只偏重左脑的发展。

右脑主管直觉、创造和印象，左脑主管分析、逻辑和语言，只有左右贯通，整个大脑才能发挥作用。换言之，我们自己的左右脑也需要统合综效。大脑的这种构造十分适合我们的现实生活，因为生活不仅是理性的，也是感性的。

我曾为一家公司举办研讨会，题为"左脑主司管理，右脑主司领导"。中间休息时，公司总经理对我说："研讨会很有意思。不过我考虑更多的是怎样才能把它用于我的婚姻而非生意。我妻子和我确实存在着交流上的问题。"他邀请我和他们一起吃午饭，以观察他们是怎样交谈的。

午饭时，寒暄过后，总经理对他妻子说："亲爱的，我知道你觉得我应该更细心、更体贴些，但你可不可以说得具体些，你认为我该做些什么？"这位丈夫的左脑希望得到事实、数字和细节。

"我早说过了，不是因为什么具体的事，而是我的一种总体感觉。"这位妻子的右脑提供感觉和概况。

"什么'总体感觉'？你究竟希望我做什么？"

"啊，那只是一种感觉。"她的右脑只接受印象和直观的感觉，"我只不过觉得我们的婚姻并不像你对我说的那么重要。"

"那我能做些什么使它变得更重要？告诉我一些具体的、特别该做的事。"

"它很难言说。只是一种感觉，一种非常强烈的感觉。"

总经理说："亲爱的，这就是你的问题了，你母亲也有这样的问题。事实上，我所认识的每一位女士都有类似的问题。"

然后，他开始用法庭上的口吻讯问妻子。

"你是否住在你愿意住的地方？"

"不是这个问题。"她叹了口气说，"根本就不是这个问题。"

"我知道。"他耐着性子，"因为你不确切告诉我原因何在，我要知道它是什么的最好办法就是搞清楚它不是什么。你是否住在你愿意住的地方？"

"我想是吧。"

"只要简单回答'是'或'不是'。你是否住在你愿意住的地方？"

"是。"

"那好，这个问题解决了。你是否得到了你想得到的东西？"

"是。"

"好。你是否能做你想做的事？"

他们就这样一问一答。我知道自己一点儿也帮不上忙，所以就插了一句："你们之间的关系就是这个样子吗？"

"每天如此。"总经理说。

妻子叹了口气，说："我们的婚姻就是这个样子。"

我看着他们，脑子里闪过一个念头：这是两个生活在一起，但各自只有半个头脑的人。我问："你们有孩子吗？"

"有，有两个。"

"真的？"我难以置信地问，"你们是怎么做到这一点的？"

"我们是怎么做到这一点的？你指什么？"

"你们是怎么协同的？"我说，"1+1一般等于2，但你们却做到了等于4。这就是协同作用：整体大于各部分之和。你们是怎样做到这一点的？"

"你知道我们是怎么做到的。"总经理回答说。

"你们一定做到了尊重差异！"我大声说。

——史蒂芬·柯维《高效能人士的七个习惯》

八、尊重差异

与人合作最重要的是，重视不同个体的不同心理、情绪与智能，以及个人眼中所见到的不同世界。

自以为是的人总以为自己最客观，别人都有所偏颇，其实这才是画地为牢。反之，虚怀若谷的人承认自己有不足之处，而乐于在与人交往中汲取丰富的知识见解，重视不同的意见，因而增广见闻。此所谓"三人行，必有我师焉"。

完全矛盾的两种意见同时成立是否合乎逻辑，问题不在于逻辑，而是心理。有些矛盾的确可以并存，前面所提到的有关妇女画像的测验已充分证明，同一景象会引起互相矛盾的诠释，而且都言之成理。

与所见略同的人沟通，益处不大，要有分歧才有收获。

个体差异的重要性从教育家里维斯（R.H.Reeves）的著名寓言《动物学校》中可见一斑。

有一天，动物们决定设立学校，教育下一代应付未来的挑战。校方订立的课程包括飞行、跑步、游泳及爬树等。为方便管理，所有动物一律要修满全部课程。

鸭子游泳技术一流，飞行课的成绩也不错，可是跑步就无计可施。为了补救，只好课余加强练习，甚至放弃游泳课来练跑步。到最后磨坏了脚掌，游泳成绩也变得平庸。校方可以接受平庸的成绩，只有鸭子自己深感不值。

兔子在跑步课上名列前茅，可是对游泳一筹莫展，甚至精神崩溃。

松树爬树最拿手，可是飞行课的老师一定要它自地面起飞，不准从树顶下降，弄得它神经紧张，肌肉抽搐。最后爬树得丙等，跑步更只有丁等。

老鹰是个问题儿童，必须严加管教。在爬树课上，它第一个到达树顶，可是它坚持用最拿手的方式，不理会老师的要求。

到学期结束时，一条怪异的鳗鱼以高超的泳技，加上能飞能跑能爬的成绩，反而获得平均最高分，还代表毕业班致辞。

另一边，地鼠为抗议学校未把掘土打洞列为必修课，而集体游行。他们先把子女交给獾做学徒，然后与土拨鼠合作另设学校。

九、化阻力为动力

在互赖关系中，统合综效是对付阻挠成长与改变障碍的最有力途径。心理学家库尔特·勒温（Kurt Lewin）曾以"力场分析"的模型，来描述鼓励向上的动力与阻挠上进的阻力，如何呈互动或平衡的状态。

动力通常是积极、合理、自觉、符合经济效益的力量；相反地，阻力多半消极、负面、不合逻辑、情绪化、不自觉，具有社会性与心理性因素。这两组作用力都是真实存在的，在应变时都要考虑周全（见图15-2）。

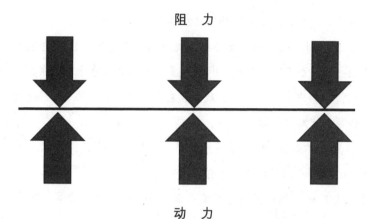

图 15-2　"力场分析"模型

举例来说，一个家庭会有一种氛围。通过这种氛围，我们可以看出家庭成员交往的积极或者消极程度，知道他们是否能够放心大胆地表达情感或者顾虑，了解他们在互相交流的时候能否彼此尊重。

也许你很希望能够在这种氛围中加入更多的积极因素，让家庭成员们更加尊重和信任彼此，更加坦诚，这种想法本身就是有助于改善家庭氛围的动力。

不设法削减阻力，只一味增加推力，就仿佛施力于弹簧上，终有一天会引起反弹。几经努力失败后，就会产生挫败感。

但是如果你引进了统合综效这个概念，以双赢为目标，以知彼解己为技巧，以统合综效为交往方式来应对阻力，你就能够营造出一个让所有家人都畅所欲言的环境，让他们在得到自由的同时也吸收新的思想，这些都会促成阻力向动力的转化。把你的问题告诉家人，让他们也置身其中，他们就会把它当作自己的问题来认真对待，并为寻找解决途径而付出努力。

全新的、共同的目标由此产生，计划得以顺利进行，而结果往往超出所有人的想象。这一过程中伴随的兴奋心情将营造出一种全新的文化氛围，每个人都能在其中感受到他人的谦恭，并在新的创造性事务和机遇中获得新的思想。

我经历过几次这样的谈判：双方剑拔弩张，纷纷聘请律师为自己辩护。大家明知道法律程序的介入会让人际关系日益恶化，让问题变得更加复杂，但是超低的信任度让双方都觉得已经别无选择。

"您想不想找到一种双赢的解决方案来让双方都好过一些？"我这样问。

双方通常都会给予肯定的答复，但是大部分人又同时怀疑这种结果的可能性。

"如果对方也同意的话，你愿意和他来一次真正的交流吗？"

他们对这个问题的回答通常也都是肯定的。

于是，几乎每一个这样的案子结局都让人瞠目结舌——在法庭上和心理上纠缠了几个月的问题只用了几个小时或者几天的时间就解决了。这种统合综效的结果不同于通过法律途径实现的和解方案，它好过任何一方最初的提议。而且，不论双方原来的关系有多么恶劣，彼此的信任有多么淡薄，通常都能在问题解决之后继续友好交往。

有一天清早，我接到一位土地开发公司负责人的求救电话。由于他未按时缴纳贷款，银行打算没收抵押的土地；为了保护产权，他起诉了银行。问题在于：这位负责人需要更多资金完成土地开发，以便出售求现，再偿还贷款，但在他付清积欠款项前，银行拒绝再提供贷款。这是个鸡生蛋，还是蛋生鸡的问题。

另外，由于开发进度落后，附近居民纷纷抗议，市政府也倍感尴尬。此时银行与开发商均已投下成千上万的诉讼费，但距开庭还有好几个月。

经过电话中一番劝说，他勉强同意尝试双赢思维、知彼解己方式、统合综效习惯，安排与银行方面谈判。

早上8点在银行会议室召开的会议，一开始就剑拔弩张。对方的律师关照谈判人员不可说话，由他一人发言，以免影响将来打官司的立场。

前一个半小时，由我讲述双赢思维、知彼解己及统合综效等观念。然后根据初步了解，把银行方面的顾虑写在黑板上。起先双方没有什么反应，逐渐地，他们开始加以澄清，双方终于可以沟通了。对于此事可能和解，银行和开发商彼此都感到十分兴奋。银行谈判人员不顾律师反对，畅所欲言。

到后来虽然双方立场不变，但不再急于为自己辩护，也愿听听对方的说法，于是我又把土地开发商的意见写上黑板。

他们彼此逐渐发现过去由于沟通不畅，引起了极大的误会。现在心结已经打开，和解指日可待。

正午时分——原定会议结束的时间，会场上的讨论气氛却异常热烈，开发商所提的建议正获得热烈的回应。经过一番增删，到了12时45分，双方完成初步协议。这项谈判后来虽然又持续了一段时间，但官司已经撤回，那片土地上总算盖起了一栋栋的新房。

——史蒂芬·柯维《高效能人士的七个习惯》

我并不是说大家不应该采取法律手段，有时候法律手段是绝对必要的，但是我认为它只应该在最后关头发挥作用，而不是在问题刚一出现的时候，过早使用只会让恐惧心理和法律模式制约统合综效的可能性。

十、自然界是统合综效的最佳典范

生态学很好地解释了自然界的统合综效现象：世间万物都是密切相关的，这些关系可以将创造力最大化。

部分之间的关系也是在家庭或公司里创造统合综效文化的力量。参与的程度越深，人们对分析和解决问题的精力投入就越多，释放出来的创造力就越大，越需要对最后的结果负责任。我坚信这就是日本人商业成功的秘密所在，他们就是这样改变了全球市场。

统合综效是有效而正确的原则，其成效超出此前的所有习惯，代表了相互依赖环境中的高效能，代表了团队协作和团队建设精神，能让团队成员通过合作实现创造。

虽然你无法在相互依赖的交往中和统合综效的过程中控制他人的行为模式，但还是有很多事情都在你的影响圈范围内。你自身的统合综效就完全处于你的影响圈内。你应该尊重自己善于分析的一面和富有创造力的一面，尊重它们的差异会催生你的创造力。

即使处于不利境地，也不应该放弃追求统合综效。不要在意别人的无礼行径，避开那些消极力量，发现并利用别人的优势，提高自己的认识，扩展自己的视野。你应该在相互依赖的环境中勇敢而坦率地表达自己的观点、情感和经历，借此鼓励他人同样坦诚相待。

尊重人与人之间的差异，当有人不同意你的观点的时候，你应该说："你跟我有不一样的看法，这很好。"你不一定要对他们表示赞同，但是可以表示肯定并尽量给予理解。如果你只能看到两种解决问题的途径或道路——你的和"错误"的，那么你可以试着寻找统合综效的第三条道路，一般情况下它总是存在的。如果你坚持双赢模式，确实愿意努力理解对方，你就能找到一种让每一个人都受益更多的解决方案。

➤ **知行合一**

（一）你对差异有多尊重

在你能充分利用他人的优势之前，你首先要承认并尊重他们的差异。那么，你到底对差异有多尊重？做一做下面的小练习就知道了。

问题	从不	偶尔	有时	经常	总是
1. 当我听到不同的意见，我让其进一步详细说明和解释。	1	2	3	4	5
2. 出现分歧时，表达自己的意见比顺从大多数人的意见更加重要。	1	2	3	4	5
3. 我经常和与我持不同意见的人共同工作。	1	2	3	4	5
4. 我试图利用他人的知识和技能来更好地完成任务。	1	2	3	4	5
5. 我发现具有不同背景的人组成工作小组非常有益。	1	2	3	4	5
6. 我深信每个人都以独特的方式对自己的家庭和组织做出贡献。	1	2	3	4	5
7. 我积极寻找机会向他人学习。	1	2	3	4	5
8. 我与他人分享自己的观点，尽管我们的观点有所不同。	1	2	3	4	5
9. 致力于某个项目时，我寻求不同的想法和意见。	1	2	3	4	5
10. 当我参与创造性工作时，我倾向于大家一起开动脑筋、集思广益，而不是依赖专家的意见。	1	2	3	4	5

针对上表中的描述，你认为哪个数字（1～5）最符合你通常的行为或态度，请圈出来。

得分评价：

41～50分：充分发挥了你与他人差异互补的作用。

21～40分：一般水平发挥了你与他人差异互补的作用。

10～20分：没有发挥你与他人差异互补的作用。

（二）职业练习

写下你的一个同事的名字，把他／她的品质［才智／能力（组织、知识、决断、艺术、计划、招聘、写作等等）］写在下面。

_____

_____

背景（教育、种族、性别、经济状况、成长环境等等）

_____

人际关系方面的技能（倾听、讲话、教育开导、指导、角色榜样等等）

_____

性格特征（幽默感、管理才能、可靠、诚实、勤奋、果断等等）

_____

_____

他／她与你的差别有多大？

_____

这些差异能怎样帮你们完成共同的事业？

_____

_____

（三）尊重差异带来的进步

当你拒绝某个主意的时候，是什么因素让你做出这个决定的？让你做出这个决定的是那个主意本身，还是提出的人，或者是提出的方式？因为那不是你的主意，所以你不喜欢它？

_____

_____

当你拒绝某个主意的时候，当时你的内心独白是什么？是在说"这行不通""你这个疯子"，还是"我们以前从未这样干过？"

_____

_____

如果拒绝某个主意是在工作（团队工作）中发生的，是否是"从众心理"在作怪？大家拒绝那个主意，是因为它不符合团队的主流意见吗？若是，怎么不符合？

_____

_____

（四）你是这样吗？

用是或否回答下列问题。回答前在头脑中回忆你的生活实际。

问题	是	否
我要求自己完美，也要求周围人完美。		
听到别人说不喜欢我或不喜欢我的想法时，我很吃惊。		
人们总是向我做出许诺，然后又自食其言。		
我没有很多自己真正喜欢或信任的朋友。		
对于政治纷争我感到厌烦，我不必喜欢每件事情。		
我不重视别人对我的看法。		
我不习惯变革。		
我独自工作的时候要比与团队合作时干得更好。		
我通常的态度是消极而不是积极。		
我害怕别人发现我并不像他们心中想的那样好。		

（五）你是统合综效的推动者还是绊脚石

利用下面的练习，评估你自己是阻碍还是促进了统合综效发挥作用。

你认为哪个数字（1～5）最适于描述你在这方面的现状，请圈出来。在回答了所有问题后，把你的得分加起来就可以进行评估了。

问题	从不	偶尔	有时	经常	总是
我向其他人提出问题和挑战。	1	2	3	4	5
在与他人沟通时，我是诚实和坦率的。	1	2	3	4	5
我信守诺言。	1	2	3	4	5
在紧急情况下我也能保持冷静。	1	2	3	4	5
我清晰地传达自己的感受。	1	2	3	4	5
我对他人的期望是现实的。	1	2	3	4	5
我与他人分享成功和荣誉。	1	2	3	4	5
我尊重不同意见，并真诚地理解它们。	1	2	3	4	5

续表

问题	从不	偶尔	有时	经常	总是
我讨论问题时不夸大其词。	1	2	3	4	5
当工作出了问题，我不推卸责任。	1	2	3	4	5

得分评估：

45～50：成绩卓著！你是个高超的统合综效推动者。

23～44：做得不错，请保持。

11～22：要注意了，你在阻碍统合综效发挥作用。

（六）开辟第三种变通方案

选择某个你想达成统合综效目的的问题或人际关系，利用五个步骤寻找第三种变通方案。

1.详细说明问题或机遇。

_____

_____

2.倾听别人的意见。

_____

_____

3.表达你自己的意见。

_____

_____

4.大家一起开动脑筋，集思广益。

_____

_____

5.共同找到最佳方案。

_____

_____

在你完成上述步骤实现了统合综效之后，花几分钟写下：这一方法在哪些方面与你过去常用的方法有区别？新的方法使你有何感受？它对你来说困难吗？在未来的日子里，试试看能否在更多领域发挥统合综效的作用创造颠覆性改变。

（七）越过通往统合综效的障碍

你在生活中是否发现有些人总是激怒你、让你发狂？他们是谁？他们做了什么事让你如此愤怒？

谁　　　　　　　　　　　　　　　　　　谁

_____　　　　　_____

_____　　　　　_____

_____　　　　　_____

_____　　　　　_____

_____　　　　　_____

回头看这些激怒你的事，它们是什么性质的问题？品格问题（缺乏诚信或自律）？能力问题（完不成任务）？个性问题？你个人的厌恶和烦恼？确定一下哪些你能直接控制，哪些你能间接控制，哪些是你无法控制的。

从每个方面选择一个问题，对于这几个问题，你能怎样施加影响达到统合综效？

直接控制：

_____

_____

间接控制：

_____

_____

无法控制：

_____

_____

每件激怒我们的事情都能成为让我们理解自己的契机，让我们最烦恼的人也往往是我们最好的老师！凝聚团队是进步，共同合作是成功。

参考文献

[1] 史蒂芬·柯维 . 高效能人士的七个习惯 [M]. 北京：中国青年出版社 .2015.

[2] 杨路 . 高端商务礼仪——56 个细节决定商务成败 [M]. 北京：北京联合出版公司 .2013.

[3] 龚晓路，黄锐 . 员工职业素养培训 [M]. 北京：中国发展出版社 .2012.

[4] 张晓梅 . 晓梅说礼仪 [M]. 北京：中国青年出版社 .2008.

[5] 金正昆 . 商务礼仪 [M]. 北京：北京联合出版公司 .2013.

图书在版编目（ＣＩＰ）数据

保险职业素养 / 沈洁颖主编. -- 杭州：浙江大学出版社，
2020.12
ISBN 978-7-308-20685-3

Ⅰ．①保⋯ Ⅱ．①沈⋯ Ⅲ．①保险业－工作人员－职业
道德－高等职业教育－教材 Ⅳ．①F840.327

中国版本图书馆CIP数据核字(2020)第204492号

保险职业素养

沈洁颖　主编

责任编辑	赵　静	
责任校对	董雯兰	
封面设计	林智广告	
出版发行	浙江大学出版社	
	（杭州市天目山路148号　　邮政编码　310007）	
	（网址：http://www.zjupress.com）	
排　　版	杭州林智广告有限公司	
印　　刷	杭州良诸印刷有限公司	
开　　本	787mm×1092mm　1/16	
印　　张	17.75	
字　　数	444千	
版 印 次	2020年12月第1版　2020年12月第1次印刷	
书　　号	ISBN 978-7-308-20685-3	
定　　价	49.00元	

版权所有　翻印必究　　印装差错　负责调换

浙江大学出版社市场运营中心联系方式：0571－88925591；http://zjdxcbs.tmall.com